Library

ェ・セレクション

Friedrich W. Nietzsche

平凡社ライブラリー

Heibonsha Library

ニーチェ・セレクション

Friedrich W. Nietzsche

渡邊二郎編

平凡社

本書は、一九七六年に平凡社より刊行された『世界の思想家17　ニーチェ』を改題し、若干の加筆を行い、新たに補論を加えたものです。

まえがき

アンソロジーを編むということは、一見容易なようでいて、実は、大変な仕事である。かりに編者が、或る著者の諸作品のうちから、できるだけ多くその著者の結論めいた諸思想を採録しようとして、数々の主題に則してそうした重要箇所だけを拾い集めるならば、それは、その編者の読書ノートの類《たぐい》にはなっても、一般の読者に対してはその著者への良き案内書にはならないであろう。なぜなら、生きた思索においては、結論そのものよりは、その結論にいたる道程こそが、大事だからである。けれども一方、だからといって今度は、そうした道程部分をも十分に考慮して原著者の文章を採録すると、逆にアンソロジーというものが成り立たなくなってしまうのである。アンソロジーというものは、或る一定の紙幅の中で、原著者の根本思想を、できるだけ多角的かつ全面的に再現したものでなければならないからである。

このような隘路を打開するには、一体どうしたらよいであろうか。それは結局、編者自身が、その見識と解釈を携え、その責任において、原著者に介入して、原著者のあるべかりし全体像を先取りして、一つの簡潔にして全面的な、新しい一巻の書物を創り上げるということによってのみ、可能である。ただしそのさい、編者の解釈は、能うかぎり恣意的でないことが望ましく、かつまた、全体として一つのまとまりを具えた書物ができ上がることが好ましい。つまり、良きアンソロジーは、その量の上では小さくとも、原著者の思想をその根本的な核心において圧縮しかつ再現し、もしくは編者の濾過器を通して、濃縮された姿でその根本精神を窺知させ得るものでなければならないであろう。

ここに上梓されるニーチェ・アンソロジーが、右の要求に応え得るものかどうかは、大方の識者の御批判にまつほかはない。ただ編者としては、種々の困難な制約のもとで、できるだけ右の課題を実現するよう努めたつもりである。編者自身がニーチェに親しみまた深い感銘を受けた部分の中で最も基本的なもの、そして多面的なニーチェ的世界の中で最も重要でまた基礎的なもの、そうした彼の根本思想につながるもろもろの文章を、編者はここに収録しようと努めたつもりである。

もちろん、厳しい紙幅制限のため、予定したかなりの量の文章を割愛しなければならなかった。また、蟹は自分の甲羅に似せて穴を掘るともいう。けれども、編者は、ここに収録された文章のうちに、ニーチェ思想の最も内奥の部分が集約的に表現されていることを信じたい。むろん、或る識者は、本文が、中期から後期のニーチェに傾きすぎている点を難ずるかもしれない。けれども、だからこそ編者は、冒頭の解説部分において、初期のニーチェにやや詳しく説き及んだのである。また別の識者は、文化の諸領域にわたるニーチェの時代批判的言説の少なさを物足らぬように感ずるかもしれない。しかし編者としては、ニーチェが自らの実存のただ中に立って生の肯定へと向かって進んだ過程こそは、それにもまして逸せられてはならない核心的部分であると考えたのである。ともあれ、編者は、冒頭の「思想と生涯」から本文の四つの章全体を含め、また各章のコメント部分をも利用して、一つのまとまったニーチェ像が、根本的かつ全体的に浮かび上がってくるように配慮したつもりである。読者におかれては、本書を一巻の書物として、最初から順次通読していって下さるよう、希望したい。

本書に採録した文章の原典、および出典略号については、「文献案内」を参照されたい。出典略号に続けて当該箇所が属する節や断片番号等を、本文中に記しておいたから、原文索出は容易であろうと思う。そのさい、＊印付きの文章は、その前後の関連文章なしで理解されてよい比較的独立し完結した文章、たとえば箴言等であることを示す。これに対し、＊印なしの文章は、前後の文脈を切断して、編者自身が抜き出した抜萃であるから、読者におかれては、その点に留意されるよう望みたい。〔……〕の記号は、中略箇所にのみ用いてある。

日本におけるニーチェ研究の歴史は古い。これまで数多くの翻訳や研究書等を著わしてニーチェ理解に優れた業績を挙げてこられた多数の先達に、この機会に深い敬意を表する。

二〇〇五年六月一〇日

渡邊二郎

*この「まえがき」は、一九七六年一〇月一一日付のものの再録である。

目次

思想と生涯　運命愛の思想家ニーチェ

一　明暗の交錯

ニーチェは或るところでこう語っている。「人間がどんなに激しい自己発展を遂げつつある場合でも、そして一方の端から他方の端へと飛び移っているように見える場合でも、より詳密な観察を加えるならば、やはり、古い建物のうちから新しい建物が出現してきたその嚙み合った部分は見つけ出されるはずである。これが伝記作家の課題である。つまり彼は、自然は飛躍をしないという原則に従って人生を考察しなければならない」と（『人間的』III一九八）。もしも事情がこの通りであるとすれば、ニーチェ自身を考察する場合にも、ひとはこうした伝記作家の態度を失ってはならないであろう。それでは一体、ニーチェの発展を貫く根本的なものはどこにあり、またそれは何なのであろうか。しかしこのことを考えるためには、まずあらかじめ簡略に、ニーチェの生い立ちを顧みることから始めなくてはなるまい。

ニーチェは、一八四四年一〇月一五日、ザクセン州リュッツェン近郊のレッケンに、プロテスタントの牧師の子として生まれた。父方および母方の祖父もまた、ともに牧師であった。ニーチェ四歳の時に父が三六歳で死去、翌年一家はナウムブルクに移った（一家とは、父方の祖母、二人の伯母、母、および二歳下の妹エリザベートの五人の女性と、ニーチェである。ニーチェには弟がいたが夭折した。なおニーチェ家には多少の財産があり、母も寡婦扶助金をもらっていた。また父には腹違いの兄弟が七人〔元来は九人だがそのうちの二人は早死〕いて、そのうちの一人がイギリスで成功し財産を残してくれたので、後年のニーチェは生活上の不安を持つ必要がなかった）。ナウムブルクに移ったその年、ニーチェは市の小学校に入ったが、やがてギムナジウム向けの私塾に通い、一〇歳の時ドームギムナジウムに転学、このころからニーチェの音楽への愛好および詩作への傾向が芽生え強まっていった。小学校以来の友人ピンダーおよびクルークと交わり、彼らの父親の音楽文芸愛好的傾向に包まれた両家に、父を失った少年ニーチェは足繁く出入りした。五八年一四歳の時、ニーチェは母のもとを離れて、ナウムブルク近郊の有名校プフォルタ学院に入学、寄宿生となった。プフォルタ時代、ニーチェは、ピンダーおよびクルークらと語らって文学音楽研究会「ゲルマニア」を作り、この会で彼は、たとえば六二年春一七歳のころ『運命と歴史』および『意志の自由と運命』という重要な二論文（本書二五七ページ以下）を作成して後年の萌芽を示し始めている。また、後のインド哲学研究者ドイッセンと友人となり、ゲルスドルフと出会ったのも、この時代である。このころニーチェは早くもヴァーグナーの音楽に惹かれ、またヘルダーリンを愛読し、ロマン主義への傾向を見せている。しかし六四年二〇歳の時、『メガラのテオグニスについて』のラテン語論文を書いてプォルタ学院を卒業、古典文献学への傾斜を示し始め、またこのテオグニス問題は、同年から始まる大学生時代に引き継がれてゆく。

ニーチェははじめボン大学に入学した。理由としては、当時ここにリッチュルとヤーンという古典文献学の有名二教授が教鞭を執っていた点があげられる。ニーチェは、プォルタ時代の不安定な芸術家的衝動を抑えて、「冷たい熟慮、論理的冷徹、単調な勉学によって推し進められる学問」を熱望し、これを「文献学のうちに見出せると信じた」のである（『自伝集』「一八六八—九年から」、I 5, 70〔1〕）。それでニーチェは、神学や文献学の講義を聴いた。しかし学生団体フランコニアなどに入ったりして実り少ない二学期をボンで過ごしたあと、彼は、翌六五年秋、師リッチュルの転出に伴い、ライプチヒ大学に移り、母の反対を押し切って文献学専攻に転じ、以来軍務時代の一年間を除き六九年春までの年月を、表立っては古典文献学研究に没頭して送った。ここでニーチェは師リッチュルの指導のもと、文献学上の華々しい活躍を開始するのである。リッチュルの勧めで「文献学研究会」を組織したニーチェは、通算「五つの比較的大きな講演」を行い、三つの論文を専門雑誌に発表する（前出『自伝集』、I 5, 71〔1〕）。しかも六六年初頭の最初の研究発表『メガラのテオグニスの最終版について』は、「第三学期の学生の仕上げたものとしては、厳密な方法と判断の確実性の点で、いまだかつてこれに類似したものを見たことがない」と師リッチュルをして讃嘆せしめるほどの業績であって、ニーチェ自らが、「私が文献学者として誕生したのは、この時である」と告白している（『ライプチヒ二年間の回顧』I 4, 60 [1]）。この論文は翌六七年リッチュルの推挙で専門雑誌に印刷発表された。またニーチェは、アリストテレス著作目録問題にも取り組むが、その前提には、早くからのディオゲネス・ラエルティオス研究があり、ライプチヒ大学はリッチュルの勧めでこの問題に関して六六年秋懸賞を設定、翌年にニーチェの論文『ディオゲネス・ラエルティオスの資料について』（この論文のモットーには、「お前があるところのものになれ」――ピンダロスのピュティア第二歌、第五節、第七三行――が掲げられた。六八年二月一―三日付ローデ宛書簡）がこれに当選、のち雑誌に公表された。このように、ニーチェはライプチヒ時代に輝かしい若き文献学者として瞬く間にその地歩を確立し、リッチュルの推輓によって早くも六九年二月、二四歳ちょっとで、バーゼル大学の員外教授に就任する。しかもそれは、その翌三月に、それに合わせて無試験でライプチヒ大学から学位を授与され大学を卒業するという、桁はずれの躍進ぶりなのであった。リッチュルはその推薦状で、三九年にわたる教授活動において、「このニーチェのように、かくも早く、かくも若く、しかもそれでいてすでにかくも円熟した若者」を知らないと書いたという（シュレヒタ『ニーチェ年代記』）。ライプチヒではまたローデを友人に獲たニーチェは、こうして修業時代を閉じ、光彩陸離たる俊秀として、バーゼル大学に赴くのである。

しかし忘れてならないことがある。ライプチヒ時代のこうした輝かしい冷徹な専門学者としての業績確立の影に、それとは逆の傾向もニーチェのうちに底流としてあった点である。一つは、ライプチヒへ移った六五年の秋、古本屋でふとショーペンハウアーの主著『意志と表象としての世界』を手に取り、ページをぱらぱらめくるうちに「この本を持って家に帰れ」という「デーモン」の囁きを聞いて早速耽読、強烈な衝撃を受けたという点である（『ライプチヒ二年間の回顧』、I 4, 60［1］）。二つは、六八年秋ヴァーグナーの「トリスタンとイゾルデ」および「マイスタージンガー」の「序曲」を聴いて「恍惚感」に囚われ、完全にヴァーグナーに帰依（同年一〇月二七日付ローデ宛書簡）、その直後リッチュル夫人の紹介で、ヴァーグナーの妹の嫁ぎ先のライプチヒ大学東洋学教授ブロックハウス宅で、そこに逗留中のヴァーグナーとはじめて面識を得、ショーペンハウアーについて語り合い、時々音楽と哲学を論じに遊びにくるようにとヴァーグナーから誘われて感激した点である（同年一一月九日付ローデ宛書簡）。すでにプォルタ時代に芽生えていたロマン主義的傾向が、この二つの出来事によって再度蠢動し始めたであろうことは察するに難くない。冷徹な学問研究への専念によって抑えられようとしていた芸術的哲学衝動が再びうずき出す。「輝カシイ讃辞デわれわれを文献学という御婦人の罠の中に取りこめようとする」、文献学への「取り持ち人」師リッチュル（同年二月一―三日付ローデ宛書簡）に背く、哲学的な使命感が湧き起こり、すでに同年秋には当代の文献学への批判的心情が書簡にほの見えてくる（同年一〇月ドイッセン宛書簡）。そうした懐疑的心境のただ中にあったところへ、実はバーゼルへの招聘問題が起こったのであった。ライプチヒ時代は文献学への熱中のあまり本当の「自分を摑んでいなかった」と後年のニーチェは告白するが（七九年一〇月五日ガスト宛書簡）、揺れ動く心の中でしかし結局彼は、右の招聘を受け入れ、表面上は文献学者として出発するのである。バーゼルという「遠い世界」「新しい不慣れな職業」「義務と仕事の重苦しい雰囲気」の中へ、「専門家」として出立しようとする若き俊秀は、しかし心の中では、ショーペンハウアーを通して「人生や思索の真の本質的問題」にめざめ「哲学的真剣さ」を抱いて、以後は文献学に「この新しい血」を浸透させようという抱負を懐いており、「折あらばいつか鎖を断ち切って、別のところで別の仕方で危険な生活を試みる勇気」を失わずにいたいと覚悟を決めている（六九年四月一一日付ゲルスドルフ宛書簡）。この隠された心が、やがてバーゼルで爆発することになる（なお、ライプチヒ時代のニーチェが二人の医者から梅毒治療を受けた事実は疑い得ないとする評伝がある——シュレヒタ『ニーチェ年代記』参照。ただし、ニーチェの後年の発狂の原因は、たんなる外因性のものでなく、内因性も考えられ、それにも諸説があって、真相は不明である）。

さてニーチェは、六九年の夏学期から七九年春までの一〇年間、バーゼル大学古典文献学教授であった。最初は員外教授であったが、七〇年には正教授となり、七一年に一時哲学教授に変わる試みもなされたが不成功で、結局彼は、他大学への転出をも拒否して、終始バーゼル大学および高等師範で古典文献学を講じ、国籍もスイス人となった。けれども彼は、七三年二九歳のころから偏頭痛にたえず襲われ始め、病気がちとなり、七六年秋から一年間は休講、七九年春三四歳なかば過ぎには遂に病気のために教授職を辞任し、以後は年金を受けて暮らす身となった。七九年からその後一〇年間八八年の終わりまでは、こうしてニーチェは、各地を転々として静養、とくに八三年以降は、夏はスイスのアルプス山中、とりわけジルス・マリアで、冬は地中海沿岸の北イタリアの各地、とりわけ南仏ニースで過ごす習わしとなり、思索と著述に没頭した。しかし八九年一月三日四四歳ちょっとの時、北イタリアのトリノの広場で昏倒、発狂し、遂に正気に帰らぬ人となった。発狂一週間後ニーチェはバーゼルに運ばれ、精神科医によって進行性麻痺と診断され、さらに母に伴われてイェナの大学病院精神科に入院、翌九〇年からはナウムブルクの母のもとに引き取られ、以後は母や妹の世話を受け、九七年母の死の直前からは、妹によってワイマールに移され、一九世紀最後の一九〇〇年八月二五日、一〇余年にわたる廃人生活を、死によって閉じたのである。ニーチェの輝かしく幸福な時代は、バーゼル赴任前後の短い期間に限られ、三〇歳の峠を越して以後は明暗は一転し、次第に暗い孤独な影が深まってゆく。しかし精神生活が可能であった四四歳過ぎまでは、そうした孤独と病苦の中で、息つく暇もない激しい思索・著作活動が続けられて、一九世紀のみならず現代をも射抜く思想史上の金字塔をなす厖大華麗な著作群が成立し、ニーチェ的世界が打ち立てられたのであった。

二　暗転の根底に潜むもの

しかしこうした明暗の交錯するニーチェの根底には、一体何が潜んでいたのであろうか。この点を考えるために、今一度バーゼル時代初期のニーチェに戻ってみよう。当時彼は、一方で学問的良心をもって教授・研究・講演活動を遂行するとともに、他方で碩学ブルクハルトや神学者オーヴァーベックなど新たな知己を得、見識も拡大するが、何と言ってもこの点で大きな意味を持つのは、赴任早々の五月一七日に始まり三年後の七二年四月末まで続く総計「二三回」（七二年五月一日付ゲルスドルフ宛書簡）にも及ぶルツェルン近郊トリプシェンのヴァーグナー家へのニーチェの訪問であろう。ショーペンハウアーのうちに教育者・哲学者を見出しながらも、それが「書物」の上にとどまったのに対して（『反時代的』II）、当のそのショーペンハウアーを理解し、彼が語る「天才」の「姿を何ぴとにもまさって体現し」、かつその「哲学に浸透されきった」人物、ヴァーグナーと親交を結んだニーチェは（六九年八月四日付ゲルスドルフ宛書簡）、ヴァーグナーを師と仰いで足繁くトリプシェンに通った。「私は私の人間関係の残りの全部は容易に手離せるが、トリプシェンの日々だけはどんなことがあっても私の生涯から捨て去りたくない。それは、信頼、晴朗、崇高な偶然の日々であり——深い瞬間の日々であった」(『この人』)と、そうニーチェ自身が述懐している。この幸福な「瞬間」に酔い痴れた新進気鋭の学者ニーチェが、世間の注視のただ中で、世に問うた処女作が、七二年初頭、彼二七歳の折に公刊された『悲劇の誕生』なのである。この書物には、もちろんバーゼル赴任後のニーチェのさまざまなギリシア研究が母胎となってはいる。けれども、ヴァーグナーに捧げられ、「音楽の精神」からの悲劇の誕生を論ずるこの書物においては、それまでの冷徹な文献学研究に遂に打ち勝って、ショーペンハウアーおよびヴァーグナーを師表と仰ぐ若きニーチェのロマン主義的な芸術・哲学観が、とうとう一挙に沸騰して前景に躍り出るのである。バーゼルの就任講演で(『ホメロスと古典文献学』、II$_1$, 247-269)、文献学は本来「哲学」であるべきだと断じていたニーチェの瑞々しい哲学的確信が、遂にここに堰を切ったようにして溢れ出、炸裂するのである。この書が含む輝きとそこに忍び寄る影こそは、その後のニーチェの歩みにとって重大な意味を持っている。

この書物は、後のニーチェ自身が語るように、「ギリシア人たちにおけるディオニュソス的現象の理解」と「ソクラテス主義の理解」という「二つの決定的革新」を含む(『この人』)。ニーチェによれば、芸術を可能ならしめる二つの根本衝動のうち、「アポロ的なもの」は、美しい節度あふれる仮象の世界を夢見ることによって、生存の苦悩を克服しようとするが、一方「ディオニュソス的なもの」は、個体の限界を破壊することによって、生存の根底に潜む苦悩と歓喜に満ちた永遠の根源的一者との一体感を達成しようとし、これが根源的に音楽芸術の精神にほかならないとされる（本書二〇四ページ以下）。アッチカ悲劇は、この二つの芸術衝動の統合として、ディオニュソス的な永遠の生命が見事に形象化された、人間の本来的な形而上学的活動たる芸術の極致であるとされる。ところが、この悲劇的芸術は、その後、存在の深淵を合理的思考によって認識し克服し得るとする「ソクラテス主義」の持つ楽天的理論的な人間観によって破壊され、滅び去り、近代的世界はすべてこの系譜の中に立つ。しかしこのソクラテス主義は、もともと無限に広く深い存在の一切を覆い尽くすことの不可能を知って崩れ去る運命においてあるものとニーチェは捉え、そこに発する悲劇的認識をもとに、ドイツにおいて新たな悲劇的芸術再生の希望を、ヴァーグナーの楽劇の中に望み見ようとしたのが、この書物の骨子なのであった。

こうした主張の中に、生存の苦悩を見つめるショーペンハウアー哲学の影響や、ヴァーグナー音楽への賛同を嗅ぎ取るのは、容易であろう。果たして、この書物が発表された時、ヴァーグナーやその夫人コジマはもちろん讃美の言葉を送り、またニーチェの友人たちも拍手喝采してこれを迎えた。ところが、若きニーチェが属する本職の古典文献学界は、これに対して実に冷酷な反応を示したのである。師リッチュルでさえも日記にこの書物は「才走った酩酊」「誇大妄想だ」と書き記す（シュレヒタ『ニーチェ年代記』）。それどころか出版の年の五月には、後の文献学界の泰斗、当時二四歳で同じくプフォルタ学院出身のヴィラモヴィッツ＝メレンドルフが、長文の酷評を発表、ニーチェの哲学的見解を駁するばかりか、文献学上の瑕瑾をもあばき立てた。ローデやヴァーグナーはこれに反論したが、翌七三年にヴィラモヴィッツ＝メレンドルフはさらにこれを再批判した。ニーチェはむろんこの批評を「曲解、無理解、悪意」と見（七二年六月一〇日付ゲルスドルフ宛書簡）、もともと「自分の哲学者たることを証し正当化する」ために書き始められたこの書物では（七一年三月二九日付ローデ宛書簡）、文献学者などを眼中においていないと言う。しかし文献学界からはニーチェは「犯罪」を犯したと見られ、「みんなが私に死刑の判決を下すことに一致している」状況の中で、「嘔吐を感じないようにし」「自分の軌道を落ち着いて前進しよう」と考える（七二年一一月七日付マイゼンブーク宛書簡）。けれども、「尊敬する」「有能な」ボンのウーゼナー教授までもが、「この種のものを書いた者は学問的には死んだも同然だ」と学生たちに語った旨を伝え聞くニーチェは、遂に不幸にも学界からは閉め出され、七二年冬学期には文献学専攻の学生は一人もニーチェの講義に出席せず、独文と法律の二学生相手に一講義を辛うじて行えるだけの窮状に陥り、自分が原因で恩義あるバーゼル大学に迷惑をかけたという苦しい板挟みの気持に悩む（七二年一〇月二五日付ローデ宛、同年一一月ヴァーグナー宛書簡）。その後の年月には再び学生たちも戻ってきたが、しかしニーチェは文献学者としてのかつての名声を遂に取り返すことはなかったのである。

この事件は若いニーチェにとって軽くない意味を持ち、処女作上梓とそれにまつわる苦い経験の起こったこの七二年から、徐々にニーチェに変貌の素地が作られてゆく。たしかに一方でニーチェは表面上は続く年月の間、大学で文献学を講じつつも、しかし文献学を今や決定的に超え出て、以後はいっそう激しく、独自の思想家・著作家として登場、強い確信の披瀝を行ってゆく。すでに処女作上梓直後にもうニーチェは、ブルクハルトも感嘆したと伝えられる現代批判『われわれの教養施設の将来について』(III2, 133-244) を連続講演し、続いて時代批判の真只中に入りこみ、七三年から七四年にかけて立て続けに『反時代的考察』の最初の三つの論稿を発表、「教養俗物」を批判し、「歴史学」の利害をあばき、「ショーペンハウアー」の哲学者精神を讃えて反骨精神を発揮する。しかしニーチェ自身に言わせれば、これらの論述の根は『悲劇の誕生』構想期よりも以前にさかのぼり、彼の大学生時代に発すると言われ、ショーペンハウアーを讃えているときもうすでに自分は彼を「信じてはいなかった」とされる(『人間的』II序」)。ということは、心の奥底ですでに一つの変貌が意識されながらも、しかし表面上は彼は、すでに久しく抱き続けてきた哲学的確信をこの機会に一挙に吐き出そうとしたということであろう。七五年春第四の反時代的考察として企てられながら結局遺稿に終わった『われら文献学者』(IV1) に見られる厳しい文献学批判をも併せ考えるとき、これらの時期に一気にニーチェが、永く抱懐してきた批判的見解を吐露して、激烈な形で強い自己主張を展開しようとしていた様子が、眼に入ってくる。「語句の穿鑿に自分のお得意を発見したなどとは、精神上の不具者である」（『われら文献学者』、IV_1,7 ［5］）と言って文献学者を罵倒するニーチェのうちには、もはや偏狭固陋な学者の世界とは完全に手を切った一思想家誕生の跡が歴然としている。

けれどもそれと並んで、他方において、忘れてならないのは、次第に深まり始めるヴァーグナーとの間の亀裂である。処女作出版後数ヵ月で、すでにヴァーグナーはトリプシェンを去って遠くバイロイトに移り、あの幸福な瞬間は消え去ったのである。もちろんニーチェは、一時は教授職を放擲してバイロイトに赴くことまで考えたが、ヴァーグナーは受けつけなかった。五月ニーチェはバイロイトの起工式に参加、同年クリスマスにはコジマ・ヴァーグナーに五つの序言集（III_2, 245–271）を書き贈るが、しかし翌七三年、偏頭痛の激しくなるこの年の二月末、すでにニーチェはヴァーグナーとの共同生活に「節度」を設けようとする態度を告白する（同年二月二四日ないし三月二日付ゲルスドルフ宛書簡）。しかし四月にはまたバイロイトを訪ね、それでいて事業に追われるヴァーグナーに自分との距離を感じて苛立つ。同年秋にはその事業宣伝のための一文を草するが、ヴァーグナー協会からは採用されずに終わる。七四年夏バイロイト訪問のさいに二人は気まずい思いを味わう。しかしまた七五年妹をお手伝いとしてバイロイトに送ったりする。ニーチェの心はずっと揺れ動いているのである。しかし七六年七月、遂に第四の『反時代的考察』「バイロイトにおけるリヒアルト・ヴァーグナー」を上梓し、バイロイト祝典劇試演に招かれたニーチェは、とうとう「我慢できず」に(同年八月六日付エリザベート宛書簡)、総試演開始前にバイエルンの森に逃げ出し、「最初の祝典劇の真只中で」「ヴァーグナーから訣別し」(『ニーチェ対』)、そこで『人間的あまりに人間的』の最初の覚え書きを書くのである。一〇日後再びバイロイトに戻り「ラインの黄金」を聴くが、もうニーチェの心はヴァーグナーから離れていた。同年秋ソレントで出会ったのが二人の会見の最後、七八年一月ヴァーグナーが「パルジファル」をニーチェに、五月ニーチェが『人間的あまりに人間的』をヴァーグナーに贈ったのが、二人を結ぶ糸の最後の切れ目となった。同年八月にはヴァーグナーの激しいニーチェ攻撃文がバイロイトで発表された。

けれどもニーチェに言わせれば、すでに第四の『反時代的考察』が、これを自分への讃辞と受け取ったヴァーグナーの意とは裏腹に、彼への「訣別」の表現だったという(『人間的』II「序」)。この本の重要な箇所では「ニーチェ自身が問題になって」おり、それは「私の未来のヴィジョン」の披瀝にすぎず、「自分が若い時ヴァーグナー音楽に接して聞いたものは、およそヴァーグナーとは何の関係もなかった」と後に回顧される(『この人』)。だがしかし、もしもそうだとすれば、ショーペンハウアーやヴァーグナーを師表に仰いだ処女作はどうなるのか。

明らかに、それからの転換が行われたのでなければなるまい。実際、ほかならぬそうした変貌の苦悩が、七二年から徐々にニーチェに萌し、七六年に遂に決定的に表面化して、以後のニーチェを導く立脚点となるのである。

後年のニーチェはだから処女作に「自己批判の試み」(八六年)を付加し、副題も「ギリシア精神とペシミズム」と変えられた。円熟したニーチェの眼から見れば、この書物は「ありうべからざる書物」となった。第一に、確信ばかりが先立ち、論証に欠け、感情的で、傲慢かつ熱狂的なこの書物は、「全く時期尚早の青二才の自己体験」から生まれた「言葉のあらゆる悪い意味においても第一作」にすぎない「不快な」書物である。本来ならば「語る」のではなく「歌う」べきであったし、「さもなければ少なくとも文献学者として」もっと徹底すべきであったという。あの批判の苦渋と学問的研究の必要の意識が、詩人哲学者の自意識と相剋し合っているありさまが、眼に見えるようである。第二には、悲劇は本来「強さのペシミズム」として、ショーペンハウアーの「諦観」とは縁もゆかりもないものである点が明言され、ほかの箇所でも、ここでは、溢れ出る力からする、生存の苦悩に対してさえもなされる「最高の肯定の定式」が問題だったと告げられている(『この人』)。第三には、ヴァーグナーという何の期待もできないところに「希望」をつないだ誤りが告白され、別のところでも、処女作が「ヴァーグナー主義」に結びつけられた点を「失敗だった」と断言している(『この人』)。したがって第四に、

「ロマン主義」や「形而上学」が明確に後年のニーチェによって否定されている。けれども、他方、だからといって後年のニーチェがこの処女作の根本精神から全く脱却したと見るのは速断である。むしろ、この書物において、生存の根底に潜む歓喜と苦悩に溢れた永遠的生命のディオニュソス神を讃え肯定するという根本態度が採られているかぎり、これは晩年のニーチェにまで通ずる根本思想なのである。しかも、「学問を芸術家の光学のもとに見、芸術を生の光学のもとに見る」というこの書物の態度が、右のようなディオニュソス的生を根底に据えるとすれば、それは学問批判にとどまらずに、反キリスト教的道徳観の宣言として、すでに「すべての価値の価値転換」の書物であり（本書二〇三ページ）、晩年のニーチェが自分の立場を処女作の企図と結合するのもうなずけるのである。

けれども、それならば一体ニーチェはあのころ、どのようにして徐々にこうした変貌の中に入っていったのであろうか。この点で重要なのは、第一には、すでに七二年後半から翌年にかけて長く『哲学者の書』と呼ばれてきた遺稿群（III_4など）が書き記され、これの歴史的部分（『ギリシア人の悲劇時代の哲学』、III_2, 293–366）と並んで、とりわけその理論的部分、なかでも『道徳外の意味における真理と虚偽』（III_2, 367–384）などに見られる、後年の遠近法思想にも通ずる、醒めきった思索が、処女作上梓後早くも開始され出した点であろう。ニーチェは自然科学の勉強さえ始めるのである。第二には、この醒めきった思索は、おそらくはあの処女作のもつ一見ロマン主義的衣裳を剝ぎ取って、本来のニーチェ自身に眼を向けさせる作用と深く結び合ったものだったと思われる点である。処女作で理論的人間を批判したニーチェは、再びいわば或る種の冷たい思索に立ち帰るのである。ただし、それはたんなる楽天的な学問やあるいは文献学に戻ることでは断じてない。後年の言葉を使えば、「掘り崩し、解剖し、幻想をこわし、弱め」、こうして遂には「救い慰める幻想的世界なしでやってゆける」という「強さと自己支配のしるし」としての「学問・知恵」へと出発することである（『力』五八五B、Ⅷ2, 9 [60]）。そしてこれこそは、「鋤の刃」の題目のもとで始められた『人間的あまりに人間的』の根本精神につながり、中期のニーチェ、否、それこそ本来のニーチェの出発につながるものなのである。しかしさらに第三に、それと結びついて、重要なニーチェの病気の問題がある。

既述のようにニーチェは七六年病気で休講、またヴァーグナーと訣別、七九年遂に病気のため教授職を辞任する。けれども後年のニーチェの述懐を藉りれば（『この人』）、「ヴァーグナーとの決裂」は「決定的」なことでは「なかった」。また教授職辞任どころか、そもそも「バーゼル教授職」自体が「失策」だった。教授職在任中は「異常な力の全く無意味な濫用」がなされ、「埃まみれの学識のがらくた」ですべてが駄目になり、現実を眼中におかぬ「理想主義」に永い間取り憑かれたことが「自分の本当の災い」だった。ニーチェはこの災いを、「本能の全体的昏迷」とか「自己喪失」とかと呼び、この結果「病気」になったという。しかしこの

「病気」が彼に「理性」を取り戻させ、「自分に立ち戻って熟慮し」、「自分への還帰」をなし、これこそは「一種の最高の快癒そのもの」となったという。「病気が自分を徐々に解放してくれた」のである。ニーチェにおいて、病気は二義的である。本当の病気とは「自己喪失」であり、したがって本当の快癒・健康とは「自己還帰」である。この本当の病気の派生的形態が、いわゆる身体心理上の病気である。そしてこの派生的形態の中に陥ってはじめて根本問題の所在が当人に自覚され得る仕組みになっている。派生的形態としての病気に罹り、「静かに横になり、無為に過ごし、待ち望み、耐え抜く」ということが、そのまま「思索する」ことにほかならないと言う。本当の思索は、「自己喪失」と「自己還帰」との間に立って、今やありのままに人間と世界の現実を見つめることにあるのである。ここにおいてこそ、「これが、生きるということだったのか。よし、それならば、もう一度」(『ツァラ』Ⅲ「幻想と謎」)という勇気と覚悟が湧いてくる。ニーチェは、ここにいたってはじめて本当におのれの実存の根底に立脚して思索し始めたのである。こうしたニーチェこそは、本当のニーチェであり、この中でやがて処女作の意向さえもが取り返されて、深く広い本来のニーチェが成立してゆくのである。この意味で、ニーチェがすでに七一年文献学教授席から哲学教授席へと変わろうとして提出した自薦の文章は、注目に値する(同年一月フィッシャー宛書簡)。そこでは、「何か統一的なものを哲学的に考え抜く」という「自分の本来の」「哲学上の課題」が、「職業」上の雑事と合わず、そうした「葛藤」の中で「過労」気味に生きる自分は、「非常の時には、どんな職業をも犠牲にして」本来の課題に立ち返る覚悟であると語られているが、既述したあの「危険な生活を試みる勇気」（本書二〇ページ）が、今や病気のただ中で振るい起こされ、こうして「自己喪失」から「自己還帰」への転換が行われたのであった。

その後のニーチェは一体どうなるのか。今はごく外面的な指摘で満足しなければならない。人間何よりも目立つのは、一方で病気と孤独の深化であり、他方で思索と著述の活動である。人間関係について言えば、師リッチュルも七六年には死去、またローデやゲルスドルフとの関係も次第に疎遠になり出す。むろんそのかわりにすでに七二年には老嬢マイゼンブークと知己になり、七五年には、以後永くニーチェに付き添い原稿浄書の援助をするガストを友人に得、また七六年にはその実証主義的心理学的思考法によって中期のニーチェに影響を及ぼしたと言われるレーと交友を深める。しかし病気のゆえに手助けを必要としたニーチェは、七六年一時、一オランダ女性との結婚を考えたが失敗、後に八二年ロシア系の才女ザロメと識り合い、レーを加えた複雑な三角関係の中で恋愛し求婚し拒絶される。この事件後には妹や母ともうまくゆかなくなり、とりわけ八三年妹がヴァーグナー崇拝者で反ユダヤ主義者のフェルスターと婚約したことは、大きな苛立ちの因となった。晩年に近づくにつれて孤独の影は強まる。病気の方も、偏頭痛の激しい発作の極限であった「私の生涯の最も陽光に乏しい暗い冬」（『この人』）と言われる七九年の病苦後、八〇年代には高揚感と空虚感との入りまじった病状へと移行、次第に破局に向かって進む。病気と孤独のニーチェを取り巻くものは、もはやバーゼルではなく、人影乏しい山中の寂寥であり、海辺の沈黙である。ニーチェの中に深まってゆくものは、「故郷喪失者」（『知識』三七七）の影である。八七年九月、プフォルタ時代からの友人ドイッセンは妻を伴って一四年ぶりにジルス・マリアにニーチェを訪れ、かつての誇りに満ちたニーチェのあまりにも変わり果てた姿に驚く。歩き方は「苦しそうで」「少し片方に傾き」「足を引き摺るよう」、喋り方も「重苦しく」「つまりがち」、「青空」だけを仰いで「想い」に耽るニーチェ。かつて見たこともないほど他人に「気遣い」をするニーチェ。簡素な住まいの中に入ると、誰の世話もないのか、すべては乱れ果てていた。別れぎわ、隣村まで送ってくれたニーチェの眼には涙が流れていたという（ドイッセン『ニーチェの思い出』）。それは、かつて一度たりとも見たことのないニーチェの姿なのであった。旧友との別れに涙を流す孤影悄然たるニーチェの中に動く想いは、いかばかりのものだったのであろうか。

しかしニーチェは、こうした孤独と病苦の中で、破局にいたるまで、息つく暇もない激しい思索と著述の内面生活を生きた。七六年を区切りとして、それ以前の青春の幻想と袂を分かったニーチェは、『人間的あまりに人間的』に続いて（以下の諸著については文献案内を参照）、『曙光』を書き、『悦ばしい知識』を介して、中期の暗い谷間から脱出して、次の『ツァラトゥストラ』の段階に入りこむ。八一年八月シルヴァプラナ湖畔の森を歩き、ズールライ近くのピラミッド型をして聳える巨大な岩石のところで、足をとめたニーチェは、「肯定の最高の定式である永遠回帰の思想」に「襲われた」（『この人』）。「人間と時代を超えた六〇〇〇フィート」の山中でひらめいたこの思想こそは、『ツァラトゥストラ』の「根本構想」であった。病苦と孤独の中で「大いなる健康」という肯定への転換が成就し、それを語った『ツァラトゥストラ』は、その大部分を短期間のうちに成立させ、中期の諸想をいっそう深化した姿で発展させつつ、しかも華麗な抒情と厳しい思索を盛りこんで、言語の極致をきわめながら、ニーチェ的世界の全貌を歌いあげた最高傑作である。『ツァラトゥストラ』終了後ニーチェは、激烈な書物『善悪の彼岸』と『道徳の系譜』を公刊する。八二年ごろから八八年まで、一般には長く『力への意志』と呼ばれてきた厖大な遺稿が書き残された（これはシェレヒタによって第二次世界大戦後『八〇年代の遺稿から』と改められ、さらに今日のグロイター版全集では、その他の遺稿をも含め、八二年から八九年発狂までの全遺稿が、書き記されたノートごとの順序に従って、VII_{1-3}, VIII_{1-3} の全六巻に『遺された断想』と題して刊行されるかたちに改められた）。最後の年八八年には、『ヴァーグナーの場合』『偶像の黄昏』『反キリスト者』『この人を見よ』『ニーチェ対ヴァーグナー』『ディオニュソス讃歌』などが執筆され、翌年遂に斃れた。これら中期から後期にかけてのニーチェ思想の射程はきわめて広大であるが、その根本に横たわるものは、人生の暗い影を超えて肯定にいたろうとする深い内面的問題群である。以下本書で収録した文章は、その最も重要な核心につながるものばかりであるから、その根本思想の理解は、読者自身の手に委ねることにしたい。

三 「墓の歌」とニーチェ

七六年を境として、それ以前の青春の幻想から脱却し、冷たい思索の中に分け入ったニーチェは、八一年の永遠回帰思想獲得後は、さらにそれをも超え出て、より高い肯定の段階に突き進んだとも見得るところから、彼自身の語る「三つの道」（本書一〇八ページ以下）に従って、彼の発展に三段階のあることが、一般によく指摘される。「駱駝」「獅子」「小児」という三段階、換言すれば「汝なすべし」「われ欲す」「われあり」（『力』九四〇、Ⅶ$_2$, 25［351］）の三段階が、右の三時期のそれぞれに対応するというわけである。この三段階はまた、或る意味では、病気の「冬」を除いた、「夏」「春」「秋」の三季節に対応し（『人間的』Ⅲ二六九）、あるいは「高揚させ」「安らぎを与え」「澄明にする」思想の諸時期（『人間的』Ⅲ三三二）とも言い得る。しかし図式的理解よりももっと重要なのは、何よりもまず孤独と病苦の暗い谷間を通り抜けてのみはじめて、過ぎ去った幸福な青春時と来たるべき「大いなる正午」とが、振り返られかつ望み見られ、そこにこそ、苦悩に彩られながら、振幅の大きい、ニーチェ的世界の展望が拓け得るという点である。どれほど「苦悩」したかが、その人の位階を決定する（本書七九ページ）のであり、そうなってのみはじめて「最も長い梯子を持ち最も深く降りてゆける魂」（『ツァラ』III「新旧の表」一九）が可能になる。ドイッセンが見たあの涙を流すニーチェの影を見失っては、誇らしい青春時のニーチェも、激烈な「主人道徳」を語る最晩年のニーチェも、正しくは理解され得ない。この苦悩するニーチェの心底に参入してのみ、全ニーチェに一貫する或る根本本質を窺知することが可能になる。そのために今、ニーチェ・ツァラトゥストラが、哀切の想いをこめて、失われた青春の夢と理想を偲び、神々しいほどであった自分の幸福な過去を、痛ましい愛惜の念をもって振り返る「墓の歌」（『ツァラ』II）を、顧みよう。

「あそこに墓の島がある。物言わぬ島が。そこにはまた私の青春を葬った墓もある。そこへ私は、生命のいつも渝《かわ》らずに緑なす葉を環に編んで捧げにゆこう。」そう胸に決意を抱いて海を渡るニーチェ・ツァラトゥストラは、自分の青春の幻影を「愛の目差しのすべて」「神々しい瞬間の数々」「私の最愛の亡きものたち」と呼び、そこから漂う「或る甘い香り」に「胸をつまらせ」「涙を誘われて」泣くのである。トリプシェンでのあの「深い瞬間」（前出本書二二ページ）を頂点とするライプチヒ・バーゼル初期の光輝く青春が偲ばれているのでもあろうか、ドイッセンの見たように、今ニーチェは本当に泣いている。けれども、失われたとはいえ、過去の理想を今なお自分は引き継ぐものであることが語られ、「お前たち〔青春の幻影〕は今なお私の心湔りせぬことを信じてよい」と言われ、また「お前たちも、私と同じように、心湔りせぬ忠実と、優しい永遠の心を持つものとして作られていた。お前たちとは離反し合ってしまったあとの今でも、私はお前たちをこう呼ばねばならない。お前たち、神々しい目差しと瞬間の数々よ、と。だって私はそれ以外の呼び名をいまだに知らないできたからだ」と述べられる。それならば一体なぜそれは失われてしまったのか。実はお互いが「離反」し合ったのは「お互いのせいではなく」、「意地悪な」「世間の人々」が、「私の青春の幻影と最愛の奇蹟」、「私が所有していたもののうちで一番傷つきやすいもの」をめがけて「矢を放ち」、「殺し」、こうして「私の心臓を射抜き」、「敵たち」がニーチェから「二度と取り返せぬ大事なものを奪い取り」、「あらゆる殺人行為」にもまさる「邪悪な所業」を犯したからなのである。ニーチェはその敵たちに「呪い」を捧げるとまで語っている。これが事実的に何を意味していたのかは今は問わない。ともかくニーチェは、「神々しい」世界を築こうとした試図が瓦解して「眠られぬ苦悩」の夜が始まったと言い、「あらゆる嘔吐を断とう」とする「誓い」のそばから「膿瘍」でただれた人物が近づいてきたと言う（「嘔吐を断つ」という言い方については、既出の、批判の苦渋に発する「嘔吐を感じないようにする」という言い方——本書二五ページをも参照）。また、自分が幸福な「盲人」であったことを悟る心境も語られ、「超克」の試図が周囲からむごいと嗟嘆され、「同情心」をめあてに厚かましい連中が群がり、おまけに「私の最愛の歌手」の「ぞっとする重苦しい曲調」によって自分の「舞踏」の用意も凍りついたという。さまざまな痛手で傷ついたニーチェが、今自分の傷痕を振り返っているのである。しかし重要なのは、それに続く文章である。一体どのようにして自分はこれらの「痛手」を耐え忍んできたのか。「そうだ。傷つけられないもの、葬り去ることのできないものが、私には具わっている。岩をも砕くものが、具わっているのだ。その名は、私の意志だ。それは、黙々として、不撓不屈の姿で、幾年月をも貫いて、歩んでゆくのだ。私の昔ながらの意志、それが、私の足となって、一貫した歩みをしようとするのだ。私の意志は、その志操実に堅く、不死身なのだ。私は、この私の踵《かかと》の点だけは不死身なのだ。お前、私の意志よ、お前は依然として、踵となって生き続けていて、渝らぬ同じお前でいてくれる。この上なく忍耐強い者よ！　依然としてお前はどんな墓をも突き破って出てきたのだ！　お前のうちには、私の青春の解放されないものが、いまなお生き続けている。そしてお前は、生として、また青春として、ここの砕け散った黄色の墓石の上に、希望に充ちて坐っている。そうだ。お前は、いまなお私にとって、あらゆる墓を打ち砕く者なのだ。お前、私の意志よ、健やかなれ！　そして墓のあるところにだけ、復活もあるのだ。」こうニーチェは語っている。

どんな苦悩や傷痕にもめげずに、不撓不屈の意志をもって、幾歳月をも貫いて、黙々としておのれの初志を貫徹し、失われた青春の墓場から復活しようとする、意志の人ニーチェ。ここにこそ、彼の多様な歩みを貫く最も奥深い根本本質が、語り明かされているのではないであろうか。その意志は、いわば第一の青春の持つ「偽りと欺瞞的な面」を超え、それへの「幻滅」と「猜疑」という第二の青春をも乗り超えて（『善悪』三一）、そうした転身の苦悩のうちから、初志貫徹という形で、復活し蘇ろうとするのである。けれども、意志といっても、それは、たんなる心理学的能力としてのそれではない。そうした意志などは「存在しない」（本書一八二ページ）。「墓の歌」に続く重要な章で告げられるように、それはたえずおのれを超え出てゆく「自己超克」（本書一八四ページ以下）の働きそのもの、いわば「本当の自己」（本書一九一ページ）であり、「力への意志」であり、破壊と創造において生きる「ディオニュソス」（本書一九九ページ以下）そのものであろう。こうした自己が、かつてあったおのれを超え、時間の流れの中で偶然的断片と化した散乱状態を超克して、おのれであることを達成、成就しようとするのである（本書二七〇ページ以下）。「お前は、お前であるところのものになるべきである」という「良心」の声に応じた自己への生成が（本書八四ページ）、おのれであろうとする「意志」にほかならない。そこにのみ、「永遠回帰」も「運命愛」も、また「力への意志」も「超人」も、その根本本質において、基礎づけられる。しかもそうした不断の自己超克の意志は、最後には、そうしたおのれの「没落」をも欣快として迎え入れる意志でもある（本書二四五ページ）。「超え出てゆき」「没落するもの」としての人間をこそ、ニーチェは「衷心からの愛」をもって愛したのである。しかもそうした人間が最後に求める愛は、永遠性への愛なのであった（『ツァラ』III「七つの封印」、IV「酔歌」）。

けれどもニーチェ自身においては、この不撓不屈の永遠的意志は、「認識の根源意志」（『系譜』「序」）となって現われ、間断ない著作活動の形を採って出現した点をも、見失ってはならない。今その深い機微を詳論する暇はないが、次の点だけは指摘しておこう。ニーチェにおいては、初期の『道徳外の意味における真理と虚偽』や晩年の「遠近法」に明瞭なように、たしかに一方では、言語表現を不十分なものと見る考え方がある。思想は完全に「言葉で再現できず」（『知識』二四四）、「体験」は「言葉」を超え出たものなのである（『偶像』「反時代」二六）。しかし他方で彼は、或る新しい事態を「見」かつ「命名する」ことを重視し（『知識』二六一）、「自分の血をもって書く」（『ツァラ』I「読むことと書くこと」）ことを勧める。彼自身は個人的体験の深みに根ざしつつ、しかも「個人」を超え出て（『人間的』II一五六）、「独立した固有の生命」を具えたような著作（『人間的』I二〇八）、そして「時代性」を脱却して「乾燥した」著作（『曙光』五〇六）、それどころか「あらゆる書物を超え出た」圏域へと連れ出すような（『知識』二四八）、「永遠性」（前出『曙光』）を帯びた著作に、自分を賭ける。そこにこそ、熟して甘い「いちじくの実」の落ちるように、言葉と思想が落ちかかる（『ツァラ』II「至福の島々」）。けれどもそのためには、「孤独」になって「あらゆる存在が言葉となる」境域に身をおき、「語る」

ことにおいて「元気を取り戻し」、遂には事物の上を「舞踏してゆく」、悲哀と慰めと軽やかさの交錯する詩人的境涯の極致を知らねばならない（本書七五、二八六ページ）。それればかりではない。最終的には、「私の判断」を他人が安易に横取りするのを拒み（『善悪』四三）、どこかの誰かに簡単に「理解される」ことを拒絶し（『知識』三八一）、「特定の読者」にのみ語りかけ（『人間的』II一五八）、うっかり聞き違えられるとまるで「馬鹿げたもの」、否、「犯罪」のようにさえ響くのも恐れずに（本書一二九ページ）、「理解されがたい者」（『知識』三七一）ないし「故郷喪失者」（『知識』三七七）の運命を覚悟して、語らねばならない。この例外者意識と使命感の中で語り明かされた言語の秘術が、ニーチェ的世界を形作るのである。ニーチェ自身の根源意志は、この世界におのれを賭けていたことを、ひとは忘れてはならない。

さて最後に、既述のこととの連関の意味もこめて、ニーチェ自身が語る彼の性格と生き方の特質に（『この人』）、ごく簡略に言及しておきたい。第一に、病弱な父と健康な母という「二重の血筋」をひき、「上昇と下降」の双方を知るニーチェは、この両方の事態に精通しているばかりか、「病人の光学からして、もっと健康な概念や価値の方に眼を向け、また逆に今度は、豊かな生の充実と自信とから、デカダンス本能のひそかな働きを見下ろす」という「遠近法の転換」に長じた、生の問題全般を偏らずに考察し得る人間であり、「経験の二重の系列」を持った「二重人格者」、いや多重人格者でさえある点に——むろんその根底には「健康への、生への意志」から作り出された彼の「哲学」が潜んでいるが——、そこに自分の本質があると言う。第二に、病人に一番有害でありながら病人が最も自然に陥りやすい「怨恨感情《ルサンチマン》」というもの——否、病気であるということがもう一種の「怨恨感情そのものである」とさえ語られるが、——これに通暁している点に、ニーチェは自分の独自性を認める。「防御と武装との本能」が衰弱しきって、何一つ「振りきれず」「片付けられず」「突き放せず」、「何をやってもみな傷ついてしまう」、「不機嫌、病的な傷つきやすさ、復讐したくてもできない無力、復讐してやりたいという欲情と渇望」に蝕まれた「怨恨感情」からの脱却と克服、これこそは永年の知恵において自分が獲得したものだったという。つまり、自分が衰弱している時には、復讐や遺恨の感情を「有害なものとして自分に禁止し」、「ロシア的宿命論」のように一切の反応を停止し、一方、自分が強力になった時には、怨恨感情を「無用のくだらない感情の一つ」、「自分以下のもの」として「自分に禁止した」というわけである。またそれとも結びついて、ニーチェは、自分に何か悪質のことを誰かが行えば、すかさず「お返しにお礼をする」旨を語っている。第三に、ニーチェは、復讐や遺恨の感情のような女性的なものではなく、「強い本性」が必然的に具える「戦闘」ないし「攻撃的情熱」にこそ、自分の本領があると述べ、全力を傾注して問題事象に立ち向かう「果たし合い」に自分を賭けてきた点を、こと細かに打ち明けている。第四に、ニーチェは、人間との交際において少なからぬ困難を自分に生ぜしめる自分の本性の特色に触れて、「私に固有なのは、清潔性の本能が完璧なまでに無気味なくらい鋭敏なことにある」と言い、このために他人の心の奥底をすぐ嗅ぎ取って嘔吐感に駆られ、そのため自分にはどうしても「孤独」が、「自己への還帰」が必要になると語る。「私のツァラトゥストラ全巻は、孤独に捧げる酒神讃歌であり」、「純粋性への酒神讃歌である」と言う。したがってまた、ニーチェは同情深い人間を嫌う。というのは彼らはややもすると「羞恥心や畏敬の念や自他の距離に対する繊細な感情」を失いやすいからで、だからニーチェは、「同情の克服」を「高貴な徳の一つ」に数えるのである。第五に、ニーチェは、人間が生きるに当たって必要なものは、高邁な理想主義的理念なぞではなく、自分に見合った「栄養」「土地と風土」「休養」等を「選択」して、「自己防衛の本能」をもって生き、自分なりの「一つのどうにもならない必然性」を、はっきりとした「好み・趣味」において生きることだと言う。自己喪失につながるようなものは断然拒否すべきであるばかりか、拒否の回数をできるだけ少なくして、いっそそんなものとはさっさと縁を切れ、と語る。たとえば「学者」なぞは、自己防衛本能が「ぐにゃぐにゃになって」何百冊の書物をひっくりかえしているうちに「自分自身ではもはや何も考えなく」なってしまった「デカダン」の見本とされる。第六に、こうした身近な「些末な」ことがらこそ「生の根本要件」なのに、それこそは軽蔑すべきことなのだと教え、神や彼岸を語る連中は一切、「病気と復讐欲に燃えた本能とから生まれ出た、できそこないで、人類のくず」であり、こうした「人非人」の作り上げた観念は「嘘っぱちのでたらめ」だとニーチェは断じ、自分こそは「健康な本能のあらゆる徴候を知り取る最高の繊細さを所有して」おり、「軽やかに」「戯れ」て生きる人間だと語り明かす。およそ何をするにも「神経をもったりしてはいけない」。「孤独《アインザームカイト》」に悩まされるなども駄目な証拠の一つで、自分なぞは、いつもただ「大衆《フィールザームカイト》」に悩まされただけだった、とニーチェは胸を張る。——ニーチェがこう書いたのは、発狂寸前の月日においてだった。

健康と病気の間に揺さぶられながらも、怨恨感情を超え出、攻撃力をも具えつつ、孤独の中で純粋な自分を育てあげて、自己防衛、自己忠実の生き方を選び採るところに、ニーチェの興味深い生きざまの核心が存していたことを、ひとは、以上によって理解するであろう。今や、このニーチェの生き方のただ中に立ち入って、そこから彼の根本思想が成立するゆえんを、ニーチェの文章そのものに則して、学ぶべき時となった。

I　人生と思索

「私の著作においては比類のない一人の心理学者が語っているということ、おそらく良い読者ならばこのことに最初に気付くに違いない」（『この人』「書物」五）。実際ニーチェの著作を繙く者は、そのいたるところに、人生をめぐるさまざまな鋭い洞察がちりばめられていることを知らされるであろう。それどころか、それらの断章に盛られた刺激的な知恵に触発されて、ひとは、自分の人生を振り返り、本当の意味で自分らしく生きるための認識と勇気を授けられるであろう。それというのも、ニーチェ自身が自分自身を「実験台」にして厳しく人生を見つめ、その「認識」を通して「悦ばしく生きる」すべを学び取っていったからである（本書九六ページ）。「偉大な作家は自分の現実からのみ汲み取って書き」（『この人』「利口」四）、「すべての偉大な哲学」は「その創始者の自己認識」であり一種の「手記」である（『善悪』六）。そして、そのようなニーチェの著作を貫く太い線が、「いかにして人は、そのあるところのものになるか」（『この人』副題および本書八四ページ）ということであった。「お前があるところのものに、なれ！」（『ツァラ』Ⅳ「蜂蜜の供物」）という、自己への生成と還帰、これこそが、ニーチェの思索の根本テーマだったと言っても過言ではないからである。そうした意味で、まず本章では、ニーチェの「人生」と「思索」に対するこのような根本態度を省み、彼の思想と著作を支える根本精神をうかがうよすがとした。もちろんこの種の断章は、彼の著作のいたるところに数多く見出され、選択や配列はきわめて困難ではあったが、しかし、多くのものを割愛・短縮しながらも、ここでは主として中期から後期にかけての著作の中から、できるだけ短い箴言を選んで配列してみた。そのさい、それらの断章を導くモティーフを小見出しによって暗示しておいたので、順次読み進まれれば、おのずとニーチェの根本態度が見えてくるはずである。「私はすべての体系家を信用せず、彼らを避ける。体系への意志は正直の欠如である」(『偶像』「箴言」二六)とニーチェは言い、いったん説を立てるとそれの擁護のためにやっきとなり、ついには「愚昧になる」哲学者たちを彼は嘲笑している(『善悪』二五)。けれども、だからといって思想が箴言の形で「断片的」に与えられればそれは「つぎはぎ細工」に違いないと見る「近視眼の人々」をもニーチェは批判し(『人間的』II一二八)、自分の諸想が「共通の根」から発することあたかも「樹木がもろもろの果実を実らせるその必然性」にも似ている点を、自ら確言している(『系譜』「序」二)。以下の箴言を読んで、その根本にある「認識の根源意志」(同所)を看取することのできない人は、多分ニーチェを読む資格をまだ欠いていると思うべきであろう。第一節「人生について」は、「思想と生涯」の箇所ですでに触れたニーチェ自身が語る彼自らの性格や生き方を下敷きにして、人生の諸相をめぐる断章を採録してみた。「自己喪失」の「病気」から自分を取り戻し「自己へと還帰」し(『この人』「利口」二および「人間的」四)、他人の高みをも認めつつ、孤独の中で自己の高みと深みに分け入る自己忠実の態度、そうした「健康への、生への意志」(同書「賢明」二)から作り出されたニーチェ哲学の根本に潜む人生知の一端が、察知されるはずである。第二節「思索について」は、ニーチェが本当に自分に立ち戻って認識の道を歩むときの冒険的な思索の態度を見る。探究と実験の、自由精神の態度は、最後には、人間の偉大さに立脚した強い肯定的な態度へと転じてゆく。第三節「三つの道」では、こうした人生と思索の歩みに三段階があることをニーチェ自身が確認した、周知の重要な二つの断章を収録しておいた。

一　人生について

病気と健康

病気の原因

性に合わない。——或る思索者が無理をして、何年間も性に合わないような思索をすることがある、ということの意味は、自分の内面からおのずと生じてくる思想に従うのではなくて、或る官職や、指定された時間割や、勝手に決めこんだ理由のない勤勉さのために、無理やり強制的に奉じなければならないように思えてくる思想におつき合いして従う、ということである。ところがそうすると結局彼は、病気になるであろう。というのも、こうした見たところ道徳的な克己の態度は、彼の神経の力を根本的に破壊してしまうからで、それはちょうど、不節制を習慣的に繰り返していると、神経力が駄目になってしまうのと同じである。

（＊『曙光』五〇〇）

「度を過ごすなかれ！」——よく個々人に勧められていることがある。それは、自分では違成できないような、自分の力にあまるような何らかの目標を、自分に立てろ、というものである。そうすれば、少なくとも、自分の力が最高度に緊張したときに実現できるようなものを、達成できるだろう、というわけなのだ！　けれども、これは本当にそんなに望ましいことであろうか。この教訓に従って生きるならば、最良の人々でさえも、またその人々の最良の行為でさえも、必ず何か度を過ごした、歪んだ相貌を持つようになるのではないだろうか。というのもまさに、あまりにも多くの緊張がそこにあるからである。そして結局、不首尾に終わったという陰惨なかげりが、世界中に拡がるのではないだろうか。というのも、そのときにはいつも、戦う競技者とか、途方もない身振りとかは見られるけれども、花輪で飾られた凱歌にあふれた勝利者の姿はどこにも見られないからである。

（＊『曙光』五五九）

治療の方策　魂の薬。——静かに横になっていることとあまりものを考えないことが、魂のすべての病気に対する一番安上がりの薬剤であり、意志が堅固であれば、この薬は、使うにつれて、めきめき効果を発揮して快適なものになってゆく。

（＊『人間的』Ⅱ三六一）

理由と、その理由の無理由。——君は彼を嫌悪していて、だからまたこの嫌悪の理由をたくさん持ち出す。――しかし私が信用するのは、君の嫌悪感だけであって、君のあげる理由ではないのだ！　本能的に生じることがらを、君自身や私に対して、あたかも理性に則った推論のように見せかけて述べ立てるのは、君自身を取りつくろって気取っているだけなのだ。

（＊『曙光』三五八）

気の小さい連中。――ほかでもない、無器用で気の小さい人々こそ、えてして、殺害者になりやすいものである。彼らは、小さな、目的にかなった防御や復讐の心得がない。精神や沈着な気持が欠如しているために、彼らが憎悪すると、絶滅という方策を採るしかなくなるのである。

（＊『曙光』四一〇）

小さな復讐をすることは、全く復讐しないことよりも、人間的である。

（『ツァラ』I「まむしのかみ傷」）

病気から健康へ

病気の価値。――病気のために床に臥す人は、自分がふだん官職や仕事や社交などのために病気になっていて、それらのために自分というものをよく考えることをすっかりやめていたことに、はたと気付くことがよくあるものだ。病気になるとどうしても無為の時間が出てくるので、そのおかげで病人は、こうした知恵を得るのである。

（＊『人間的』Ｉ二八九）

意志の氷点で。――「だが最後にはいつか、あれが、あの時間が、やってくるのだ。お前を苦痛のない黄金の雲の中に包み込む時間が。そのとき、魂は、自分自身の疲労を楽しみ、幸福にも自分の忍耐力と辛抱強く戯れながら、湖水の波さながらの状態になる。湖水の波は、或る静かな夏の日に、彩り鮮かな夕映えを水面に写して、岸辺にそぞろ打ち寄せてはまた静まりかえる――終末もなく、目的もなく、飽満もなく、欲求もなく――、全く安らかに、それでいてその安らかさは変転を喜び、こうして、ただ全く干潮となってはまた満潮となり、大自然の鼓動と一つに溶け合っている。」これが、あらゆる病人の感覚でありまた語る言葉なのだ。けれども病人は、この時間を体験すると、しばらく楽しんだあとには、今度は倦怠を味わう。しかしこの倦怠こそは、凍りついた意志を溶かす春の暖風なのだ。意志はめざめ、動き出し、こうして再び願望に願望が生み出されてくる。――願望するということは、快癒の、もしくは快方に向かいつつあることのしるしの一つである。

（＊『人間的』II三四九）

大いなる健康。――われわれ、新しい者、名のない者、理解されることの少ない者。われわれ、まだ証明されていない未来の早生児。——われわれは、新しい目的のために、また新しい手段をも必要とする。つまり、新しい健康を、だ。従来のあらゆる健康よりも、もっと強靭で、抜け目のない、頑強な、大胆な、快活な健康を、である。（＊『知識』三八二）

怨恨・復讐・嫉妬

懺悔。——ひとは自分の咎を相手に懺悔してしまうと、その咎を忘れる。けれども、相手の方はその咎のことを忘れないのが普通である。（＊『人間的』Ⅰ五六八）

軽蔑。——ほかの人々から軽蔑されることは、人間にとって、自分自身による軽蔑よりも、我慢ならないものである。（＊『人間的』Ⅰ五四九）

標的であること。——ほかの人々がわれわれのことを悪く言う場合、それはしばしば、本当はわれわれに向けられているのではなく、全く別の理由からする怒りや不機嫌の表明なのである。（＊『人間的』Ⅰ五六二）

いたわる振りをして——人を殺すような手法もまた存在することに気付かなかった者は、人

生の見方が、まだ甘いのだ。（＊『善悪』六九）

愛するようにしむける。——自己嫌悪にかかっている人には、気をつけなければいけない。というのは、われわれは、彼の怨恨と復讐心の犠牲にされることがあるからである。だからわれわれとしては、彼が自己愛を抱くようしむけるべく努めようではないか！（＊『曙光』五一七）

何によって知恵は測定されうるか。——知恵の増大は、不機嫌の減少によって正確に測定されうる。（＊『人間的』Ⅲ三四八）

笑い。——笑いとは、良心の呵責なしに、他人の不幸を見て喜ぶことだ。（＊『知識』二〇〇）

癪にさわる。——癪にさわるということは、一つの肉体的な病気であって、癪の種がその後除去されたからといって、それでもう癒されるというわけには断じてゆかぬものだ。（＊『人間的』Ⅰ五〇五）

隣人の不幸で「元気づけられる」。——誰かが不幸だとすると、「同情心のある連中」がやってきて、あなたはなんてお気の毒なんでしょうとさんざん言ったりする。――そのあとでついに同情心ある連中も満足し、元気づけられて、立ち去ってゆく。というのは、彼らは、その不幸な人の恐ろしいような状態を見、またそれを見て自分も恐ろしいような気持になって、実はめったにない楽しい経験をしたのであり、すばらしい午後を過ごせたからである。

（＊『曙光』二二四）

最も恐ろしい復讐。――敵対者に徹底的に復讐しようと思うならば、手に一杯の真実や正義を携えて、それを相手に平然と切り出せるようになるまで、待つべきである。そうすれば、復讐するということは、正義を実行することと同じことになるからである。これこそ、最も恐ろしい復讐の仕方である。というのも、それはもはや控訴などのなされうるような上級審を全く持っていないからである。

（『人間的』III二三七）

危険な怒りっぽさ。――天分はあるがしかし怠け者の人間たちは、自分の友人の一人が立派な業績を仕上げると、いつも少し腹を立てたようになるものだ。彼らのうちに嫉妬心がむらむらと湧き起こる。彼らは自分の怠惰を恥じるのだ。――いやそれどころかむしろ彼らは、あの精力的な人物が今や以前にもましていっそう自分たちを軽蔑するのではないかと、恐れるのだ。

こうした気持から、彼らは、その新しい作品を批評する。——だから彼らの批評は、復讐となる。作品を仕上げた本人は、その批評で、不意打ちをくわされ、不快になることおびただしい。

（＊『人間的』Ⅲ三一一）

新しいことは古いことのように述べよ。——多くの人々は、自分の知らない新しい出来事の話を聞かされると、腹立たしい様子になる。というのは、新しい出来事はそれを先に知った人に優越感を与えるので、その優越感が癪にさわるからだ。

（＊『曙光』二八四）

友人がいないこと。——友人がいないのは、嫉妬か自惚れが強いためだと推定される。友人がいるのは、たまたま嫉妬の種がないからという事情のおかげにすぎぬような人もいくらかいる。

（＊『人間的』Ⅰ五五九）

思い違いをしたがる。——鋭敏な嗅覚をそなえた嫉妬深い人間は、自分のライバルと、あまり深い識り合いになろうとはしない。というのは、自分の方が優越していると感じていたいからだ。

（＊『曙光』二六四）

嫉妬深い奴。――あれは嫉妬深い奴だ――あいつには子供がない方がいいと思うべきだろう。子供などあったら、あいつは、自分がもはや子供になれないからといって、子供にまで嫉妬するだろう。

（＊『知識』二〇七）

「お前はあいつのお気に入りになりたいと思うのかい。それなら、あいつの面前で、困惑した様子を見せるがよい――。」

（＊『善悪』一一三）

公然と悩むことを心得る。――自分の不幸を見せびらかし、時々聞こえよがしに溜め息をつき、あからさまに苛立って見せることは、必要なことである。というのは、苦痛や窮迫にもめげずに自分はしっかりとしていて不幸などではないというありさまを、他人に気付かせでもしようものなら、他人はどんなに嫉妬し、意地悪になるか分からないからだ！――けれどもわれわれは、周囲の人々を悪者にはしないように気をつけねばなるまい。それに、もしわれわれが右のような平気な態度を採ったりしたら、周囲の人々は、苛酷な税金をわれわれに課すことであろう。それだから、われわれが公然と悩むことは、いずれにしても、われわれにとって私人の面では利益でもあるわけである。

（＊『人間的』II三三四）

世界の破滅者。――この人物は何かがうまくゆかないと、最後には腹を立ててこう叫ぶ。「世界中全部が滅びてしまえばいいのに」と。この嫌悪すべき感情は、次のように推論する嫉妬心の絶頂なのである。すなわち、私は或るものを所有できない。だから、世界中全部に何ものも所有させたくない。世界中全部が無くなってしまえばいいのだ、と。（＊『曙光』三〇四）

卓越した精神の持ち主たちが持つ妄想。――卓越した精神の持ち主たちは、一つの妄想から解放されようと努力する。つまり、彼らは、凡庸な連中から嫉妬され、例外者と受け取られていると思いこみがちなのだ。ところが事実上は、彼らは、余計で無用の存在として、また、かりにいなくなったとしても別に困った事態にはならないような存在として、感じ取られているのである。（＊『人間的』Ⅲ三四五）

人間の愚かさと虚栄心

半可通。――外国語を少ししか話せない人は、上手に話せる人よりも、外国語を嬉しがる。楽しみは半可通の人の方にある。（＊『人間的』Ⅰ五五四）

半可通。――半可通は、全知よりも圧倒的勝利を博する。それは、事物を実際よりも単純に摑まえるから、それでその意見の方が分かりやすく、また説得力が強くなるのである。

（＊『人間的』I五七八）

なぜ反論を唱えるか。——ひとはよく或る意見に反論を唱えることがある。ところが本当は、その意見の述べられた調子だけが同感できないだけなのである。

（＊『人間的』I三〇三）

たしかにひとは口で嘘を言う。けれども、そのときの口ぶりで、やっぱり真実を語ってしまうものだ。

（＊『善悪』一六六）

信頼と親密。——ほかの誰かとの親密さを故意にかちえようとする者は、その相手の信頼をえているかどうかに自信がないのが普通である。信頼に自信のある者は、親密さにあまり重きをおかない。

（＊『人間的』I三〇四）

二種類の平等。——平等欲は、次のような仕方で現われることがある。つまり、ほかの人を全部自分のところにまで引きずり下ろしたがるか（けちをつけたり、闇に葬ったり、妨害したりして）、あるいはほかの人全部と一緒に自分を引き上げたがるか（称賛したり、援助したり、

他人の成功を喜んだりして)、そのいずれかである。(*『人間的』I三〇〇)

良心の痛みをあまり感じない。——人類に対する自分の意義を口にのぼせる人は、卑近な市民生活上の正しい振る舞い方に関しては、契約や約束を守らなくとも、あまり良心の痛みを感じない人物である。(*『人間的』I五二二)

日常の尺度。——極端な行為は虚栄心に、平凡な行為は習慣に、瑣事に囚われる行為は恐怖心に基づくものと見れば、めったに間違わないであろう。(*『人間的』I七四)

意見の固執。——或る者が或る意見に固執するのは、自分自らでその意見を思いついたことをいくらか自慢げに思っているからである。また別の者がそうするのは、その意見を苦労して学びそれを理解するにいたったことを誇りに思っているからである。だから両者とも、虚栄心から、そうしている。(*『人間的』I五二七)

光に向かって。——人間が光に向かって殺到するのは、もっとよく見るためにではなく、もっとよく輝くために、である。——その人のまえにいれば自分も輝くような人を、世間の連中は、好んで光と見なしたがるものである。

（＊『人間的』Ⅲ二五四）

自惚れの徴候としての同情要求。――癇癪を起こし、他の人々に侮辱を加えておきながら、そのさい第一に、自分のことを悪く取らないでもらいたいと要求したり、第二に、こんなに烈しい発作に襲われたのだから自分に同情してもらいたいなどと要求したりする人々がいる。人間の自惚れは、それほどまでになるのである。

（＊『人間的』Ⅰ三五八）

交際の知恵

好意的な空とぼけ。――人々と交際するときには、彼らの行動の動機を見て見ぬふりをする、好意的な空とぼけが、往々必要である。

（＊『人間的』Ⅰ二九三）

必要な一事。――ひとが持たねばならないものが一つある。生来の軽やかな心か、さもなければ、芸術や知識によって軽やかにされた心かである。

（＊『人間的』Ⅰ四八六）

四つの良いもの。――自分自身に対し、またいつも友であるものに対し、誠実であること。敵に対し勇敢であること。敗北者に対し寛大であること。そして常日頃――礼儀正しくあるこ

と。四つの基本的徳はわれわれにこう望んでいる。（＊『曙光』五五六）

沈黙スルコト。——自分の友人たちについてあれこれ語ってはならない。さもないと、友情の気持に傷がつくようなことをうっかり喋ることになる。（＊『人間的』II二五二）

働き者だけを友人とせよ。——怠け者を友人にすると危険である。というのは、怠け者はあまりすることがないので、友人たちのすることなすことをあげつらい、しまいには干渉してきて、厄介な人物になるからである。だから、働き者とだけ友情を結んだ方が利口である。（＊『人間的』II二六〇）

逆説がふさわしい時。——才気に富んだ人々を或る命題に賛成させるには、それを途方もない逆説の形で述べさえすればよいような場合が、時折ある。（＊『人間的』I三〇七）

光をもたらす連中。——もしも生まれながらのお世辞上手が日光を一緒に持ちこんでくれなかったら、社交の場面には、まるきり日光が射さなくなるだろう。私が言っているのは、いわゆる愛想のよい人たちのことだ。（＊『人間的』III二五二）

感謝されないことがあらかじめ分かる。――何か大きな贈物をする人は、けっして感謝されない。というのは、贈られた人は、それを受け取っただけでもう、荷厄介になるからである。

（＊『人間的』I三二三）

深い人たち。――深く考える人たちは、他人と交際するとき、自分が芝居をしているような気持になる。なぜなら彼らはそのとき、理解してもらうために、いつもまず浅薄さを装わねばならないからである。

（＊『人間的』II二三二）

平凡さの仮面。――平凡さは、卓越した精神の持ち主がつけうる最も妙を得た仮面である。なぜなら、大部分の人々、つまり平凡な連中は、それが仮面だとは気がつかないからだ。――それでいて実はまさにこういう連中のために彼はその仮面をつける。――彼らを刺激しないために、否、それどころか、同情と善意とからそうすることがまれではないのだ。

（＊『人間的』III一七五）

対話における戦術。――誰かと対話したあとで、ひとが話相手のことを最も良く言えるのは、自分の才気や愛想をその相手のまえで全く見事に示す機会を持てた場合であろう。利口な人たちはこれをうまく利用するわけで、談話のさいに相手にうまい機智などを飛ばせる絶好の機会をあてがってやりながら、自分に好感を持たせようとするのである。それで、二人の大変利口な人物の間でかわされる一つの愉快な対話の場面が考えられる。つまり、二人は互いに自分に好意を持たせようとして、それで、対話中に絶妙な機会を相互に提供し合う。ところが、どちらもそれを受け容れまいとするわけだ。すると対話全体が才気もなくまた無愛想に過ぎてゆくことになろう。なぜなら、どちらも相手側に、才気と愛想の機会を譲り合うからだ。

（＊『人間的』Ｉ三六九）

いかに勝利を収めねばならないか。——間一髪のところでやっと相手を追い抜ける見込みしかないときには、勝利を収めようと望んではならない。立派な勝利は、敗北者を、喜ばしい気持にさせるものでなければならない。それは、相手に恥辱の気持を免れさせる或る神々しさを持たねばならない。

（＊『人間的』Ⅲ三四四）

歓待。——歓待という習慣のねらいは、他人のうちの敵意を麻痺させることにある。他人のうちに、もはやさしあたり敵の感じが認められなくなれば、歓待の度合は減る。歓待が盛んなのは、それの前提をなす邪悪な要素が花盛りである間だけである。

（＊『曙光』三一九）

師弟・友情・男女

裏切りこそ親方になるための条件である。――どうにもならぬことであるが、親方はみな、本当はただ一人の弟子しか持てない。――ところが、この弟子が彼を裏切るのだ。――というのは、弟子もまた親方となる定めを持っているからだ。

（＊『人間的』II三五七）

後継者を承認する。――無私の心情でもって何か偉大なものを創始した人は、自分の後継者を養成しようと気遣うものである。自分の仕事のありとあらゆる後継者のうちに自分の敵を見つけ、彼らに対し緊急防衛の状態でもって生きるのは、暴君的で下品な本性のしるしである。

（＊『人間的』I五七七）

親方と弟子。――できのよい親方は、弟子たちに向かって、おれをあまり信用しすぎるなと注意するものである。

（＊『曙光』四四七）

私の弟子たちよ、私は今一人でゆく！　君たちも今は立ち去って一人でゆくがよい！　そう私は欲する。

（『ツァラ』Ⅰ「与える徳」三）

友人。――共に悩む同情ではなく、共に喜ぶことが友人を作る。

（＊『人間的』Ⅰ四九九）

うまくゆく友情。――友情がうまくゆくのは次の場合である。相手を非常に、しかも自分自身よりもずっと尊敬している場合。相手を自分と同様に愛しながらしかも自分ほどには愛していない場合。最後に、交際を円滑にするために、親密さという優しい装いや柔毛《にこげ》を添えることを心得ていて、しかも同時に、本当の親密さにも陥らずまた自他の混同にも陥らないという賢明なやり方が採られている場合、である。

（＊『人間的』Ⅱ二四一）

自分の友のうちに、自分の最良の敵を持つべきである。〔……〕自分を少しも覆い隠さない者は、相手に不快感を与える。全裸を恐れるべき理由は大きいのだ。〔……〕

君は奴隷か。そうだとしたら君は友人となることはできない。君は暴君か。そうだとしたら君は友人を持つことはできない。

（『ツァラ』Ⅰ「友人」）

友情と結婚。――最良の友は、最良の妻を得ること受けあいである。なぜなら、良い結婚は、友情の才能に基づいているからである。（＊『人間的』I三七八）

女性におけるすべては謎であるが、女性におけるすべては、ただ一つの答えで解ける。その答えは妊娠である。

男性は女性にとって手段である。目的はいつも子供にある。〔……〕

女たちよ、君たちの愛の中に一つの星の光が輝いているように！　君たちの希望が、「私は超人〔超え出てゆく人間〕を生みたい！」ということであるように。（『ツァラ』I「老いた女と若い女」）

君は若い。そして結婚して子供を持つことを望んでいる。しかし私は君に問う。君は子供を望むことを許されるような人間であるか。（『ツァラ』I「子供と結婚」）

短期間の多くの愚行――それが君たちのもとでは恋愛と呼ばれる。短期間の多くの愚行に終止符を打つもの、それでいて長期間にわたる一つの大きな愚行であるもの、それが君たちの結婚だ。（『ツァラ』I「子供と結婚」）

「君は女性たちのところへゆくのか。それでは鞭を忘れるな！」――
（『ツァラ』Ⅰ「老いた女と若い女」）

自由精神と結婚。――自由精神の持ち主たちは女性たちと一緒に暮らすだろうか。彼らは、古代の予言鳥と同じく、現代において真実に思索し真実を語る者たちとして、ひとりで飛ぶことを選ぶに違いないと、およそ私は思う。
（＊『人間的』Ⅰ四二六）

孤　独

孤独になれ　人食い人種の国から。――孤独《アインザームカイト》であるときは、孤独者自身が自分を食いつくす。大衆《フィールザームカイト》の中にあるときは、大衆が孤独者を食いつぶしてしまう。さあ、どちらかを選びたまえ。
（＊『人間的』Ⅱ三四八）

孤独を学ぶ。――おお、君たち、世界政治の行われる大都市に住む哀れな連中よ。君たち、名誉心にさいなまれる、年若く才能豊かな男たちよ。君たちは、あらゆる出来事に関して――実際いつだって何かが起こるのだ――一家言するのを自分の義務と心得ている！　君たちは、こういうふうにして埃を立てて騒音を立てれば、歴史を動かす車輛になれると思いこんでいる！　君たちは、いつも聞き耳を立てて、一家言を吐ける瞬間をつねに待ちかまえているから、そのために、真正の生産力をすっかりなくしてしまうのだ！　君たちがたとえどんなに大事業を果たそうと熱望しようとも、懐妊の深い沈黙は、けっして君たちのところにやってきはしないのだ！　日々の事件が、君たちをまるでもみ殻のように吹き散らす。そのくせ君たちは、自分こそ事件を追っているのだと思いこんでいる——哀れな連中よ！——舞台で主役を演じようと思うなら、合唱隊に入って歌うことを考えてはならない。いやそれどころか、合唱隊に入って歌う仕方さえも知ってはならないのだ。

（＊『曙光』一七七）

声における危険。——喉を張り上げて非常な大声を出す連中は、微妙なことがらを考えることなどほとんどできはしない。

（＊『知識』二一六）

私の嫌悪。——およそ効果をあげるために、爆弾のように炸裂せずにはおれない人間たちを、私は好まない。彼らの近くにいると、突然聴覚——もしくはそれ以上のものを、失う危険がいつもあるのだ。

（＊『知識』二一八）

どこに自分の家を建てるべきか。——もしも君が、孤独のときにこそ自分は偉大でまた実り豊かになれるように感じるならば、社交は君を小さくしまた荒廃させるわけだ。また逆にも言えよう。ともかく、父親が持っているような、権力にあふれた穏やかさ、――この気持が君を捉えるところ、そこに、君の家の礎をおきたまえ。それが雑踏の中であろうと、あるいは静寂の場所であろうと、問うところではない。私ガ父親デアルトコロ、ソコニコソ祖国ガアルノダ。

（＊『曙光』四七三）

またしてもそれだからこそ孤独に帰る！――Aいわく、「それでは君はまたしても、君の砂漠に戻ろうというのか。」――Bいわく「私は、急いではやれない人間なのだ。私は自分がやってくるのを待ち受けねばならないのだ。――時間が大分経たないと、いつも私の本当の自己の泉から、水が湧いて現われないのだ。だから往々私は、我慢しきれないほど永く喉の渇きに耐えねばならない。それだからこそ、私は孤独の中に身をおくのだ――万人用の水ためからは飲まぬために、だ。大勢の連中のところにいると、私は、大勢の連中と同じような暮らしをし、私らしい考え方をしなくなる。彼らの間にまじってしばらくすると、いつも私はこんな気持になる。つまり、彼らは、私を私でないようにし、私の魂を奪い取ってしまおうとしているのではないか、と。――それで私は誰も彼もが腹立たしくなり、みんなを恐れるようになる。そんなとき、再び健康になるために、私には砂漠が必要なのだ。」

（＊『曙光』四九一）

教育のために。――次第次第に私に分かってきたことがある。それは、現今の教養や教育の様式が持つ、そのこの上なく広く行き渡った欠陥である。つまり、誰も学ばず、誰も努めず、誰も教えないことがあるのだ、それは――孤独に耐えるということだ。（＊『曙光』四四三）

肯定的かつ否定的。――この思索者は、自分を反駁してくれる相手を誰一人として必要としていない。そのためには自分自身だけでこと足りるからだ。（＊『人間的』III二四九）

孤独と交際

楽しみとしての交際。――諦念の気持をもってことさら孤独のうちに身を保つときには、かえってそのおかげで、人々との交際が、めったに楽しめないだけに、美味しい一寸した食物になることがある。（＊『人間的』II三三三）

遠くから眺める遠近法。――Aいわく、「それにしてもどうしてそんなに孤独を大事にするのかい。」――Bいわく、「私が誰かのことを怒っているわけではない。けれども、私は、友人たちと一緒にいるときよりも、一人でいるときの方が、彼らをいっそう判然とまたいっそう美しく眺められるような気がするのだ。だから、私が音楽に一番多く愛を感じまた感動したとき、私は音楽から離れて生きたのだ。物事をよく思うためには、遠くから眺める遠近法が私には必要なように思えるのだ。」（＊『曙光』四八五）

もう一つ別の隣人愛。――興奮した、騒がしい、むら気の、神経質な人は、大いなる情熱の正反対である。大いなる情熱は、静かでほの暗くしかし熱く燃える炎のように、心の奥深くに住まって、そこに熱く烈しく燃え立つもの全部を集中させるために、この情熱にとりつかれた人間を外から見ると、冷たく無関心なように見え、表情には或る種の無感動がまといつくことになる。このような人間にも時には隣人愛が可能ではあろうが――しかしこの隣人愛は、社交的で人気取りの連中の持つそれとは、別種のものになる。それは、穏やかで、思索好きで、落ち着いた親切さである。彼らは、いわば自分たちの城郭の窓から外を見ているのだ。この城郭は、彼らの城塞であり、またそのためにちょうど彼らの牢獄でもある。――だから、異質のもの、広々としたもの、別のものを眺めやることは、彼らには大きな裨益となるのだ！（＊『曙光』四七一）

立ちどまる必要のある時。――大衆が荒れ狂い始め、理性が暗くなり出したら、自分の魂の健康に完全な自信がないかぎり、門道の下にでも入って、雲ゆきを見張っているのがよい。

（＊『人間的』II三〇三）

私は君たちに隣人愛を勧めるだろうか。否、それよりはむしろ私は君たちに、隣人を避けることを、そして遠人愛を、勧める！

隣人愛よりも高いものは、最も遠い者そして未来の者に対する愛である。人間への愛よりももっと高いものは、問題事象に対する愛、幻想への愛である。

（『ツァラ』I「隣人愛」）

孤独讃歌

おお、孤独よ！　お前、私の故郷である孤独よ！　あまりにも永いこと私は荒涼とした異郷に、荒れ果てた暮らしをしてきた。だから私は、涙なしには、お前のところに帰ってこれないのだ！〔……〕

おお、孤独よ！　お前、私の故郷である孤独よ！　お前の声は何と至福にみちまた優しさをたたえて私に語りかけてくることだろう！〔……〕

ここでは、あらゆる存在が、言葉となって、そして存在の内奥の秘密を宿す言葉の小箱となって、私に向かって一気に開かれてくる。あらゆる存在が、ここでは言葉になろうとする。ありとあらゆる生々流転が、ここでは私から語ることを学ぼうとしているようだ。〔……〕

おお、私の周囲の至福にみちた静けさよ！　おお、私を包む純粋な香りよ！　おお、この静けさは、何と深い胸でもって、純粋な吐息をついていることだろう！　おお、この至福にみちた静けさは、何と静かに耳をすましていることだろう！

（『ツァラ』III「帰郷」）

私の友よ、君の孤独の中に逃げこめ！　私の見るところ、君は、世間の大人物たちの立てる騒がしさのために耳をつぶされ、小人物たちの刺によって体中つきさされている。

ところが森と岩は、君と一緒になって、高い品位をもって沈黙することを心得ている。君が愛している樹木、あの大枝をひろげた樹木に、もう一度そっくりそのままなりきるがよい。あの樹木は、静かに、耳をすましながら、海の上に高く聳え立っている。

孤独が終わるところ、そこに市場が始まる。そして市場の始まるところ、そこにまた大俳優たちの騒がしさと、毒を持った蝿たちのうなりが始まるのだ。〔……〕

市場と名声を離れた片隅でこそ、すべての偉大なものは生ずるのだ。市場と名声を離れた片隅にこそ、昔から、新しい価値の発案者たちは、住んでいた。

（『ツァラ』I「市場の蝿」）

自己忠実

理想からの離反

放棄された理想。——自分の理想を放棄してはじめて最高のものを達成できるようになるということが、まれに起こる。というのは、この理想がそれまで彼をあまりにも激しく駆り立てたので、そのつど軌道のなかばまでくると彼は息切れし、立ちどまらざるをえなかったからである。

（＊『人間的』II三五〇）

理想主義者と嘘つき。――きわめて素晴らしい能力ではあるが――事物を理想にまで高めるという――その能力に暴君的支配を許してはならない。さもないと他日、真理が、こう悪態をつきながら、われわれから離れていってしまうであろう。「お前は、とてつもない嘘つきだ。私はお前なんぞと何の関係があろうか」と。

（＊『人間的』II三四五）

自己を守る

空虚になる。――いろいろな出来事にかかわりすぎると、ますます自分の力が残り少なくなってゆく。だから大政治家たちは、全く空虚な人間になることがある。それでいて彼らもかつては充実した豊かな人間であったかもしれないのだ。

（＊『人間的』II三一五）

最も必要な体操。――小さな自制心を欠如すると、大きな自制心への能力も砕けてしまう。毎日少なくとも一回、何か小さなことを断念しないならば、毎日がまずく使われ、翌日も駄目になるおそれがある。自分自身の支配者となる喜びを保持したいのであれば、この体操は不可欠である。

（*『人間的』Ⅲ三〇五）

狼狽に反対して。――いつも深く仕事に打ちこんでいる者は、どんな狼狽をも超え出ている。

（*『知識』二五四）

自分の行為に対し卑怯な振る舞いをしないように！　自分の行為をあとになって見殺しにしないように！――良心の呵責は下品なことである。

（*『偶像』「箴言」一〇）

軽蔑の火の中で。――それを心に抱いていることがその人の不名誉になるようなそんな見解をはじめて大胆に表明するとき、それは自立への新しい一歩になる。そのときには友人や知人もおじけづくのが普通である。この火の中をも、天分に恵まれた本性を具えた者はくぐり抜けねばならない。そうした者はその後さらに一段と自分らしい自分になってゆく。

（*『人間的』Ⅰ六一九）

苦悩を引き受ける

悩みへの勇気。――現在のわれわれは、かなりの量の不快に耐えることができ、われわれの胃は、この重い食物にも耐えられるようにできている。ひょっとしたらわれわれは、重い食物がなかったら、人生という食事を味気ないものと見るのではあるまいか。実際、苦痛を引き受けようとする良い意志がないなら、われわれは、あまりにも多くの喜びを放棄することになるに違いない！

（＊『曙光』三五四）

最も精神的な人間たちは、彼らが最も勇気ある人間たちであるならば、最も苦痛にみちた悲劇を体験することとまた格別である。けれども、生が彼らにその最大の敵意を向けるからこそ、彼らは、生を尊敬するのである。

（＊『偶像』「反時代人」一七）

自殺を思うことは、強力な慰めの手段である。それによって人は、いくつかの辛い夜をどうやら乗り越えたのだ。

（＊『善悪』一五七）

すべて深く悩んだことのある人間――いかに深く悩みうるかということがその人間の位階をほとんど決定する――は、精神的な自負と嘔吐感とを抱いている。また彼は、自分の悩みのおかげで、どんなに利口で賢明この上ない人たちが知りうるよりもより以上のことを知っており、かつ「お前たちなんぞが知りもしない！」ような多くの遠い恐ろしい世界を熟知しており、かつてその世界を「わが家」としていたのだ、というような、怖るべき確信を抱いていて、この

確信で彼は隈なく浸透され彩られている。——（『善悪』二七〇）

野性讃美　ひとは、自分の野性においてこそ、自分の不自然さ、つまり、精神性から、最もよく回復する……（＊『偶像』「箴言」六）

われわれの人生の偉大な時期は、われわれの悪をわれわれの最高善と呼び改める勇気を獲得したときに現われる。（＊『善悪』一一六）

生きるとは何か。——生きるとは——こういうことだ、死のうとする何ものかをたえず自分から突き放すこと。生きるとは——こういうことだ、われわれの持つ、否われわれだけが持つばかりではない、弱いもの、老化するもの一切に対して、残酷で仮借ない態度をとること。生きるとは——だから、こういうことではないのか。死んでゆくもの、哀れなもの、年老いたものに対して、敬虔の念を持たないこと。——ところがそれにもかかわらず、老いたモーゼは言った。「汝、殺すなかれ！」と。（＊『知識』二六）

自然を中傷する人々に抗して。——私にとって不愉快な人間たちとは、こういう人たちだ。

つまり、あらゆる自然的性向をすぐさま病気と見なし、それを何か人間性を歪めるもの、いやそれどころか何か不名誉なものと見なす人たちだ。——こういう人たちは、人間の持つもろもろの性向や衝動が悪いものであるといった意見を、われわれに抱かせようとそそのかした。彼らこそは、われわれの本性に対する、また全自然に対する、われわれの大きな不正の原因なのだ！　自分の衝動に身を委ねても優雅さを損わず、だから安心してそうしてもよいような人間たちはかなりいるのである。ところが彼らも、自然は「悪いもの」だというあの妄想に恐れをなして、そうはしないのである！　だからこそ、人間の中に高貴さがかくも見出されなくなったのだ。高貴さの徴候とは、いつまでも次のことであり続けるであろう。すなわち、自分に対し何らの恐怖心も抱かないこと、自分からは何らの不名誉なものをも期待しないこと、われわれの衝動の赴くところへ躊躇なく飛んでゆくこと。——だって、われわれは、生まれながらの自由な鳥ではないか！　そうすればわれわれがどこにいたりつこうとも、常にわれわれの周囲には、自由に開けた陽光あふれる境域が開かれてくることであろう。（＊『知識』二九四）

〔……〕どのようにしてこれまですべてのより高次の文化がこの地上で開始したかについて、われわれは、歯に衣《きぬ》着せずに、自らに明言しようではないか！　実を言えば、まだ自然のままの本性を持った人間たち、その言葉の一切の怖ろしい意味における野蛮人たち、不撓不屈の意志力と権力欲とをまだ所有していた略奪的人間たちが、より虚弱で、より上品で、より平和的で、おそらくは商業か牧畜を営んでいた種族に、もしくは、精神と頽廃の輝かしい花火となってその最後の生命力がまさに消えかかろうとしていた古い爛熟した文化に、襲いかかったのだった。高貴な階層は、はじめは常に野蛮な階層だったのである。この階層の圧倒的優位は、何よりもまず、肉体的な力にあったのではなく、魂の上での力にあった。——彼らは、より全体的な人間たちだったのである（ということは、どの側面においてもまた同時に、「より全体的な野獣」であったということにほかならない——）。

（『善悪』二五七）

エゴイズムと他人

純真無垢な人々の耳には不快に響くかもしれない危険を冒してでも、私は、こう言いたい。エゴイズムは高貴な魂の本質に属する、と。私の言っているのは、あの動かしがたい信念のこと、つまり、「われわれがそうである」ような存在者には、他の存在者は本性上隷従しなければならず、またその犠牲にならねばならないという信念のことである。〔……〕しかし高貴な魂は、はじめはためらいながらも事情に応じて結局、自分と同等の権利を持つ者が存在することを承認するであろう。この位階の問題に決着がつくや否や、高貴な魂は、この同等の者や同権の者たちの間を、自分自身と交わる場合と同じように確かな羞恥心と繊細な畏敬の念をもって、活動するであろう。——〔……〕自分と同等な者たちとの交わりにおけるこの繊細さと自己制御こそは、高貴な魂の持つエゴイズムの一段と優れた面なのである。――〔……〕――高貴な魂は、自分と同等な者たちの間にありながら、また彼らに同権を認めながらも、自己を尊敬する。尊敬と権利の交換が、あらゆる交わりの本質であって、これが同じく事物の自然状態に属することを、高貴な魂は疑わない。（『善悪』二六五）

或る人間の高さを見ようと欲せず、それだけいっそう鋭く、その人の下劣な点や表面的なものに目を向ける者は、――そうすることによって自分自身の正体を暴露するのである。

（＊『善悪』二七五）

最も深く二人の人間を引き離すものは、清潔性に対する感覚の違いとその度合である。どんなに礼儀正しくまた互いに有用であろうと何になろう。互いにどんなに善意を持っていようと何になろう。最後にはどうしても――二人は「互いに鼻もちならない！」ことになる。

（『善悪』二七一）

高貴

――高貴とは何であろうか。「高貴」という言葉は今日でもまだわれわれにとって何を意味しているのであろうか。この始まりつつある賤民支配の重く垂れこめた空の下で、すべてのものが不透明になり鉛のようになっているときに、高貴な人間は何によって現われ、何によって認識されるのか。〔……〕古い宗教上の定式を新しくまたより深い意味において再び用いれば、仕事ではなしに信仰こそが、ここで決定的に重要であり、ここで位階秩序を確立するものである。換言すれば、それは、高貴な魂が自分自身について持っている或る一つの根本確信であり、それは、求められもせず、見出されもせず、またおそらくは失われもしない或るものである。——高貴な魂は自分に対して畏敬の念を持つ。——（*『善悪』二八七）

英雄的にさせるものは何か。——自分の最高の苦悩と同時にまた自分の最高の希望に向かって進んでゆくこと。

お前が信ずるものは何か。——あらゆる事物の重さが新たに規定されねばならないということ。

お前の良心が告げるものは何か。——「お前はお前であるところのものになるべきである」ということ。

お前の最大の危険はどこにあるか。——同情のうちに、ある。

お前が他の人々において愛するものは何か。——私の希望、である。

お前が劣悪な人物と呼ぶものは誰か。——いつもひとに恥辱を強いる人物、である。

お前にとって最も人間的なことは何か。——何びとにも恥ずかしい思いをさせないこと、である。

達成された自由の境涯の印は何か。——自分自身に対してもはや恥じないこと、である。

（＊『知識』二六八—二七五）

二　思索について

思索の訓練

学識の拒否

思索者になる。——少なくとも毎日の三分の一は、情熱も持たず交友も避けて書物も読まずに過ごさないならば、どうして思索者などになることができようか。（＊『人間的』III三二四）

記憶の良さ。——記憶があまり良すぎるばっかりに思索者になれない人が、かなりいる。（＊『人間的』II一二二）

「坐ッテイナケレバ考エルコトモ書クコトモデキナイ」（G・フロベール）。——これで私は君の正体が分かった。ニヒリストめ！　じっと坐って仕事をするのは、まさしく聖霊に対する罪である。歩きながら獲得された思想だけが、価値を持つ。（＊『偶像』「箴言」三四）

博学な書物を眼のあたりにして。――われわれは、書物の中にうずくまり書物の刺激を得てはじめて思想に達するような連中には、属さない。――われわれの習慣とするところは、野外で思索することにある。しかも、歩きながら、跳んだり、登ったり、踊ったりしながら、何よりも好んで、孤独な山中やあるいは海辺の近くなどの、そこでは道さえもが熟慮に耽る趣きを呈するような場所で、そうするのである。

（『知識』三六六）

批判的吟味

人間と事物。――なぜ人間は事物を見ていないか。彼自身が邪魔をしているのである。彼が事物を覆い隠しているのである。

（＊『曙光』四三八）

現在から遠ざかって。――自分の時代から一度かなりの程度遠ざかり、いわばその岸辺から離れて、過去の世界の見方の大海の中へと引き戻されるのは、大きな利益になる。大海の方から岸辺の方を眺めたときにこそ、ひとはおそらくはじめて、岸辺の全体の姿を見渡すことになり、そして今度再び岸辺に近づくと、岸辺を離れたことのない人々よりもよりよく岸辺全体を理解できるようになるという利益がある。

（＊『人間的』Ⅰ六一六）

いつ訣別が必要か。――君が認識し測定しようと思っているものからは、君は、少なくとも一時期は、訣別しなければならない。君が町を離れたときにはじめて、君は、町の塔が家々の上にどれほど高く聳えていたかを見て取れるものだ。

(*『人間的』III三〇七)

多様な見方

哲学的な見方をする。――普通ひとは、あらゆる人生の状態や出来事に対して、心情の一つの態度、見解の一種類を獲得しようと努めるものであり、――これをひとは、主として哲学的な見方をすることだと呼んでいる。けれども、認識を豊富にするには、こうした仕方で自分を画一化するのではなく、さまざまな人生の状態のかすかな声に耳を傾ける方が、もっと高い価値を持つかもしれない。こうした人生の諸状態は、それ固有の見方を随伴させている。だから、ひとは、自分自身を凝固した不変の同じただ一人の個体としては扱わないことによって、多くの人々の生活や本質に対して、認識しつつ関与することになろう。

(*『人間的』I六一八)

駄目になる。――同じ考え方をする人間を、違った考え方をする人間よりもいっそう高く尊敬せよ、と指導するならば、青年は一番確実に駄目になる。

(*『曙光』二九七)

貪婪な好奇心

夢みること。――ひとは全然夢をみないか、さもなければ興味深い夢をみる。目をさましているときにも同じようにすることを、ひとは学ばねばならない。――つまり、全然目をさましていないか、さもなければ興味深い仕方で目をさましているか、である。

（＊『知識』二三二）

認識者の嘆息。――「おお、私の所有欲ときたら！　この魂の中には、無私の気持など一つも住んでいない――それどころか、あらゆるものを欲求する自己が住んでいる。この自己は、多くの個体の中に身をおいて、さながらそのつど自分の眼で見、自分の手で摑むがごとくになれるものなら、と願っている。――過去の全部さえをもなおも取り返そうとする自己が、そこには住んでいるのだ。およそ自分のものになりうるものは何一つ失うまいと欲しているのだ！　おお、私の所有欲のこの炎よ！　おお、私は、百の存在者となって再生できたらよいのに！」――このような嘆息を経験上味わったことのない者は、認識者の情熱をも知ることがないのである。

（＊『知識』二四九）

柔軟で深く
ゆっくりと

思索者の廻り道。――何人かの思索者にあっては、彼らの思索全体の歩みは、厳格で、仮借なく、大胆で、それどころかときには、自分に対し残酷でさえある。けれども、個々の場合、彼らは穏やかであり、また柔軟である。彼らは、一つの事象のまわりを、好意的ためらいを持ちながら一〇回も廻るが、しかし結局彼らは、その厳格な道をさらに歩んでゆく。それは、多くの屈折を持ち、人里離れたひそかな隠れ場所を持った、大河である。その流れの中には、大河が自分自身と隠れんぼ遊びをしたり、島々や樹々や洞窟や滝などで短い田園詩を作り出したりするような場所がある。そしてそれから大河は再び、岩のそばを通りすぎ、この上なく堅い岩石をもあえて貫流して、さらに流れ続けてゆく。

（＊『曙光』五三〇）

深さと退屈。——深い泉の場合と同様に、深い人間の場合には、何かが落ちこんでくるとそれが底に達するまでには長い時間がかかる。はたの人間は普通あまり長く待つことができないので、こういう人たちを無感覚で無情だと——あるいはまた退屈だとも、見なしやすいものである。

（＊『人間的』Ⅲ三二八）

閑暇のある人々に味方して。——瞑想的生活の評価が低下してきたことの徴候として、学者たちは今日、一種の慌しい味わい方をやって、活動的人間と競争している。だからその結果彼らは、こうした慌しい味わい方の方が、彼らに本来帰属しているようなそして実際はるかに多くの味わいを具えているような味わい方よりも、高次のものだと評価しているように見えるのである。学者たちは閑暇を恥じているのである。けれども実は、閑暇や無為は、高貴なものなのである。――無為は本当はあらゆる悪徳の始めである、と言われたりするが、それをもじって言えば、無為は、右のような理由で、少なくともあらゆる美徳の最も身近な地点に位置するものなのである。閑暇のある人間は、依然として、活動的な人間よりも上等な人間である。――だが、そうはいっても、まさか君たちは、閑暇や無為ということで私が君たちのことを指しているなどとは思うまいね。怠け者で碌でなしの諸君よ。――

（＊『人間的』I二八四）

孤独な思索の実りと冒険　高所における暖かさ。――高所では、ひとが谷底で考えているよりも、気温は暖かいのである。とりわけ冬にはそうだ。この比喩の意味することとすべてを、思索者は知っているはずである。

（＊『人間的』II三三五）

最も静かな言葉こそは、嵐をもたらすものである。鳩の足してやってくる思想が、世界を導くのである。

（『ツァラ』II「最も静かな時間」）

そして私の言うことを信ずるがよい。私の友、地獄の喧噪よ！　最大の出来事とは――われわれの持つ最も騒々しい時間ではなく、われわれの持つ最も静かな時間なのだ。新しい喧噪の発明者たちを軸として、世界は回転するのではない。新しい価値の発明者たちを軸にして、回転するのだ。世界は、音もなく回転するのだ。（『ツァラ』II「大きな出来事」）

思索者の社会から。──生成の大海の真只中で、われわれ冒険者にして渡り鳥である者たちは、小舟よりも大きくない一つの小島の上で目を醒まし、ここでほんのしばらくの間あたりを見廻す。できるだけ急いでまた好奇心を一杯にして、である。というのは、急に風が吹いてわれわれを吹き散らすかもしれないし、あるいは急に波が小島の上に押しよせてわれわれを洗い去ってしまうかもしれないし、こうしてわれわれのうちの誰一人としてその小島の上にいなくなってしまうおそれがあるからだ！　けれども、ここの、この小さな場所の上で、われわれは、ほかの渡り鳥を見つけもするし、また以前の渡り鳥のことを聞いたりもするのである。──こうしてわれわれは、悦ばしげに羽ばたき合い、さえずり合いながら、認識と推測のすばらしい数分を過ごし、そのあとで、大海それ自身にも劣らない誇りを抱きつつ、精神上の冒険を求めて大海の上へと出かけてゆくのである。（＊『曙光』三一四）

探究と実験の精神

探究者にして試みる者。——学問において、知識を得るたった一つの方法などは存在しない！　われわれは、試みる仕方で、事物を取り扱わねばならない。事物に対して或るときは意地悪く、或るときは好意をもって接しなければならない。事物に対して、公正、情熱、冷静さなどを順次もたなければならない。事物と語り合うとき、或る者は警官として振る舞い、他の者は聴罪司祭として振る舞い、第三の者は放浪者にして好奇心を持った者として振る舞う。或るときは共感を抱きながら、或るときは強引さをもって、ひとは事物から何ほどかのものを奪取するであろう。前進させて洞察を得させるものは、或る人の場合には、事物の秘密に対する畏敬であり、また他の人の場合には、秘密の説明にさいしての無分別やいたずらである。われわれ探究者は、すべての征服者、発見者、船乗り、冒険家と同様に、大胆な道徳を心に抱いており、こうして、全体としては悪者と見なされることを我慢しなければならない。

（＊『曙光』四三二）

真理感覚。——「ではひとつ、そう試みてみようではないか！」と答えることが私に許されているようなあらゆる懐疑を、私は好む。だが、実験が許容されていないようなあらゆる事物やあらゆる問題などは、私はもはや聞きたくもない。これが、私の「真理感覚」の限界である。というのは、右のような場合には、勇気の権利が失われてしまっているからである。

（＊『知識』五一）

われわれの体験の解釈者として。――すべての宗教の開祖とかその類《たぐい》の連中には、一種の正直さが、無縁のものであった。――彼らは、自分の体験をもとにして、認識問題を良心的に追究することなど一度もやらなかった。「一体私は何を体験したのか。あのとき私のうちでまた私の周囲で何が起こったのか。私の理性は十分明晰であったか。私の意志は、感官のあらゆる欺瞞に抵抗していたか、そして空想的なものを斥けることにおいて勇敢だったか」――このように問うことなど、彼らのうちの誰一人としてやらなかったし、またこのように問うことなど、今日でもなおすべての気の毒な宗教人はやっていない。彼らはむしろ、理性に反するような事物への渇望を抱き、それを満足させる場合にこんがらがった事態とかかわり合うのを嫌っているのである。――だから彼らは実際「奇蹟」とか「再生」とかを体験し、天使の声を聞くのである！　だが、われわれは、別種の人間であり、理性に渇望している者であって、われわれの体験を厳密に見つめようと思うのである。そのありさまたるや、学問的な実験の試みを見つめるのと似ていて、一時間ごと、また一日ごと、これを見つめるのである！　われわれは、自分自身を実験台にし、自分を実験用動物にしようと思うのである！

（＊『知識』三一九）

哲学者の新しい種族が到来している。彼らに危険でなくはない名前をつけることを、私はあえてやってみよう。私が察知するところ、また彼らが察知させているところでは、――察知という言葉を使ったが、それというのも、何らかの点で謎めいたものであり続けようとするのが彼らの特性なので、だからこれは謎解きの仕方での察知による以外にはないのであるが――それによれば、これらの未来の哲学者は、試み誘惑する悪魔的人物と表示される権利を持ちたがっている。いやひょっとしたらそう表示される不当さをもあえて犯したがっている。この名前そのものは、結局のところ、一つの試みにすぎず、またそう言いたいのであれば一つの誘惑にすぎないと言ってもよいのである。

（＊『善悪』四二）

人生ノナカバデ！――いや！　私は人生に失望しはしなかった！　むしろ私は、年ごとに人生を、いよいよ豊かで、望ましい、秘密にみちたものと見るようになっている。――そう思い始めたのは、あの日からだ。その日、私を解放してくれるあの大きな思想が、私に襲ってきた。その思想とは、人生は認識者にとっての一つの実験台にほかならず、またそうであってかまわないので――だから義務でもなければ宿命でもなくまた欺瞞でもない！――というのが、それである。――それに認識というもの自身も、ほかの人々にとっては、たとえば休息用ソファであったり、それにいたる道であったり、あるいは娯楽であったり、あるいは無為であったり、ともかく私の思っているのとは違ったものであるかもしれないが――しかし私にとっては、認識とは、危険と勝利の世界なのであって、この世界を舞踏場や運動場にしながらそこにはまた英雄的感情が染みわたり戯れているのである。――「人生とは認識の一手段である」――というこの原則を胸に抱けば、ひとはたんに勇敢になれるばかりでなく、むしろ悦ばしく生きまた悦ばしく笑うこともできるようになるのだ！　そして実際、まずもって戦闘と勝利に十分通暁していないような誰が、およそよく笑いまた生きるすべを心得ることができようか。

（＊『知識』三二四）

自由精神

自由精神と残忍

その人の由来、環境、身分、官職、もしくはその時代の支配的見解から推して当然その人が抱くであろうと予期される考え方とは違う考え方をする人は、自由精神と名付けられる。彼は例外者である。拘束された精神が大抵の場合を占める。

（『人間的』Ｉ二二五）

ひとは残忍ということについて学び直し、目を開かなくてはならない。〔……〕われわれが「より高次の文化」と呼ぶものはすべて、残忍を精神化し深化したところに成立してきている

——これが私の命題である。〔……〕この場合もちろんひとは、残忍とは他人の苦悩を眺めるところに生ずるものだとしか教えることができなかった従来の愚劣な心理学を、追い払わねばならない。自分自身の苦悩、自分自身を苦しめるということにも、豊かな、あふれるほど豊かな楽しみがあるからである。〔……〕最後に次の点をよく考慮してもらいたい。認識者でさえも、自分の精神を強制してむりやり、精神の性向に逆らって、また実にしばしば自分の心情の願望に逆らってまでも認識しようとするときには——つまり、肯定し愛し崇拝したいと思っているのに、否定を言うようなときには——、彼は、残忍の芸術家にして浄化変容者として君臨しているのであるという点である。すべてものごとを深く根本的に突き止めるということがもうすでに、たえず仮象と皮相に向かおうとする精神の根本意志に対する暴行であり、嗜虐である。すべての認識欲のうちにもうすでに、一滴の残忍が含まれている。　（『善悪』二二九）

自由精神の隠遁と仮面

埋もれた者たち。——われわれは人目に立たぬ隠れたところに引きさがる。けれどもそれは、現代の政治的社会的情勢がわれわれを満足させないというような何らかの個人的不満からではない。むしろその理由は、自分を隠遁させることによって力を節約し集中させようとわれわれが思っているからである。このわれわれの力が他日いつか文化のためにも全面的に必要になるはずである。この現代が目下そうであるような現代であり、またそうしたものとしてその現代ふうな課題を追い求めてゆくことが多ければ多いほどそうなるのである。われわれは、或る資本を形成してそれを安全に守ろうとしているわけである。ただし、極度に危険な時代にはそうであるように、われわれはその資本を埋蔵するという方法を採るのである。

（＊『人間的』二二九）

すべて深いものは仮面を愛する。それどころかこの上なく深いものは、自分の映像や肖像を撮られることを憎みさえする。もしかしたら、全く反対の姿に化けることこそがまず何よりも、おのれを羞恥して神がまとう適切この上ない変装なのではないだろうか。〔……〕私にはこういう場合が考えられもする。すなわち、何か貴重な傷つきやすい側面を自分のうちに大事にしまっておかねばならないような人間が、見たところまるで青かびのはえた、古くさい、金具をがっしりはめられた葡萄酒樽のように、がさつにまたごろごろと、人生を暮らしてゆくという場合である。というのも、彼の羞恥の鋭さがそれを望むからである。〔……〕すべての深い精神は仮面を必要とする。いやそればかりではない。すべての深い精神のまわりには、たえず仮面が生じてくる。というのも、彼の発する一語一語、彼の足取りの一歩一歩、彼の示す生活の徴候の一つ一つがみな、たえず誤った、つまり浅薄皮相な解釈を蒙るからなのである。——

（＊『善悪』四〇）

自由精神と病気

ひとは次のように推定してよい。すなわち、そのうちで「自由精神」という典型が他日完全なまでに熟しきって甘美なものとなるはずであるような精神の持ち主は、自分の上に起こった決定的な事件として、一つの大きな解放を味わったことがあり、したがってそれ以前はそれだけいっそう一つの拘束された精神であって、永久に自分の片隅と柱に縛りつけられているかに見えたということ、これである。何が最も固く拘束するものであろうか。どんな罠がほとんど引き裂きえないものであろうか。高尚で選り抜きの種類の人間においては、それはもろもろの義務であろう。青春に特有なあの畏敬の念、すべての古くから崇拝されまた威厳にみちたものに対するあの畏怖と感じやすさ、彼らが生い育った地盤に対するあの感謝、彼らを導いてくれた手に対するあの感謝、彼らが崇めることを学んだ神聖な場所に対するあの感謝、――彼らの最高の瞬間そのものが、彼らを最も固く拘束するであろうし、最も持続的に義務づけるであろう。大きな解放は、このように拘束された者たちに対し、突然地震のようにやってくる。若い魂は、一挙に揺り動かされ、もぎ放され、引き離される。――その魂自身が、一体何が起こっているのかを理解しないほどである。一つの衝動と衝迫が支配力を振るって、その魂の上に命令のように君臨してくる。何としてでも、どこかへ行ってしまいたいという、一つの意志と願望がめざめてくる。未発見の世界に対する激しい危険な好奇心が、その魂のあらゆる感官のうちに燃えさかり、ゆらめく。「ここで生きるよりは、死んだ方がましだ」——と、そのように強制的な声と誘惑が鳴り響く。ところが、この「ここ」こそは、この「ふるさと」こそは、その魂がそれまで愛していたすべてのものなのである！　その魂が愛していたものに対する突然の驚愕と邪推、自分の「義務」と称されていたものに対する軽蔑の稲妻、放浪への、異郷への、離縁への、冷徹さへの、醒めきった心への、氷のような冷たさへの、反逆的な、ほしいままの、爆発的に突きあげてくる熱望、愛に対する憎悪、その魂がそれまで崇めまた愛していた地点にまでさかのぼるひょっとしたら神殿冒瀆的な摑み方や目差し、その魂がたった今なしたばかりのことがらに対するおそらくは羞恥のほてりと、しかしそれと同時に、それをなしたという事実に対する欣喜雀躍、陶酔したような、内心の、欣喜雀躍のふるえ、そのうちには一つの勝利が現われている。——一つの勝利が、だって。一体何に対する勝利であろう。誰に対する勝利であろう。謎を含んだ、疑問にみちた、疑わしい勝利である。がしかしともかく最初の勝利には違いない。——このような良からぬものや苦痛にみちたものが、あの大きな解放の歴史には属しているのである。その大きな解放は、同時に一つの病気なのであり、その病気は人間をも破壊してしまうかもしれないのである。自己規定と自己による価値定立へと向かう力と意志のこの最初の爆発、自由な意志へと向かうこの意志は、そうしたものなのである。自由にされ解放された者が、今や事物に対する自分の支配を自分に証明しようとしてなす荒々しい試みや奇矯な振る舞いの上には、何と多くの病気が現われていることであろう！　彼は、あくことのない欲望をもって、残忍な姿で徘徊する。彼の略奪するものが、彼の誇りの危険な緊張を償わねばならない。彼は、自分を魅惑するものを引き裂く。覆い隠されて、何か恥じらいによって大事にいたわられていると彼に思われるものを、彼は邪悪な笑いをもって引っくり返す。これらの事物が逆転させられたときには、それらはどのように見えるのかを彼は試してみるのである。これまで悪評を受けていたものに、今や彼がおそらく愛顧を与えるとき、——最も厳しく禁じられているものの周囲を好奇心をもって誘惑者ふうに彼が忍び歩くとき、そこには恣意があり、またその恣意に対する快感がある。彼の営みと徘徊の背景には——というのは、彼は砂漠の中にいるように、落ち着きなくまた無目標で歩き廻っているからだが——ますます危険になってゆく好奇心の疑問符が立っている。「ひとはあらゆる価値を引っくり返すことができないであろうか。そして善とはひょっとしたら悪ではないのか。また神とは悪魔の発明した精巧なものにすぎぬのではないのか。すべてのものはひょっとしたら究極的な根拠においては偽りではないのか。そしてわれわれが欺かれた者であるならば、われわれはまさにそのことによって、欺く者でもあるのではないのか。われわれは欺く者でもあらざるをえないのではないのか。」——このような思想が、彼を導いて誘惑し、ますます遠くかけ離れてゆかせるのである。孤独が彼の周りを取り囲み、彼にまきついてくる。迫り寄り、首を締めつけ、胸を抑えつけるその度合をいっそう強くしながら。あの恐ろしい女神、諸情念ノ残酷ナ母である孤独が、である。――しかし孤独が何であるかを、今日誰が知ろう……

この病的な孤立、こうした試練の年月の砂漠から、あの途方もないあふれ出る安らぎと健康にまでいたりつくには、道はまだ遠いのである。

（『人間的』I「序」三―四）

哲学者

哲学者とは

ひとりで生きるためには、ひとは獣であるか神であるかでなければならない――そう、アリストテレスは言っている。第三の場合が欠如している。つまりひとは両者でなければならない――哲学者で……

（＊『偶像』「箴言」三）

私がこれまで理解し生き抜いてきた哲学とは、氷と高山の中で自ら進んで生きることにある。

（『この人』「序言」三）

哲学者というもの、それは不断に、異常な事物を体験し、見、聞き、猜疑し、希望し、夢みる人間のことである。

（『善悪』二九二）

哲学者の発展に対する危険は、今日、本当に非常に幾重にも積み重なっているので、はたしてその果実が一体まだ熟しうるのかどうかを、ひとは疑いたくなるほどである。諸学問の範囲と高層建築は、途方もなく成長し、それだけにまたおそらく哲学者は知識を摂取するだけでもう疲れてしまうか、あるいはどこかにしがみついて「専門化」してしまい、そのために彼はもはや高所に達することなく、つまりは見晴らし、見廻し、見下ろすことができなくなる確率が増大しているように思われる。〔……〕おまけに哲学者の困難をさらに倍加させるものとして、学問に関してではなく生と生の価値に関して一つの判断、一つの肯定か否定かを、彼は自分に要求するという点がある。〔……〕こうした権利と信仰にいたる道の探究はしかし、この上なく広汎な――ひょっとしたらこの上なく破壊的かつ潰滅的な――体験をくぐり抜けてなされるほかはなく、だからしばしばためらいがちに、疑いながら、黙しがちになされる以外にない。〔……〕けれども本当の哲学者は――私の友たちよ、われわれにはそう思われるのではないか――「世に言われる哲学者とは違って」、また「世に言われる賢明さを持たずに」、とりわけ世に言われる利口さなどを捨てて生きるものである。そして本当の哲学者は、人生の百にも及ぶ試練や誘惑に立ち向かう重責と義務とを感じるものである。――彼は、たえずおのれを賭けて危険に立ち向かい、最悪の賭けそのものに身を賭するのである…（＊『善悪』二〇五）

哲学上の研究者、あるいはもっと広く一般に学問的な人間というものと、哲学者とを混同することは、今こそついにやめるべきだと私は主張する。

命令者・立法者

〔……〕たしかに、真の哲学者が育て上げられるためには、彼自身もまたかつて一度はこうしたすべての段階、つまり哲学者の召使いである哲学上の学問的研究者が立ちどまったままであり——立ちどまったままであらざるをえないような段階に、身をおいたことがあるというのでなければならないであろう。哲学者自身が、ひょっとしたら、批判家であり、懐疑家であり、独断家であり、歴史家であり、さらにはまた詩人であり、蒐集家であり、旅行家であり、謎解き家であり、道徳家であり、予見者であり、「自由精神」であり、ほとんどありとあらゆるものであったのでなければならないでもあろう。そうしてこそはじめて、彼は、人間的価値と価値感情の全域を一巡し、さまざまな目と良心をもって、高所からあらゆる遠方を、深みからあらゆる高所を、一隅からあらゆる広がりを、目差すことができるようになるからである。けれども、これらのすべては、哲学者の課題の準備にすぎない。この課題そのものは、別の或ることを欲するのである。——つまりそれは、哲学者が価値を創造することを要求するのである。〔……〕本来の哲学者たちは、命令者でありまた立法者なのである。彼らは、「こうあるべきである！」と言う。彼らは、何よりもまず人間がどこに向かって進むべきであり、何のために存在すべきか、を規定する。そしてそのさいに彼らは、哲学上の研究者たち全部、つまり過去の制圧者たち全部がやった準備作業を、自由に使いこなすのである。〔……〕彼らの「認識作用」は、創造の働きであり、彼らの創造の働きは、一つの立法であり、彼らの真理への意志は——力への意志である。——今日このような哲学者たちが存在するであろうか。かつてすでにこのような哲学者たちが存在したであろうか。このような哲学者たちが存在しなければならないのではないであろうか……

（＊『善悪』二一一）

偉大さの擁護

私にはますますこう思えてならない。つまり哲学者というものは、必然的に明日と明後日の人間であらざるをえないから、いつも彼の今日の時代と衝突してきたし、また衝突せざるをえなかった、と。彼の敵はいつも、今日の理想であった。〔……〕哲学者たちは、ほかならぬその時代の美徳の胸部に生体解剖のメスを加えることによって、自分たち自身の秘密が何であるのかを顕わにした。つまり、人間の新しい偉大さを知ること、人間を偉大にする未踏の新しい道を探ることが、それであった。いつも彼らがあばき出したのは、いかに多くの偽善が、安逸が、自堕落が、欺瞞が、またいかに多くの虚偽が、彼らの同時代の道徳性の最も尊重されている典型の下に隠されているか、〔……〕ということであった。あらゆる人間を片隅と「専門」の中に閉じこめようとする「現代的理念」の世界に直面して、哲学者は、〔……〕こう感じざるをえないであろう。すなわち、人間の偉大さを、つまり「偉大さ」という概念を、ほかならぬ人間の幅の広さと多様性とのうちに、その多面性における人間の全体性のうちに、求めるというふうにである。それどころか哲学者は、一人の人間の価値と位階を規定するにさいして、彼がどれほど多くのまた多様なことを担いかつ自分に引き受け、また彼がどれほど広く自分の責任範囲を拡げうるか、ということに照準を合わせるであろう。今日では、時代の趣味と時代の美徳が意志を弱め稀薄にしている。意志の弱さほど時代にかなったものはないくらいである。だから、哲学者の理想のうちでは、まさしく意志の強靭さ、長期にわたって決意を貫く厳しさと能力が、「偉大さ」の概念の中に含められねばならないのである。〔……〕今日では、ヨーロッパにおいては、畜群ばかりが栄誉に与り、栄誉を分け与え、残念なことにあまりにも簡単に「権利の平等」が転じて、不正なことがらを平等で推し進める、ということになりかねない状況である。不正なことがらを平等で推し進めるとは、あらゆる稀有なもの、見知らぬもの、特権的なもの、高次の人間、高次の魂、高次の義務、高次の責任感、創造的な権力の充実、創造的な支配的態度などを、みんなが共同して敵と見なすということである。——今日とはこうした時代であるから、高貴であること、独立自存の存在であろうと欲すること、別様のあり方を採りうること、孤独の境涯に身をおいて独力で生きねばならないことなどが、「偉大さ」の概念には必要なのである。そして哲学者は、次のようにことを提唱するとき、彼自身の理想の一端を洩らすことになる。「最も孤独な者、最も秘め隠された者、最も逸脱した者、善悪の彼岸の人間、自分の美徳の主人公、意志にみちあふれた者、などであることのできる者こそが、最も偉大な者であるべきである。そして、多様であるとともに全体的であり、広大であるとともに充実していることができるということこそ、まさしく偉大さということであるべきである」と。しかし今一度問うならば、今日において――偉大さというものは可能なのであろうか。

（＊『善悪』二一二）

三　三つの道

知恵にいたる道程。道徳の克服のための指示。

第一行程。誰よりもいっそう良く崇拝すること（そして服従しまた学び取ること）。崇拝に値するすべてのものを自分のうちに取り集め、そしてそれら相互をたがいに争わせること。すべての重いものを荷うこと。精神の禁欲主義——勇敢さ。共同体の時代。《邪悪で狭量な気持を克服すること。度量ある広い心根。すなわち、ただ愛をもってのみ征服してゆくのである。祖国、種族などのすべてが、ここに属する。（リヒアルト・ヴァーグナーは、愛にあふれた深い心根のまえにひれ伏した。ショーペンハウアーも同様である。こうしたものは、第一段階に属する。）》

第二行程。崇拝する心根を打ち破ること、しかもその心根にこの上なく固く縛りつけられているときに、である。自由精神。非依存性。砂漠の時代。すべての崇拝されているものを批判し（崇拝されていないものを理想化し）、逆倒した評価を試みること。

《善良な気持さえをも克服すること。（デューリングやヴァーグナーやショーペンハウアーのような人物たちは、この段階にさえもまだ立ってはいないことが、気付かれていないのである！）》

第三行程。積極的な身構えに、つまり肯定することに、耐えうるか否かの、大きな決断。私の上にはもはや何らの神も何らの人間も存在しないのである！　どこに着手すべきかを知っている創造する者の本能。大きな責任と無垢。（何かを喜び楽しもうと思うなら、すべてのものを是認しなければならない。）自分に行動への権利を与えること。

《善悪の彼岸。彼は機械論的世界考察を受け入れ支持し、それでいて自分が運命のもとに屈従させられているとは感じない。つまり、彼が運命なのである。彼は、人類の命運を掌中に握っているのである。》

——この行程は、ただわずかの人々しか歩めない。すなわち、たいていの人々は、もう第二の道程で没落するであろう。プラトンも、あるいはスピノザさえも、ひょっとして、それに陥っていたのではあるまいか。

到達されたこの段階にはもはや適合しないような行動は、取らないよう用心すること。たとえば、あまり重要でないような連中を援助しようと欲したりすること、——これは、間違った同情である。

（＊『生成の無垢』I 六六二、VII$_2$, 26〔47, 48〕）

精神が三つの変化を執るものだということを、私は君たちに挙示し述べてみようと思う。すなわち、どのようにして精神が駱駝となり、次にその駱駝が獅子となり、そして最後にその獅子が小児となるかを、である。

多くの重いものが、精神にとっては存在する。その精神は、強くて、忍耐強く、また畏敬の念を宿している。つまり、重いもの、この上なく重いものを、その精神の強さは熱望してやまないのである。

何が重いものなのか、と忍耐づよい精神は訊ねる。そして駱駝のように膝をついて、十分重荷を積んでもらおうと欲する。

何がこの上なく重いものなのか、君たち英雄たちよ、と忍耐強い精神は訊ねる。私もそれを自分に引き受けて、私の強さを喜びたいのだ、と。

この上なく重いものとは、こういうことではないだろうか。屈辱の憂き目にあって、自分の高慢の鼻をへし折られること。自分の愚かさを外に見せ、自分の知恵をあざけること。

それともそれは、こういうことであろうか。われわれの意中の事柄がうまく成功して勝利を収めようというときに、それから離れ去ること。高山に登って、誘惑者をためすこと。

それともそれは、こういうことであろうか。認識のどんぐりや草で自分を養い、真理のためには魂の飢えの苦しみをも忍ぶこと。

それともそれは、こういうことであろうか。病気でありながら、慰めてくれる人たちを家に帰し、君の欲することなどけっして聞き取りはしない聾者たちと交わりを結ぶこと。

それともそれは、こういうことであろうか。それが真理の水であるならば汚ない水の中にでも入っていって、冷たい蛙や熱い蟇をも追い払わないこと。

それともそれは、こういうことであろうか。われわれを軽蔑する人たちを愛し、幽霊がわれわれをこわがらせようと欲しているときにもその幽霊に握手を求めること。

これらすべてのこの上なく重いものを、忍耐強い精神は自分に引き受ける。つまり、重荷を積まれて砂漠へと急ぐ駱駝のようにこうして彼は、彼の砂漠へと急ぐのである。

けれども、この上ない孤独な砂漠の中で、第二の変化が起こる。すなわち、ここで精神は、獅子となるのであり、精神は、自由をわがものとして獲得しようと欲し、自分自身の砂漠の中で支配者であろうと欲するのである。

自分を支配する最後の者を、彼はここで、自分のために探し出す。つまり彼は、その者すなわち彼の最後の神に敵対しようと欲し、この巨大な竜と、勝利をかけて戦おうと欲する。

精神がもはや支配者とも神とも呼ぶことを好まないこの巨大な竜とは、何であろうか。「汝なすべし」が、この巨大な竜の名前なのである。しかし、獅子の精神は言うのである、「われ欲す」と。

「汝なすべし」が、獅子の精神の行く手をさえぎっている。それは、金色にきらめく一個の有鱗動物であって、その鱗のどれにも「汝なすべし！」ということが、金色に輝いている。

千年にわたるもろもろの価値が、これらの鱗に輝いている。こうして、あらゆる竜のうちで最も強力なこの竜は言う、「事物のあらゆる価値、——それが私の身の上で輝いているのだ」と。

「あらゆる価値はもうすでに創造されてしまっており、そしてあらゆる創造された価値——それは、この私なのだ。本当を言えば、もはや『われ欲す』ということなど存在してはならないのだ！」このように竜は語る。

私の兄弟たちよ、何のために精神において獅子が必要なのであろうか。重荷を負うことができ、諦めを知っており、畏敬の念にみちている、あの駱駝という動物では、どうして十分ではないのであろうか。

新しい価値を創造すること——これは、獅子にもまだできることではない。しかし、新しい創造の働きのために自分に自由を創り出すことならば——それならば、獅子の力はなし能うのである。

自分に自由を創り出し、義務に対してさえも聖なる「否」を言うこと、すなわちこのことのためにこそ、私の兄弟たちよ、獅子が必要なのである。

新しい価値のための権利を自分に獲得すること――これは、忍耐強く、また畏敬の念にみちた精神には、この上なく怖ろしい獲得行為である。実際本当に、それは彼にとっては、一つの強奪行為であり、強奪を常習とする動物のやることである。

自分の奉ずるこの上なく神聖なものとして、精神はかつて「汝なすべし」を愛していた。今や彼は、そうしたこの上なく神聖なもののうちにさえも、妄想と恣意を見出さざるをえない。こうしてこそ彼は、自分の愛していたものからの自由を、自分に強奪するようになるのである。つまり獅子が必要なのは、この強奪のために、なのである。

しかし、言ってみてくれ、私の兄弟たちよ、獅子にもなしえなかったようなどんなことを、なおも小児がなしうるのであろうか。どうして、強奪する獅子は、さらにまた小児にもならなければならないのであろうか。

小児は、無垢であり、そして忘却である。一つの新しい開始であり、一つの戯れであり、一つの自分から回り出す車輪であり、一つの最初の運動であり、一つの聖なる肯定を言うことである。

そうなのだ。創造の戯れのためには、私の兄弟たちよ、一つの聖なる肯定を言うことが必要なのである。すなわち、精神は今や、自分の意志を意志するのであり、世界を喪失した者は、自分の世界を自分のものとして獲得するのである。

精神に三つの変化があることを私は君たちに挙示して述べた。すなわち、どのようにして、精神が駱駝となったか、次にその駱駝が獅子となったか、そして最後にその獅子が小児となったかを、である。――

（『ツァラ』I「三つの変化」）

II　神の死とニヒリズム

「神は死んだ」とニーチェが説いたことは、あまりにも有名である。キリスト教的な神信仰の上に従来の「最高の諸価値」が築かれてきたとすれば、それの崩壊はそのまま直ちに「ニヒリズム」の到来を意味するであろう（本書一四六ページ）。「神の死」と「ニヒリズム」の問題は、密接に連関する。そればかりではない。神への信仰の上に「ありとあらゆるもの」が築かれてきた以上、神の死とともにそのありとあらゆるものの「崩壊、破壊、没落、転覆などの長期にわたるこの充満と連続」が「今や目前にさし迫ってきた」ことになる（本書一二四ページ）。「神の死」とニーチェの時代批判的言説の全視野とは、深く連結し合うことになる。すでに第一章を通過した読者は、ニーチェが、「汝なすべし」という「千年にわたるもろもろの価値」と戦い、これに対して「砂漠」の中で否を言う「われ欲す」という「獅子」の段階を「自由精神」と呼び（本書一〇八、一一一ページ以下）、未来の哲学者が「試み誘惑する悪魔的人物」と称される点に言及していたことを（本書九五ページ）、知っていよう。そうした「実験哲学」は「ニヒリズムの諸可能性」をも先取するのである（本書二五四ページ）。この批判的瓦解の試図の絶頂が、神の死とニヒリズムの問題にほかならないが、しかし、破壊の「自由」はまだ「新しい価値」の「創造」そのものではなく（本書一一二ページ）、この「否定」の先に「肯定を言う」段階が考えられ（本書一一三ページ）、自由精神はそれだけではまだ「病気」にとどまることを（本書九九ページ以下）、忘れてはならない。さて第一節は、「神の死」を見る。ここに採録された文章において認められることは、神の死は「ごく少数の人々」にのみ知られ「多くの人々」はまだ理解してはいないということ、だからそれを見抜いた人は「あまりにも早くきすぎた」人物であること、神は死んでも「神の影」がなお残存していること、その神の影をも清算し、否、神そのものをも無《な》みし「殺害」したという出来事の意味が洞察されねばならないということ、そのときには無垢で純粋な「自然」だけが残され、それは古い信仰の側から見れば寒々とした「夜」の到来ではあるが、未来の哲学から見れば広々とした「海」の視野が開けた事実を意味すること、などである。そして神の死とともに、今や「超人《ユーバー》」が生きるべき時となる。超人《ユーバーメッシュ》とは、文字通り、旧来の人間ないし自己自身を超え出てゆく人間のことである（次章参照）。第二節は、「ニヒリズム」を考察する。考察の態度は、ニヒリズムを体験し抜き、将来それに取ってかわる運動を用意するという姿勢であり、キリスト教的道徳に培われた誠実さの徳が今や自分自身に刃向かった結果の、キリスト教的道徳の崩壊に、ニヒリズム到来の原因が求められる。キリスト教的道徳自体が実は、「実際上のまた理論上のニヒリズム」（本書一三四ページ）に対する、つまり心理学的に言えば最初の二つの「ニヒリズム」（本書一三六ページ以下）に対する対抗手段であり、「彼岸」に「真の」「存在する」「世界」を構想して、生成の苦悩から人間を救おうとするものであった。しかしこの真の世界が「遠近法的仮象」（本書一四六ページ）にすぎないことが暴露されることによって、「ラディカルなニヒリズム」が到来する（本書一四八ページ）。そこに、

「ニヒリズムの極限的形式」が生じ、無意味なものの「永遠回帰」が看て取られる点（本書一四七ページ）は、重要である。後出のように、永遠回帰には「嘔吐」の側面があるが（本書二九〇ページ）、それはこのニヒリズムとつながっている。しかし、ニヒリズムの二義性を通じて、「受動的ニヒリズム」から「能動的ニヒリズム」に転ずるとき、力にあふれた人間が登場し、最後には、そうした人間が「無への意志」を生きるキリスト教的人間に取ってかわって「主人道徳」の野性味を帯びて現われるが、それがあくまで「魂」の問題として（本書八二、一五九ページ）、提起されている点を見失ってはならない。

一 神の死

神の殺害

狂気の人間。――君たちはあの狂気の人間のことを聞いたことがないか。彼は、明るい午前に一つの角灯に火をつけて、市場に走りこんできて、ひっきりなしにこう叫んだ、「私は神を探している！ 私は神を探している！」と。――そこにはちょうど、神の存在などを信じていなかった人々がたくさん集まって立っていたので、それで、彼は、大きな物笑いの種になった。神がどこへ行ったか分からなくなったのかい、と一人が言った。神は、子供のように、迷子にでもなったのかい、と別の一人が言った。それとも神はどこかへ雲がくれでもしたというのかい。神は、われわれのことをこわがってでもいるのかい。神は船に乗って、移住でもきめこんだのかい。――そう人々はあれこれ口々にわめき立てては、笑った。すると狂気の人間は、人々の真中に飛びこんで、突き刺すような目差しで彼らを見据えて、叫んだ。「神はどこへ行ってしまったのか、だと。よし、私は君たちにちゃんと言ってやる！ われわれが神を殺してしまったのだ――君たちや私が、だ！ われわれはみんな、神の殺害者なのだ！　だが、どうやってわれわれはそんなことをやらかしたのか、だと。どうやってわれわれは海を飲み干せたのか、だと。視界の全部を拭い消せるような黒板ふきを、われわれは誰からもらえたのか、だと。いわばわれわれがこの大地を太陽の呪縛から解き放したとき、われわれは何をしでかしたのか、だと。大地は、それじゃあ今はどこに向かって動いているのか、だと。われわれ自身はどこに向かって動いているのか、だと。一切の太陽から離れて行っているのじゃないのか。われわれは、もうずっと、墜落し続けているのじゃないのか。しかも、後方へも、側面へも、前方へも、ありとあらゆる方向へと。一体まだ上や下は存在するのか。われわれは、いわば無限の空無の中を迷い続けているのじゃないのか。われわれにふりかかってきているのは、空虚な空間の気息じゃないのか。あたりが寒くなり出してきているのじゃないのか。ずっと、夜ばかりが続いて、ますます夜の暗さが深まって行っているのじゃないのか。だから午前中にも角灯を点火する必要があるのじゃないのか。死者を葬る墓掘人たちが神を埋葬しようとして大騒ぎをしているあの音が、われわれにはまだ何も聞こえてこないのか。神の死骸が腐り始めた匂いが、われわれにはまだ何も匂ってこないのか。——神々さえも、腐るのだ！　神は死んだのだ！　神はもう死んでしまって動かないのだ！　しかもわれわれが神を殺してしまったのだ！　あらゆる殺害者中の殺害者であるわれわれは、どうやって自分を慰め元気を取り戻したらいいのか。これまで世界が所有した中で最も神聖で最も強力であるもの、それが、われわれの刀で切られ出血して斃れてしまったのだ。──この血を、われわれからふき取ってくれる誰がいよう。どの水で、われわれは自分を洗い清めたらいいのだろう。どんな贖罪の儀式を、どんな神聖な式典を、われわれは発明しなければならないことだろう。こうした殺害という所業の巨大さは、われわれにはあまりにも巨大にすぎるのではないのか、だと。その所業の巨大さにふさわしくなるためにだけでも、われわれ自身が神々にならなければならないのではないのか、だと。実際これまでこれよりも巨大な所業は一つとして存在しなかった──そして、およそわれわれのあとに生まれてくるかぎりの者は、この所業のゆえに、従来のすべての歴史よりもいっそう高次の歴史に属することになるのだ！」。──ここまで言ってから、その狂気の人間は口をつぐみ、再び聴衆を見つめた。聴衆の方もまた、口をつぐみ、いぶかしげに彼の方を注視した。とうとう彼は、自分の角灯を地面に投げつけ、そのために角灯はばらばらにこわれて、火が消えてしまった。「私は、あまりにも早くきすぎた」と、それから彼は言った、「私が登場する時間ではまだないのだ。あの途方もない出来事は、いわばまだ旅に出ていて、ほかの場所を遍歴しており──だからまだ人間たちの耳のところまでは届いていなかったのだ。稲妻と雷鳴にも時間が必要であり、星辰の光にも時間が必要であり、所業にも時間が必要である。たとえその所業がなされたあとでも、それが見られ聞かれるまでには、時間がかかるからだ。この所業は、人間たちには、依然として最も遠くの星辰よりも遠いところにあるのだが——しかしそれでいて人間たちはこの所業をやらかしてしまったのだ！」——その後人々の話では、この狂気の人間は、その同じ日にあちこちの教会に押し入り、教会の中で、「神ニ永遠ノ安ラギヲ」と、自ら歌い始めたという。教会から外へ連れ出されて、釈明を求められると、彼は、その度にただこう口答えしただけだという。「これらの教会なんぞは、神の墓穴や墓碑でないとしたら、一体そのほかに何だというのだ」と。

（*『知識』一二五）

なぜ今日無神論が登場せざるをえないのか。——神の持つ「父」の要素は、根本的に否定されてしまっている。同様に、「審判者」、「報い主」の要素も否定されてしまっている。また同じく、神の「自由意志」も、否定されてしまっている。つまり、神は聞く耳を持たないのであり——かりに神が聞く耳を持っていたとしても、しかし、神は助けるすべを知らないはずである。一番悪いのは、神は自分を判然と伝達する力を持たないように思われるという点である。つまり、神は不明瞭なものなのではないのか、という点である。

（『善悪』五三）

宗教的な残酷行為という大きな梯子があり、それには多くの段階がついている。しかしその段階の中でも三つのものが、最も重要なものである。昔は、ひとは、自分の神に、人間どもを犠牲に捧げた。それもおそらくは、ほかでもない、ひとが最もよく愛していたような人間どもを、人身御供にしたのである。――〔……〕次に、人類の道徳的な時代になると、ひとは、自分の神に、ひとが所有していた最強の本能を、つまり自分の「自然的本性」を犠牲に捧げた。こうした祝祭の歓びが、禁欲者という、熱狂して「自らの自然的本性に逆らう者」の残酷な日差しの中に輝いているのである。さて最後には、まだ犠牲に供するものとしては何が残っていたであろうか。最後には一度ひとは、一切の慰めや聖なるものや救いをもたらすものや、一切の希望や、また隠れた調和や本来の至福や正義に対する一切の信仰などを、犠牲に捧げなければならなかったのではないであろうか。ひとは神自身をも犠牲に捧げねばならなかったのではないであろうか。そして、自己への残酷行為から、石や、愚行や、重圧を加えるものや、運命や、無を、崇拝しなければならなかったのではないであろうか。無をたたえて神を犠牲に捧げるということ――最後の残酷行為の持つこの逆説的な秘儀こそは、今まさに到来した世代のために、取っておかれ続けてきたものなのであった。――われわれはすべて、すでに何ほどか、そのことについては見聞きしているであろう。（＊『善悪』五五）

神の死による曙光の到来

われわれの晴朗さが意味しているものは何かということ。――比較的近い時期に起こった最大の出来事――それは「神が死んだ」ということであり、キリスト教的な神の存在への信仰が信じるに値しないものとなったということであるが、この出来事——は、すでにその最初の影を、ヨーロッパの上に投げかけ始めている。少なくとも、ごく少数の人々にとっては、つまり、この事件の光景を見るのに十分な強さと鋭敏さをそなえた眼およびその目差しの中にそれに足るだけの猜疑心とを具備したごく少数の人々にとっては、まさに或る太陽のようなものが没落したように思え、或る古くからの深い信頼が懐疑の中で逆転させられたように思えるのである。すなわち、彼らにとっては、われわれの旧来の世界が日毎にいっそう深く夕闇に包まれてゆき、ますます信用のできないものとなり、いよいようとましく、ますます「古ぼけてゆく」ように思わざるをえないのである。けれども、大体においては、こう言って差し支えない。すなわち、その出来事それ自身は、多くの人々の理解力からすれば、あまりにも巨大で、あまりにもかけ離れ、あまりにもほど遠くにあるものなので、その出来事の通報だけでさえももう早くも届いたなどと称されることはできないであろう、と。ましてや、一体この出来事において何が生じたのかを——そして、この信仰が転覆したあとでは今や一体全体どんなにありとあらゆるものが倒壊せざるをえないのかということを、早くも多くの人々が知り取ったなどとはとうてい言えないであろう、と。ありとあらゆるものが倒壊せざるをえないというのも、そのありとあらゆるものがこれまで、その信仰の上に築かれ、その信仰によりかかり、その信仰の中に入りこんで成長してきたからなので、だからたとえばわれわれの全ヨーロッパ道徳もそうなのである。崩壊、破壊、没落、転覆などの長期にわたるこの充満と連続、それが今や目前にさし迫っているのである。だが、今日いち早く右の点を察知して、恐ろしいこの途方もない論理の教師にして予告者、おそらくはいまだかつて地上にその類を見なかったような暗鬱化と日蝕の予言者、たるにふさわしい役目を演じざるをえないと感ずる誰がいよう……　生まれながらの謎解き者であるわれわれ、いわば山々の頂に立って見張り、今日と明日の間に身をおき、今日と明日の間の矛盾の中に引き裂かれているわれわれ自身でさえも、すなわち、来たるべき世紀の初児にして早生児、まもなくヨーロッパを包みこむに違いないもろもろの影が本来その眼に映じてきているはずの、そうした初児にして早生児であるわれわれ自身でさえも、すなわち、そのわれわれ自身でさえもが、右の暗鬱化に対して大した悲しみも抱かずに、とりわけわれわれの身を案じた心配や恐怖も覚えずに、その暗鬱化の到来を待ち受けているというのは、それにしても一体どうしたわけなのであろうか。ひょっとして、われわれは、右の出来事のごく身近な結果だけにまだあまりにも強く影響されすぎてしまっているのでもあろうか。——実は、この身近な結果、つまり、あの出来事のわれわれにとっての結果たるや、世の人々がひょっとして期待するかもしれないのとはまるで逆に、哀しくまた気持を暗鬱にさせる底《てい》のものでは全くなく、むしろ何とも名状しがたいような、一種の新しい光明、幸福、軽快、鼓舞、曙光といったようなものなのだからである……　実際、哲学者にして「自由精神の持ち主」であるわれわれは、「古い神は死んだ」という知らせを聞いて、まるで一つの新しい曙光に照らされでもしたような気持を感ずるのである。われわれの心胸は、そのとき、感謝と驚嘆と予感と期待であふれみなぎるのである。――ついに、視界が再び開けきったように、われわれには思えるのである。むろん視界はまだ明るくはなっていないとしても、である。ついに、われわれの船が、再び出帆することを許されたのである、あらゆる危険を冒しても、出帆することの許可が。認識する者のあらゆる冒険が再び許可され、海が、われわれの海が、再び開放されて拡がっているのである。もしかしたら、こんなに「開放された海」など、いまだ一度たりともあったことはなかったかもしれないのである。（＊『知識』三四三）

神の影の克服

新しい戦い。――仏陀が死んだのちにもなお何世紀間も仏陀の影が、或る洞穴に見られた――途方もない恐ろしい影が、である。さて、神は死んだ。しかし、人間の本性がそうであるように、ひょっとしたら、なお何千年間も、神の影が見られるもろもろの洞穴が存在するかもしれないのである。――そしてわれわれはと言えば――われわれは、その神の影をもなお征服しなければならない！（＊『知識』一〇八）

われわれは用心しようではないか！――世界というものが一つの生きた存在者であるなどとは考えないように、われわれは用心しようではないか。〔……〕それどころか、万物が一つの機械だと信ずることとさえもしないように、われわれは用心しようではないか。〔……〕われわれの隣の星辰らが持つ循環運動といったような整然とした形式を具えたようなものを、総じていたるところに予想してかかることなどしないように、われわれは用心しようではないか。〔……〕これに反して、世界の全体的な性格は、永遠にわたって渾沌である。ただし、必然性が欠如しているという意味においてではなく、秩序とか、分節とか、形式とか、美とか、知恵とか、その他われわれの美的人間性の名称となるようなもののすべてが、欠如しているという意味においてである。〔……〕万物について無情冷酷だとか不条理だとか、あるいはその反対のことを言って蔭口をたたくことはしないように、われわれは用心しようではないか。万物は、完璧でもなければ、美しくもなく、また高貴でもないし、それらのどれかになろうなどとも思ってはいない。万物は、人間の真似をしようなどとは毛頭意図していないのである！　万物は、われわれの美的および道徳的判断のいかなるものによっても、けっして言い当てられることはないのである！　万物は、また自己保存衝動さえも持ってはいず、何よりもおよそ何らの衝動をも持ってはいない。万物は、また何らの法則をも知らないのである。自然の中には法則があるなどとは言わないように、われわれは用心しようではないか。存在するのはただ、必然性だけなのである。〔……〕死は生に対立しているなどとは言わないように、われわれは用心しようではないか。生ある者はただ、死せる者の一種、しかも非常にまれな一種にすぎないのである。——世界は永遠に新しいものを創り出すなどとは考えないように、われわれは用心しようではないか。〔……〕ところでしかし、われわれが、こうしたわれわれの用心や注意をしなくともいいようになれるのは、いつの日のことであろうか。神の影のこうした一切が、もはやわれわれを曇らすことがなくなるのは、いつの日のことであろうか。われわれが自然を全面的に、神の影から解き放ちおえるようになるのは、いつの日のことであろうか。新たに発見され、新たに救済された、純粋な自然とともに、われわれ人間自身をもまた、自然のままに捉え直すことを、われわれが開始しうるのは、いつの日のことであろうか。

（＊『知識』一〇九）

神の死と超人

神は死んだ。だから今やわれわれは欲する、——超人が生きることを。

（『ツァラ』IV「より高き人間」）

「何だって。通俗的に語れば、それはこういうことを意味するのではないのか。すなわち、神は否定されたが、しかし悪魔は否定されたのではない——ということを。」とんでもない、その全く反対！　まるで逆！　私の友たちよ！　君たちに通俗的な語り方を強いる奴なんぞは、これまた悪魔にでも食われてしまえ！

（＊『善悪』三七）

君たちの魂をもってしたのでは、君たちは、偉大なものに対しては全く無縁である。だから、君たちにとっては、超人は、彼がその優しい善さを示しているときでも、恐ろしいものであるだろう。〔……〕

君たち、これまで私の眼に触れた最高の人間たちよ！　君たちに対する私の疑いと、私のひそかな笑いは、こうだ。つまり、私の察するところ、君たちは、私の超人を――悪魔と呼ぶだろうということ、これだ！

（『ツァラ』II「対人的知恵」）

われわれの最高の洞察は、かりにそれを聴くだけの素質もなければ天性もない者どもの耳にうっかり聞き取られるようなことにでもなれば、まるで馬鹿げたもののように、否、場合によってはまるで犯罪のように響かざるをえないし――いやむしろ、そう響くべきなのである！

（『善悪』三〇）

二　ニヒリズム

ニヒリズム到来の論理と心理

考察の立場

私が物語るのは、今後の二世紀の歴史である。私が記述するのは、やがて来るもの、つまり、もはや別様には来たりえないもの、すなわち、ニヒリズムの到来である。この歴史は、現在もうすでに物語ることができる。というのは、その必然性そのものが、目下もう働いているからである。この将来は、すでに百の徴候のうちにあらわれており、この運命はいたるところで名のりをあげている。将来のこの音楽に対しては、あらゆる耳がすでに耳をそばだてている。われわれの全ヨーロッパ文化は、久しい以前からもう、一〇年また一〇年と過ぎるにつれて増大する緊張の拷問をもって、一つの破局に向かうかのようにして、動いてきた。不安げに、荒々しく、また性急に。それはあたかも、終末に向かおうとして、もはや自分を省みることもなく、いや自分を省みることを怖れている大河に似ている。——ここで発言しようとしている者は、しかしそれとは逆に、自分を省みること以外にはこれまで何もしてこなかったような人間である。その者は、本能に基づいて生きる一人の哲学者にして隠遁者であり、こうした人間は、脇に退いていること、外部に離れていること、忍耐ということ、躊躇ということ、遅れとどまっているということのうちに、自分の長所を見出してきた。またその者は、冒険し試みる精神の持ち主であり、こうした人間は、すでに将来のあらゆる迷宮の中にかつて一度踏み迷ったことがあった。またその者は、予言鳥の精神の持ち主であり、こうした人間は、やがて来るものを物語るときには、過ぎ来し方を振り返り見るのである。そしてその者は、ヨーロッパの最初の完全なニヒリストであるのだが、しかしこのニヒリストは、ニヒリズムそのものをすでに自分のうちで最後まで生き抜いてしまっており——つまり、ニヒリズムをおのれの背後に、おのれの下に、おのれの外に持っているのである。

　というのも、この将来の福音書に冠せられようとしている標題の意味について、どうか世間のひとは思い違いをしないでもらいたいからである。「力への意志。あらゆる価値の価値転換の試み」——この定式で表現されているのは、原理と課題に関しての、一つの反対運動なのである。この反対運動は、やがて将来にあの完全なニヒリズムに取ってかわるであろうような一つの運動なのであり、それでいてその運動は、そのニヒリズムを、論理的にも心理学的にも、前提し、ひとえにただもっぱら、そのニヒリズムに基づきまたそのうちからのみやって来ることのできるものなのである。というのも、ニヒリズムの到来が、なぜ今後、必然的であるのだろうか。その理由はこうである。すなわち、われわれのこれまでの諸価値自身が、ニヒリズムのうちでその最終的帰結に達するからである。ニヒリズムこそは、われわれの偉大な諸価値や理想を最後まで考え抜けば出てくるところの論理だからである。——われわれがニヒリズムをまず体験してこそ、これらの「諸価値」の価値が本来何であったのかを看破できるようになれるからである…　われわれは、いつの日にか、新しい価値を必要とする…

（＊『力』「序」二—四、VIII$_2$, 11 [411]）

ニヒリズム到来の原因

一　ニヒリズムが戸口に立っている。あらゆる訪問客のうちで最もうす気味の悪いこの客は、どこからわれわれのところにやって来るのであろうか。——出発点。ニヒリズムの原因として、「社会的困窮状態」や「生理学的退化」やましてや腐敗などを挙げるのは、誤謬である。現代は、この上なく律義で同情心にあふれた時代なのである。困窮は、魂の上のであれ、身体上のであれ、知性上のであれ、困窮というものは、それ自体としてはニヒリズム（すなわち、価値、意味、望ましいものなどの徹底的拒否）を生み出すことなどとうていできないのである。これらの困窮は、依然として全く違った解釈を受け容れうるものである。そうではなくて、或る全く特定の解釈、つまりキリスト教的道徳的解釈のうちにこそ、ニヒリズムは潜んでいるのである。

二　キリスト教の没落――その道徳（道徳はキリスト教から切り離しえないものである）がもとになっての没落――。キリスト教的道徳が、キリスト教的神に刃向かうのである（誠実さの心性が、キリスト教によって高度に発達させられた結果、今やあらゆるキリスト教的世界解釈および歴史解釈の持つ虚偽と欺瞞に対して嘔吐を催すようになったのである。「神が真理である」から「一切は虚偽である」という狂信への反転。行為の仏教…）。

三　道徳への懐疑が、決定的なものである。彼岸に助けを求める試みをした道徳的世界解釈が、今ではもはや何らの承認をも取りつけえないで没落した結果、ニヒリズムにゆきついたのである。「一切はいかなる意味も持たない」とされるようになったのである（途方もない精力が捧げられた一つの大きな世界解釈が成功の見込みを持たないことになると――あらゆる世界解釈が虚偽なのではないかという不信感がよびさまされてくるわけである――）。

（『力』「ヨーロッパのニヒリズム」「計画によせて」、Ⅷ1, 2 ［127］）

キリスト教的道徳とニヒリズム

キリスト教的な道徳仮説は、どんな利益を提供したか。

一　それは、人間に一つの絶対的価値を付与した。生成と消滅の流れの中におかれた人間の小ささや偶然性とは反対に、である。

二　それは、神の弁護者たちに役立った。というのも、それは、苦悩や禍悪にもかかわらず世界に完全性の性格を——おまけに、あの「自由」までをも——許したからである。禍悪は、意味にあふれたものと見えたのであった。

三　それは、絶対的価値に関する知識を、人間にあてがい、したがって、ほかならぬ最も重要なことがらに対する十全な認識を、人間に与えた。

四　それは、人間が自分を人間として軽蔑しないようにと、また人間が生を敵視しないようにと、そして人間が認識することに絶望しないようにと、取り計らった。それは、一つの保存手段だったのである。

要するに、道徳というものは、実際上のまた理論上のニヒリズムに対する、大きな対抗手段なのであった。（*『力』四、Ⅷ, 5［71］）

けれども、道徳が育成した諸力の一つに、誠実さがあった。この誠実さが、ついに道徳に刃向かい、道徳の目的論、つまり道徳の打算的な考察の仕方をあばき出し——こうして今や、この永年にわたった、血肉化した、だから自分の外へ捨て去る望みのないような欺瞞、を見抜く洞察が、まさしく刺激剤として働くのである。われわれが今われわれ自身のうえに確認するものは、永年の道徳解釈によって植えつけられた欲求であり、この欲求が今われわれには、不真実なものへの欲求と見えてきているのである。他方この欲求は、価値がそれにかかっていると思われ、そのもののゆえにわれわれが生きることに耐えているゆえんのものなのである。この敵対関係――つまり、われわれは認識をえたのにその認識をわれわれは諒承しえず、かといってまた、われわれが自ら自己欺瞞をしたいと思ってもその瞞着内容をわれわれはもはや諒承してはならないということ――これが、一つの解体過程を結果してくるのである。

（＊『力』五、Ⅷ1, 5［71］）

さて、道徳は、人間たちによって暴圧され屈伏させられたようなそうした人間たちや諸階級のもとで、生が絶望に陥ったり無のうちへと飛びこんだりしないようにと防いできた。というのも、自然に対する無力感ではなく、人間たちに対する無力感こそが、生存に対するこの上なく絶望的な不機嫌を生み出すからなのである。道徳は、権力者や無法者や「支配者」全般を敵として扱い、こうした敵から普通の人間は保護され、つまり何よりもまず勇気づけられ、強化されねばならないとする。したがって道徳は、支配者たちの根本的性格特徴であるもの、すなわち彼らの力への意志を、最も深く憎悪しまた軽蔑するよう教えてきたわけである。もしもこの道徳を取り除き、否定し、解体させるならば、それは、この上なく憎悪されてきた衝動を、逆の感覚と評価でもって眺めることになるであろう。もしも、苦悩し圧迫された者が、力への意志を軽蔑する権利を持っているという信仰を失うならば、彼は、希望のとだえた絶望の段階に陥るであろう。ところが、もしもこうした力への意志という特徴が生に本質的であるとすれば、つまり、あの道徳への意志のうちにさえも、この「力への意志」が隠れていて、だからあの憎悪や軽蔑さえもがさらに一つの力への意志だということにでもなれば、実際、事態はその通りになるであろう。そうなれば、圧迫された者は、自分も圧迫する者と同じ地盤の上に立っていて、だから自分の方があの連中よりも特権や高次の位階などを持っているわけでもないということを、洞察するようになるであろう。

それどころか事実は逆なのである！　生において価値あるものといったら、力の度合以外に何もないのである。――そのことの前提はほかでもない、生そのものは力への意志である、ということである。道徳は、できそこないの者どもがニヒリズムに陥るのを防いだのだが、そのやり方は、道徳が各人に、一つの無限の価値、一つの形而上学的な価値を与え、また各人をば、現世の力や位階秩序のそれとは合致しない一つの秩序の中へと組み入れる、というふうに、なのであった。道徳は、献身、謙虚等を教えたのであった。もしもこの道徳への信仰が没落したと仮定するならば、できそこないの者どもは、慰めをもはや持たなくなって――その結果、没落してゆくことになるであろう。　（＊『力』五五、VIII_1, 5 [71]）

心理学的状態としてのニヒリズム

宇宙論的な諸価値の崩壊。

〔A〕心理学的状態としてのニヒリズムが登場してこざるをえないであろうと思われる場合がいくつかある。第一の場合は、われわれがあらゆる出来事のうちに何らかの「意味」を求めていたのに、その意味がその出来事のうちにない場合であって、その結果、当の探求者はついに気力を失ってしまう。ニヒリズムとは、この場合、力を永い間浪費してしまったという意識を持つことであり、「無駄」という苦悩であり、不安定であり、何らかの仕方で自分を回復させ、何らかのものでなお自分を慰めるような機会を欠如していることであり——あまりにも永い間自分は欺かれてきたかのように思えて、自分自身を恥じる気持にほかならない…　求められていたのに存在しないことが分かったあの意味とは、次のようなものでもあったであろう。すなわち、あらゆる出来事のうちで最高の道徳的規範が「実現されてゆくこと」、つまり道徳的世界秩序とか、あるいは生命ある者たちの間の交わりの中で愛や調和が増大してゆくこととか、あるいは一つの普遍的な幸福の状態へと接近してゆくこととか、あるいはそれどころか、一つの普遍的な無の状態へと向かって進むこととかでさえあったかもしれない——なにしろ何らかの目標は依然として一つの意味であることには変わりはないからである。このような考え方の種類のすべてに共通している点は、或る何らかのことが、過程というもの自体を通じて達成されるべきであるというところにある。——ところが今やひとは、生成ということでもって実は何物もめざされてはおらずまた何物も達成されはしないということを、理解するのである……　このようにして、生成の目的などと称されていたものに対する幻滅が、ニヒリズムの原因になるわけである。その場合それが、或る全く特定の目的に関して起ころうとも、またもっと普遍化されて、「発展」の全体に関する従来の目的仮説の一切を不十分なものと見る洞察に関して起ころうとも（――つまりこうなれば、人間はもはや生成の協働者でないばかりか、いわんや生成の中心点などではないことになるが）、それは変わりがない。

心理学的状態としてのニヒリズムが登場する第二の場合は、こうである。すなわち、あらゆる出来事のうちにまたあらゆる出来事の根底に、一つの全体性、一つの体系化、それどころか一つの組織化さえもがはじめから想定されて、こうして最高の支配形式や管理形式という全体的見方の中に、驚嘆と崇拝にあこがれる魂が酔い痴れる場合がそれである（――その魂が、論理学者の魂であれば、絶対的な無矛盾的整合性や実在弁証法だけでもう十分事足りるので、こうして彼は一切のものと宥和しうるようになる……）。一種の統一性、何らかの形式の「一元論」があれば、こうしたものを信じこんで、その結果、人間は、自分を無限に凌駕する或る全体者に連関しまた依存しているという深い感情にひたり、神性の一様態となる……「普遍的なものの福祉は、個々人の献身を要求する」……　ところが、どうだろう、そのような普遍的なものなぞ存在していないのである！　根本的にいって、人間は、自分を通じて無限に価値ある或る全体者が働かないような場合には、自分の価値への信念を失ってしまうものである。すなわち、人間がこのような全体者を構想したのも、自分の価値を信じえんがために、だったからである。

　心理学的状態としてのニヒリズムは、さらに第三の、そして最後の形式を持っている。右の二つの洞察があった場合、すなわち、生成でもって何物かがめざされることなどあるはずもなく、また、あらゆる生成の根底に何らの大いなる統一性なども支配しておらず、だから最高価値の境域の中にひたるような具合に、個々人が完全にすっかりひたりきりうるような統一性など存在しないという、この二つの洞察がえられた場合に、今や逃げ道として残るものは、生成のこの世界全体を迷妄と断じて、この世界の彼岸に存する一つの世界を案出して、これこそが真の世界であるとする以外にはないであろう。ところが、こうした世界が組み立てられたのはただ心理学的欲求からにすぎず、人間はそうしたことをする権利などまるっきり持ってはいないという点が、人間によって察知されるようになれば、たちまち、ニヒリズムの最後の形式が発生してくる。その形式は、形而上学的世界に対する不信仰をそのうちに含んでおり、——真の世界への信仰を自分に禁止するのである。この立場に立つとき、ひとは、生成という実在を、唯一の実在として承認し、背後世界や偽りの神性へと通ずるあらゆる種類の抜け道を、自分に禁止するのである——けれども、ひとは、自分としても否定しようとはもはや思わないこの世界を、耐えきれないでいるのである……

――根本において、何が起こったのであろうか。「目的」という概念をもってしても、「統一性」という概念をもってしても、また「真理」という概念をもってしても、生存の全体としての性格は解釈されることができないという点を、ひとが理解したとき、無価値性の感情がえられたのであった。したがって、何物もめざされずまた達成されていないのである。出来事の多様性の中には、これらを包む統一性は欠如しているのである。生存の性格は「真」ではなく、偽なのである…　真の世界を自分に信じこませる根拠など、もはや全くひとは持っていないのである…　要するに、われわれがこれまで世界に価値をおき入れてきたゆえんの、「目的」、「統一性」、「存在」といった諸カテゴリーは、再びわれわれによって抜き去られるのであり――こうして今や世界は、無価値のものに見えてくるのである…

〔B〕これら三つのカテゴリーでもって世界はもはや解釈されてはならないということが含む射程と、こうした洞察ののちには世界はわれわれにとって無価値なものになり始めるという事実とを、われわれが認識したとしてみよう。そうするとわれわれはこう問わざるをえなくなる。すなわち、これら三つのカテゴリーへのわれわれの信仰はどこに由来するのか、と。――これら三つのカテゴリーに対して信仰の念を取り下げることが、もしかしたら可能なのではないかということを、われわれは実験してみようではないか！　もしもわれわれが、これら三つのカテゴリーを無価値なものとしてしまったとしても、それらを万物に適用できないことの証明から、万物そのものが無価値なものたらしめられることは、もはや直ちには出てこないであろう。

成果。理性のカテゴリーへの信仰が、ニヒリズムの原因なのである。――われわれは世界の価値を、一つの純粋に虚構された世界に関係するカテゴリーでもって、測定してきたのである。結論的成果。ありとあらゆる価値でもって、われわれはこれまで世界を、何よりもわれわれ自身のために貴重なものたらしめようと努めてきた。しかしそれらの価値が実は適用できないものであることが証明されたとき、ついにわれわれは、ほかならぬそのことによって世界を無価値なものにしてしまったのである。――こうした価値の一切は、心理学的にあとから辿りなおしてみるならば、実は、人間的な支配の諸形成物を維持し上昇させるために有効であるような特定の遠近法の産物なのであり、しかもそれがただ誤って、事物の本質の中に投影させられていたにすぎないのである。自分自身を、事物の意味や価値尺度と見なすということは、依然として、人間の持つとてつもない素朴さなのである。

（＊『力』一二、Ⅷ$_2$, 11［99］）

ニヒリスト出現の根拠　人間は「真理」を求める。すなわち、自己矛盾せず、欺かず、変転しない世界、つまり真の世界を求める――つまり、悩みなどないような世界を求める。だから、矛盾、欺瞞、変転は――苦悩の原因と目されているのだ！　人間は、存在すべきであるよ

うな世界が本当に存在していると思いこんでこれを疑わず、この世界へといたる道を探し求めたがる。〔……〕

この場合人間は、実在の概念をどこから取ってきたのであろうか。——なぜ人間は、変転、欺瞞、矛盾を、ほかならぬ苦悩と受け取るのか。そしてなぜむしろそれを自分の幸福としないのか……——

消滅し、変転し、転移する一切のものに対する軽蔑、憎悪。——恒常的なものを尊ぶこの評価はどこからくるのか。明らかにここでは、真理への意志は、たんに、恒常的なものの世界の中に入りたいとする熱望にすぎない。

感官は欺くが、理性は誤謬を訂正する。したがって理性こそは恒常的なものへいたる道であると、ひとびとは推論した。最も非感性的な理念こそは「真の世界」に最も近いところにあるに違いない、というわけである。——感官から、たいていの不幸な打撃が見舞ってくる、——だから感官は、欺き手であり、騙し屋であり、破滅を導いてくるものだ、というわけである。

——

幸福は、ただ存在者のうちにおいてのみ保証される。変転と幸福は互いに相容れない。だから最高の願いは、存在者と一つになることに向けられる。これこそが、最高の幸福にいたる道を示す定式にほかならない、というわけである。

要するに、存在すべきはずの世界は、本当に現に存在するのであり、一方われわれが生きているこの世界は、一つの誤謬であり、――このわれわれの世界は、本当は現に存在してはならぬはずのものだ、というわけである。

ここで存在者への信仰はただ一つの帰結にすぎないことが分かろう。本来最初ノ動機トナッテイルモノは、生成するものへの不信、生成するものへの嫌疑、一切の生成の働きに対する過小評価なのである……

どのような種類の人間が、こうした反省をするのか。非生産的な、苦悩する種族、生にうみ疲れた種族がそうするのである。かりにわれわれがそれとは反対の種類の人間を思い浮かべてみるなら、そうした種族は、存在者への信仰などを必要としないであろう。それどころか、その種族は、存在者を、死んだ、退屈な、どうでもよいものとして、軽蔑することであろう……存在すべきはずの世界は本当に実際現に存在するのであると見る信仰は、存在すべき世界を創造しようとは欲しない非生産的な連中の持つ信仰なのである。彼らは、その世界がもうすでに現存していると見なし、その世界にいたる手段や道を探し求めるだけだからである。「真理への意志」とは――創造への意志の無力にほかならない。

或るものがこれこれで在ることを認識すること
或るものがこれこれに成るよう行為すること
｝自然的本性が持つ力の度合における敵対関係

われわれの願望に対応するような世界を虚構すること。われわれが尊びまた快適と感じる一切のものを、この真の世界と結びつけようという、心理学的な策略や解釈。

この段階における「真理への意志」は、本質的に解釈の技術である。それにはやはりいつも解釈の力が必要である。

この同じ種類の人間が、さらに一段階貧困になって、もはや解釈する力を所有せず、つまり虚構を創造する力を所有しなくなったとき、それがニヒリストになる。ニヒリストとは、あるがままの世界について、それは存在してはならぬものであると判断し、また、あるべきはずの世界については、それは現に存在していないと判断するような人間のことである。したがってそこでは、生存（行為、苦悩、意欲、感情）は、何らの意味をも持たない。「無駄」のパトスが、ニヒリストのパトスなのである。――だが同時にさらにそれは、パトスとしては、ニヒリストの首尾一貫性の欠如である。

自分の意志を事物の中におき入れることのできない者、つまり意志と力の喪失者も、やはりなお少なくとも、一つの意味はおき入れている。すなわち、そこには何よりもまず何らかの意志だけはあろうという信念を、である。

ひとがどれほど、事物の中の意味なしでやってゆけるか、ひとがどれほど無意味な世界の中で生きることに耐えられるかは、意志力の尺度にかかったことである。なぜならひとはこの世界の一小部分の組織を自ら構成しているからである。

だから、哲学的な客観的見方は、意志と力の貧困の一徴候であることがある。というのは、力は、主観の側により近い、否、最も近いものを作りあげようとするからである。存在するものをただ確認しようとするだけの「認識者たち」は、存在すべきものを何も確立できない連中なのである。

芸術家たちは、中間種である。彼らは、存在すべきものの比喩を、少なくとも確立するからである。——彼らは、現実に変化させ変形させるかぎり、生産的である。一切のものをそのあるがままに放置する認識者たちとは、違うのである。

哲学者たちとペシミズム的な宗教との連関。すなわち同一種類の人間（——彼らは、最高の価値を持つとされた事物に、最高の度合の実在性を付与するのである——）。

哲学者たちと道徳的人間および後者の価値尺度との連関（——宗教的意味の衰退のあとでは、道徳的世界解釈が意味となる——）。

存在者の世界を絶滅することによって、哲学者たちを超克すること。しかしその超克の前に、ニヒリズムの中間時期がある。すなわち、価値を価値転換し、これまで仮象的世界とされてきた生成するものを唯一の世界として神格化し是認するだけの力が、まだ現存しない時がそれである。

（＊『力』五八五、Ⅷ2, 9［60］）

ニヒリズムの諸形式と諸相

ニヒリズムとは何を意味するのか。——最高の諸価値が無価値になるということ。目標が欠けている。「なにゆえか」という問いへの答えが欠けているのである。（＊『力』二、Ⅷ2, 9［35］）

ラディカルなニヒリズムとは、世間で承認されている最高の諸価値のもとでは生存を絶対に維持できないという確信であり、かつそれに加えて、次のような洞察のことである。すなわち、彼岸とかあるいは事物自体とかいうもの、つまり「神々しい」とか道徳の体現であるとかと称されているそうしたものを、最初から定立してかかる権利などわれわれは寸毫も所有していない、というのがそれである。（『力』三、Ⅷ2, 10［192］）

ニヒリズムの極限的形式は、次のような洞察であろう。すなわち、あらゆる信仰、真だと思うあらゆる働きはみな、必然的に偽であるということ。なぜなら、真の世界などは全く存在しないからである。したがって、真の世界などは、一つの遠近法的仮象であり、この仮象の由来はわれわれのうちに潜んでいる（というのも、われわれは、一つの、より狭い、縮められた、単純化された世界を、たえず必要とする以上は、そうだからである）。

——どれほどまでわれわれは自らすすんで、仮象性や、嘘の必然性を承認して、しかも没落しないでいることができるのかは、力の度合にかかっているのだということ。

そのかぎり、ニヒリズムというものは、真実の世界とか、存在とかを、否定するものとして、一つの神的思考法であるのかもしれない。

（『力』一五、VIII2, 9［41］）

あるがままの生存は、意味も目標もなく、しかもそれでいて不可避的に回帰しつつ、無に終わることもない。すなわち、「永遠回帰」。

これが、ニヒリズムの極限的形式である。すなわち、無が（「無意味なもの」が）永遠に！

（『力』五五、VIII1, 5［71］）

ニヒリズムは、一つの病理学的な中間状態を表わすものである（——意味などは全くないと結論する途方もない普遍化は、病理学的である——）。そのさい、生産的な力がまだ十分強くなっていない場合であれ——、あるいは、デカダンスがまだためらっていてその救助策をまだ案出していないような場合であれ、事態は同じである。

右のような途方もない普遍化をする仮説の前提をなすものは、——何らの真理も存在しないということ、事物の絶対的性質など何ら存在せず、何らの「物自体」も存在しないということ、これである。――このことが、それ自身実はニヒリズムにほかならず、しかも極限的ニヒリズムなのである。このニヒリズムが事物の価値を見るやり方たるや、ほかでもない、これらの価値には何らの実在も現に対応していないしまた過去にも対応したことなどなかったということにあり、それどころか、それらの価値は、価値定立者の側における力の徴候にすぎず、生の目的のための単純化にすぎないということにある。

(＊『力』一三、VIII$_2$, 9［35］)

ニヒリズム。それは二義的である。すなわち、

A　精神の上昇した力の徴候としてのニヒリズム。すなわち、能動的ニヒリズム。

B　精神の力の衰退と後退としてのニヒリズム。すなわち、受動的ニヒリズム。

(＊『力』二二、VIII$_2$, 9［35］)

正常な現象としてのニヒリズムは、増大しつつある強さの徴候であることもあれば、増大しつつある弱さの徴候であることもある。

一つには、創造し意欲する力がきわめて増大し、もはやこれらの解釈全体や意味投入を必要としなくなっている（「身近な課題」、国家等）。

一つには、意味を創造する創造的な力までもが衰微し、幻滅が支配的状態となっている。

「意味」への信仰を持ちえない無能力、「不信」。（『力』五八五、Ⅷ₂, 9［60］）

ニヒリズムは、一つの正常な状態である。

ニヒリズムは、強さの徴候であることがある。精神の力がきわめて増大した結果、これまでの目標（「確信」や信仰箇条）がその力に不適合になってしまっている、ということがありうる（——つまり、信仰とは一般に、実存の条件の強制を、表現するものである。換言すれば、或る生物がそのもとで栄え、成長し、力を獲得するゆえんの諸関係の権威への屈服を、表現するものである…）。他方、ニヒリズムは、十分ではない強さの徴候であることもある。つまり、目標や、なにゆえや、信仰を、今やまた再び、生産的に自分に対して定立するのに十分でない強さの徴候でもありうる。

ニヒリズムが、その相対的な力の最大限に到達するのは、破壊の強大な力としてである。すなわち、能動的ニヒリズムとして、である。

このニヒリズムと正反対をなすものは、疲れたニヒリズムであろう。それは、もはや攻撃しない。その最も著名な形式が仏教である。それは、受動的ニヒリズム、弱さの徴候である。精神の力が疲れきって、憔悴しきってしまい、そのために、これまでの目標や価値が不適合となり、もはや少しも信仰されなくなっている——。つまりその結果、（あらゆる強い文化が基づくゆえんの）価値や目標の綜合が解体し、はては個々の価値が相互に争い合うにいたっている。つまり、分解である。——言いかえれば、その結果、活気づけ、癒やし、慰め、麻痺させるすべてのものが、宗教的とか道徳的とか政治的とか美的とかのさまざまな変装のもとで、前景に出てくるのである。

（＊『力』一三、Ⅷ2, 9［35］）

ニヒリズムは、ただたんに、「無駄！」を観想しているだけなのではない。ただたんに、一切が没落に値すると信ずるだけなのではない。ひとは、手を下し、没落へと裁き滅ぼすのである…　そのことは、そう言ってみればたしかに、非論理的なことではある。けれどもニヒリストは、論理的でなければならないという強要を信じないのである…　それは、強い精神と意志の持ち主たちの状態なのである。そしてこうした持ち主たちには、「判断の次元の」否定にとどまることは、不可能なのである。——行為の次元の否定が、彼らの本性から出てくるのである。判断の次元での無化をば、腕ずくでの無化が、助太刀するのである。

（＊『力』二四、Ⅷ2, 11［123］）

不完全なニヒリズムとその諸形式。われわれはそのただ中に生きている。

これまでの価値を価値転換することなしにニヒリズムを脱却しようとする試みは、結局その正反対のことを生み出すだけとなり、問題を激化させるだけである。

（＊『力』二八、Ⅷ2, 10［42］）

完全なニヒリスト。――ニヒリストの眼は、醜いものを理想化してそのうち突き入ろうとし、自分の過去の記憶をも裏切ろうとする――。その眼は、過去の記憶を、失われ凋落するにまかせる。その記憶が死にたえて、蒼白く色あせてゆくのを、その眼は、防ごうともしない。遠く過ぎ去ってゆくものは、印象が弱まってゆくために、こうした色あせた翳りが、その上にひろまってゆくものである。そしてこのニヒリストが自分一個に対して為さないことを、彼はまた人間の全過去に対しても為さないのであって、――こうして彼は、人間の全過去を、落ちゆくままにまかせるのである。

（＊『力』二一、Ⅷ2, 10［43］）

ここで生ずるのは、強さと弱さの問題である。すなわち、

一　弱い者たちは、これでくじけてしまう。
二　比較的強い者たちは、砕けずに残ったものを破壊する。
三　最も強い者たちは、裁く価値を超克する。

これらが合体して悲劇的時代を作りあげている。

（『力』三七、Ⅷ2, 9［107］）

ニヒリズムの前形式としてのペシミズム。　（＊『力』九、VIII_2, 10［58］）

A　強さとしてのペシミズム——それはどこにあるのか。その論理のエネルギーのうちにある。アナーキズムやニヒリズムとして、分析論として。

B　衰退としてのペシミズム——それはどこにあるのか。軟弱化として、世界市民的な感受性として、「スベテヲ理解スル」とか歴史主義として、ある。

——危機的な緊張。つまり、極端な者たちが、現われてきて、支配的となる。

（＊『力』一〇、VIII_2, 9［126, 128］）

ペシミズムの論理は、ついに最後には、ニヒリズムにゆきつく。何がそこでは駆り立てているのか。——無価値性、無意味性の概念が、駆り立てているのである。一切の以前の高次の価値の背後に、道徳的評価が潜んでいる以上はそうである。　（『力』一一、VIII_2, 10［192］）

世間では近ごろ、一つの偶然的な、どの点から見ても正鵠を射ていない言葉が、さかんに濫用されている。つまり、ひとはいたるところで「ペシミズム」について語り、ペシミズムとオプティミズムのどちらが正しいのかという問題をめぐって争い合い、この問題には答えがあるはずだと言っている。

けれども明白に理解されるべきことが、理解されていないのである。すなわち、ペシミズムは何ら問題ではなく、むしろ一つの症候であるということ、——この名称は「ニヒリズム」によっておきかえられねばならないということ、——存在よりも非存在の方がより良いのではないかという問いは、それ自身すでに一つの病気、一つの衰退の徴候、一つの特異体質であるということ、これである。

ニヒリズム的な運動は、生理学的デカダンスの表現であるにすぎない。

（*『力』三八、Ⅷ3, 17［8］）

今や「できそこない」ということは何を言うのか。それは、何よりもまず、生理学的なものであって、もはや政治的なものではない。ヨーロッパにおける不健康な種類の人間（あらゆる階級における）が、このニヒリズムの地盤なのである。

（『力』五五、Ⅷ1, 5［71］）

洞察全体の総括。——実際どんな大きな成長もみな、途方もない破砕や消失をおのずと随伴させるものである。つまり、苦悩や、衰退の症候が、途方もない前進の時代には属しているのである。人類のなした実り豊かで強力な運動はどれもみな、同時に、ニヒリズム的な運動を、一緒に作り出してきた。ペシミズムの極限形式すなわち本来的ニヒリズムが登場してきたということは、場合によっては、一つの痛烈なまたきわめて本質的な成長を示す徴候、つまり新しい生存条件への移行を示す徴候であるのかもしれないのである。このことを理解したのが、私だったのである。（＊『力』一一二、VIII_2, 10［22］）

「何のために」というニヒリズムの問いは、これまでの習慣に基づくものである。これまでの習慣によれば、目標は、外部から立てられ、与えられ、要求されているように思われた——つまり、何らかの超人間的な権威によって、である。この権威を信ずることをやめたあとでも、なお世間のひとは、古くからの習慣によって別の権威を求めるのである。この別の権威も、無条件的に語るすべをおそらく心得ており、また目標や課題を命令しうるはずのものである。こうして今や、良心の権威が、人格的権威の損われた代償として、第一線へとのり出してきている（道徳は、神学から解放されればされるほど、それだけいっそう命令的となるのである）。あるいはまた理性の権威が登場してくる。あるいはまた社会的本能が（畜群が）。あるいはまた内在的精神を具えた歴史学が。歴史学は、自分の目標をおのれのうちに持っており、ひとはこうした歴史学に耽ることができる。世間のひとは、意志を、或る目標を意欲することを、自分自身に目標を与えるという冒険を、回避したがっているのである。ひとは、責任を避けたがっているのである（――ひとは、宿命論なら受け容れるであろう）。そして最後には、幸福が、しかも若干の偽善を伴って、最大多数者の幸福が、唱えられるにいたる。

ひとは、こう自分に言いきかせる。

一　或る一定の目標などは、全く不必要である。

二　そうした目標などは、全く予見不可能である。

ほかならぬ現在こそは、最高の力にあふれた意志が必要であるのに、ところが意志は目下、最も弱くまた最も小心になっているのである。全体に向かう意志の組織的な力に対する、絶対的な不信感。

（＊『力』二〇、Ⅷ2, 9［43］）

価値や価値の変化は、価値定立者の力増大に比例している。

信仰を捨てる度合、つまり「精神の自由」が認められる度合が大きくなることは、力増大の現われにほかならない。

精神の最高の力強さの理想としての、つまり、なかば破壊的、なかば嘲笑的な、あふれすぎるほど豊かな生の理想としての、「ニヒリズム」。

（＊『力』一四、Ⅷ2, 9［39］）

そのさい、自分を最強の者たちとして証明するのは、どの人間であろうか。最もよく節度を心得た者たち。いかなる極端な信仰箇条をも必要とすることのない者たち。偶然や無意味の大部分を承認するばかりでなくこれを愛する者たち。人間についてその価値を相当に大きく値引きして考えることができ、しかもそのことによって矮小で弱体になることのない者たち。つまり、たいていの不幸にもめげず、したがって不幸などをそんなに怖れたりしないような、健康にこの上なく豊かにあふれた者たち。――自分の力に確信を持ちそして人間の達成した力を誇りの意識を持って代表するような人間たち。

このような人間は、一体、永遠回帰をどのように考えることであろうか。――

（＊『力』五五、Ⅷ, 5［71］）

新しい道徳への指示

無への意志

キリスト教的神概念は〔……〕、地上で得られた最も腐敗した神概念の一つである。〔……〕神は、生を浄化し永遠に肯定するものではなくなって、むしろ生と撞着するものになり下がっている！　神とは、生に対し、自然に対し、生への意志に対し、敵対を宣告する表現になっている！　神は、「此岸」を中傷し「彼岸」の嘘をでっちあげる一切の営みに対する定式なのだ！　神において、無が神化され、無への意志が聖なるものと称さ

れているのだ！……　（＊『反キリスト者』一八）

生の重心が、生のうちにではなく、「彼岸」のうちに――無のうちに――おき移されるなら、生からはおよそ重心が除去されてしまう。人格の不滅性という大虚言は、本能に具わるあらゆる理性や自然を破壊してしまう。――本能に具わる、裨益し、生を促進させ、未来を保証するすべてのものが、今や不信感を呼び起こす。生きることがもはや何の意味をも持たぬような仕方で生きること、このことが、今や生の「意味」となる……　（『反キリスト者』四三）

人間的なものに対するこの憎悪、さらにはまた動物的なものに対する、さらにはまた物質的なものに対するこの憎悪、感官や理性そのものに対するこの嫌悪、幸福や美に対する恐怖、あらゆる仮象、変転、生成、死、願望などから逃れようとするこの要求、いや要求そのものからさえも逃れ去ろうとするこの要求――これらすべては、あえてこれを概念化すれば、無への意志であり、生に対する反感であり、生の最も基本的な前提に対する反逆である。もっともそれとても一つの意志ではある！……〔……〕人間は、意欲しないよりはむしろ、無を意欲することをのぞむのである……　（『系譜』III二八）

キリスト教は「大衆」むけのプラトン主義である。

（『善悪』「序」）

無と否定との意識的弁護者が、「真理」の代弁者と見なされるなら、すでに真理は逆立ちさせられてしまっている……

（『反キリスト者』八）

キリスト教は同情の宗教と名付けられている。――同情は、生命感情のエネルギーを高める強壮な欲情の反対物である。すなわち同情は抑圧的作用をする。同情するとき、その人は力を失う。〔……〕同情は、没落しかかっているものを保存し、生から見放され断罪された者たちのために防戦し、あらゆる種類のできそこないの者を生につなぎとめて充満させ、こうして生そのものに陰惨で疑わしい相貌を与える。ひとはあえて、同情を徳と名付けてきた。〔……〕――しかし同情とはニヒリズムの実践である。言い直せば、この抑圧的な伝染力を持った本能は、生の保存や価値向上をめざすようなあの本能を妨げる。〔……〕――同情は無を説き勧める！……ひとは「無」とは言わず、そのかわりに「彼岸」と言う、ないしは「神」と、ないしは「真の生」と、ないしは涅槃、救済、至福と言う……

（『反キリスト者』七）

善とは何か。――力の感情を、力への意志を、力自身を人間において高めるすべてのもの。

劣悪とは何か。――弱さに由来するすべてのもの。

幸福とは何か。――力が成長し、抵抗が克服されるという感情。

満足ではなく、より以上の力。総じて平和ではなく、戦闘。徳ではなくて、有能さ（ルネサンス式の徳、力強さ、道徳を離れた徳）。

弱者やできそこないの連中は没落すべきである。これが、われわれの人間愛の第一命題。そしてさらに彼らの没落に助力してやるべきである。

何らかの悪徳にもまして有害なものは何か。――すべてのできそこないや弱者連中に同情を実行すること――キリスト教……


（＊『反キリスト者』二）

新道徳観

主人道徳と奴隷道徳とが存在する。〔……〕道徳的な価値の相違が生じたのには、二つの場合があった。第一は、被支配種族に対する自分の相違を快感をもって意識した支配種族のもとでそれが生じた場合であり、――第二は、被支配者、つまりあらゆる程度の奴隷や隷属者のもとでそれが生じた場合である。第一の場合には、「優秀で善い《グート》」という概念を規定するのは支配者たちであるから、魂の高揚した誇らしい状態こそが、卓抜さとしてまた位階秩序の規範として感受される。高貴な人間は、このような高揚した誇らしい状態とは反対なものが現われているような連中を、自分とは区別し、その連中を軽蔑する。直ちに認められるように、この第一の種類の道徳においては、「優秀な善さ」と「劣悪」との対立は、「高貴」と「下賤」というほどのことを意味する。――ちなみに、「善良《グート》」と「凶悪」との対立は、これとは別の由来を持つものである。がともかく、右の道徳においては、臆病者、小心者、偏狭者、わずかの利得のことしか頭にない者などは、軽蔑される。また了見の狭い邪推深い者、卑下する者、虐待に甘んずる犬みたいな奴ら、ものほしげなおべっか使い、とりわけ嘘つき者なども、軽蔑される。〔……〕高貴な種族の人間は、自分が価値の決定者であると感ずる、〔……〕彼は価値創造者である。〔……〕道徳の第二の典型である奴隷道徳では、事情が別である。暴行され、圧迫された、苦悩する、不自由な、自分自身に確信のない、疲れた者たちが道徳を樹てるとしたら、何が彼らの道徳的価値評価の共通点となるであろうか。人間の全情況に対するペシミスティックな邪推が言い述べられるのは間違いなく、もしかしたら、人間をその情況もろとも有罪と判決することもあるであろう。奴隷の目差しは、権力ある者の力強い徳に対しては悪意を抱いている。つまりその目差しは、疑いと不信を含んでおり、権力ある者の側で尊敬されている一切の「優秀な善い」ものに対する不信の敏感さを持ち――、権力者の側における幸福そのものは本物ではないと確信したがっている。逆に、苦悩する者たちの生存を安楽にするのに役立つ諸特質が称揚されて光明を注がれる。ここでは、同情が、親切な慈善心に富む手が、暖かい心が、忍耐が、勤勉が、謙虚が、親切が、ほめたたえられる。〔……〕奴隷道徳は本質的に功利道徳である。ここにこそ、「善良」と「凶悪」というあの有名な対立の発生源がある。――つまり、力が、また危険性が、凶悪と目されるのであり、また或る種の恐ろしさや侮ることのできない鋭敏さや強さも、凶悪と目されるのである。つまり奴隷道徳によれば、「凶悪人」とは恐怖をかき立てる者である。ところが主人道徳によれば、恐怖をかき立てる者やかき立てようとする者こそは、まさしく「優秀な善さを持った者」であり、反対に「劣悪な」人間は軽蔑すべき者と感じられているのである。

（『善悪』二六〇）

道徳とはすなわち、「生」という現象がその下で発生する支配関係についての教説として理解される。

（『善悪』一九）

道徳は今日ヨーロッパにおいては、畜群道徳である。

（『善悪』二〇二）

重力の喪失、自然的本能への抵抗、一語で言えば「自己喪失」――これが今まで道徳と呼ばれてきたのだ…

（『この人』「曙光」二）

III　力への意志と超人

すでに前章で、「真の世界」は「遠近法的仮象」と断定され（本書一四六ページ）、仮象にすぎない理性カテゴリーへの盲信が「ニヒリズムの原因」であるとされていた（本書一四一ページ）。本章第一節は、その有名な「遠近法」思想の一端を取り上げる。ニーチェによれば、定式化されぬ「生成の無垢」が「生」と「世界」の根源事態であり、この根源事態が「力への意志」と名付けられる（本書一八〇、二〇〇ページ）。人間という特定の生物種族は、その力への意志の一環として、自己の保存と成長をめざして、世界をさまざまに「解釈」する「遠近法」を生きざるをえない。固定した「態度の図式」の形成が、生には必要だからである。この保存の条件を存在一般の述語として投影するところに、存在する真の世界が、生成の世界の上に虚構されてくる。しかも生成の苦悩にひしがれた病的な生の怨恨感情がそれを促す。しかしこうした虚構は除去されねばならない。すると残るものは、遠近法的解釈の作用している世界であり、これがわれわれの生きている「真の」「実在」の世界である（本書一七三ページ以下）。この世界で真理と不真理が交錯する現実を、ニーチェは承認している。このニーチェの所論には、細心の注意をもって読み取られねばならない側面が多々あるが、今は触れる余裕がない。なお、生と世界の根源事態としての力への意志説も一つの解釈にすぎぬのかと言えば、そう取ってもよいと一方でニーチェは言うとともに、他方では、解釈の結果としての「意志」などは本当は存在しないと語り、力への「意志」はそうしたものとは成立の次元を異にする点も、暗示されている。第二節は、「生」の根源事態としての「力への意志」がたえざる「自己超克」であり、破壊と創造の交錯が生の真相である点を省みる。人間においてこの力への意志を「体」現しているものが、肉「体」という「本当の自己」である。苦悩を介した創造の道においては、「意欲が自由を作り出してくれる」（本書一九四ページ）。しかし注意しなければならない。次章で明らかになるように、本当はたんなる意欲だけでは不十分で、取り返せぬ過去をも肯定する意欲、つまり永遠回帰の肯定への意欲が出現してこなければならないのである（本書二七二ページ以下）。また本節では、意欲の緊張を超えた軽やかさが重視されるとともに、困苦の転回としての必然性における意志が説諭される。そして最後に、「世界」そのものがディオニュソス的な力への意志であることが、明らかにされてゆく。第三節は、その「デュオニュソス」を省みる。ここでは、デュオニュソスとアポロ、デュオニュソスとソクラテスという問題提起に発した初期の文章をも収録しておいた。第四節は、力への意志の自己超克を生きる、旧来の人間やおのれ自身を「超え出てゆく人間」すなわち「超人」の本質を、『ツァラトゥストラ』の「序説」の中から採録しておいた。第五節は、困苦を転回する必然性としての意志が最も期待していた（本書一九八ページ）「大いなる正午」、つまり神の死とともに今や超人生きよとする「認識の太陽」が真上に輝く「大いなる正午」（本書二四六ページ）の理解のために、それと関連する断章を拾い上げる。まずニーチェにおいて、「午前」は、孤独と病気の自由精神が求める明るい軽やかさの象徴である。ついで「正午」には一切が眠り、自然が永遠の面影を湛え、世界が完全になるさまが、夢うつつの中で認識される。「真夜中」も逆の「正午」であり、永遠が悦びをもって求められる。右の真昼の正午には、自然や世界との一体感が響いている。それでニーチェの自然観を見ると、一方で自然との「一体感」が語られるとともに、他方では「違和感」が表白されるという面がある。後者の表現である夕の海を前にした沈黙と発語のもだえが、次にそのまま「午後」の想いにつながる。そしてやがて「日の出前」に無垢の偶然が認識され、「日の出」に没落への歩みが踏み出され、「大いなる正午」が頭上に輝く時が期待される、という仕組みになっている。

一　遠近法と力への意志

遠近法

現象のところで立ちどまって「存在するのはただ事実のみである」とする実証主義に反対して、私は言うであろう。いや、まさしく事実などは存在せず、ただ解釈のみが存在する、と。われわれは、事実「それ自体」というものなどを確認できはしないのである。そうしたことを欲するということは、おそらく無意味なことなのである。

「すべては主観的である」と君たちは言う。けれどもこのことがすでに解釈なのである。「主観」と称されるものは何ら所与の事態ではなく、むしろ、所与の上に捏造してつけ加えられたものであり、所与の背後に挿入されたものである。——解釈の背後にさらに解釈者を定立することなどは、とどのつまり果たして必要であろうか。実はそうしたことがもうすでに、虚構であり仮説である。

およそ「認識」という言葉が意味を持つかぎり、世界はたしかに認識されうるものではあろう。けれども、世界は別様にも解釈されうるのである。世界は自分の背後に意味を持ってはいず、むしろ無数の意味を持っている。――「遠近法主義」。
世界を解釈する主役をなすものは、われわれの欲求である。つまり、われわれの衝動と、その衝動の賛否がその主役である。いずれの衝動もみな、一種の支配欲であり、どの衝動もみな、それなりの遠近法を持ち、その遠近法を規範としてほかのすべての衝動にこれを強制したがっているのである。

（＊『力』四八一、VIII1, 7〔60〕）

世界は無限に解釈可能である。どの解釈もみな、成長か没落かの徴候である。
統一性（一元論）は、惰性の欲求である。解釈の多数性こそ力の徴候である。世界の不安な謎めいた性格を否認しようとしてはならない！

（＊『力』六〇〇、VIII1, 2〔117〕）

遠近法と力への意志

われわれの価値が事物の中に解釈し入れられるのである。
「それ自体」といったものの中に、一体意味などが存在するであろうか！
意味は必然的にまさしく関係的な意味であり遠近法であるのではないであろうか。
すべての意味は、力への意志である。（すべての関係的意味は、力への意志のうちに解消されうる。）

（＊『力』五九〇、VIII1, 2〔77〕）

力への意志が、解釈の働きをするのである（——或る機関の形成のさいに問題なのは、解釈である）。すなわち、この力への意志は、度合を、力の差異を、区別し、規定するのである。たんなる力の差異はそれだけではまだそれとして感じ取られないかもしれない。そこには、成長しようと欲する何か或るものが現存していなければならない。このものが、ほかの成長しようと欲するものをことごとく、それぞれの価値の点から解釈するのである。この点でおしなべて——実は、解釈とは、何ものかを支配して主人となるための手段そのものである。（有機的過程は、たえず解釈を前提している。）

（＊『力』六四三、VIII₁, 2［148］）

存在する真の世界の捏造

「精神」も、理性も、思考も、意識も、魂も、意志も、真理も、存在しない。これらのすべては、役に立たない虚構である。問題なのは、「主観と客観」ではなくて、自分の諸知覚が或る相対的な正しさを持っているとき、とりわけその諸知覚が規則的になっているときにのみ（その結果、経験が資本として蓄積されてゆくようになりうる）、繁栄するところの、或る特定の動物種族なのである…

認識は、力の道具として働く。だから、認識が、力の増大につれて大きくなってゆくことは、明白である…

「認識」と称されるものの意味。ここでは、「善」や「美」の場合と同様に、概念は、厳密にまた狭義に人間中心的にかつ生物学的に考えられねばならない。或る特定の種族が自己を保存し、またその力において成長するためには、その種族は、実在を構想するにあたって、多くの計算できるもの、また同等にとどまるものを摑まえていなければならず、その結果それに基づいて自分の採る態度の図式が構成されてくることができるようになるのである。自己保存の有用性――欺瞞されまいとする何らかの抽象的理論的欲求ではなく――が、認識機関の発達の背後に、動機として隠れているのである…　認識機関が発達するのは、その機関のなす観察のおかげでわれわれが自己を保存できるようになることと相関的になっている。言葉をかえれば、認識意欲の度合は、その種族の力への意志の成長の度合に依存している。或る種族は、実在を支配してその主人となり、実在を自分に役立てるために必要なだけ、その実在を摑まえるのである。（＊『力』四八〇、Ⅷ3, 14［122］）

「これこれのものはこうであると私は信ずる」という価値評価が、「真理」と称されるものの本質にほかならない。価値評価のうちに表われてきているものは、保存と成長のための諸条件である。われわれの持つ認識機関や感官が発達するのは、ただ保存と成長のための諸条件と関係してのみである。理性や理性カテゴリーに対する、また弁証法に対する信頼が流布しているからといって、したがってまた論理学に対する価値評価がなされているからといって、それらのものが生にとって有用であることだけしか証明されたことにならず、また実際その有用性は経験的にも証明されている。しかしだからといって、それらのものが「真理」であることが証明されたことにはならない。

大量の信仰が現存しなければならないこと、判断が下されてもよいこと、すべての本質的価値に関しては疑問が抱かれないこと――、このことが、すべての生あるものとその生の前提をなしている。だから、必要なのは、何かが真だと思いこまれねばならないということであって――何かが真だということではない。

「真の世界と仮象の世界」――この対立は、私からすれば、価値関係に還元される。われわれは、われわれのための保存条件を、存在一般の述語として投影してきたのである。繁栄するためにはわれわれは確固として信仰を抱いていなければならないということから、われわれは、「真の」世界は変転し生成する世界ではなく、存在する世界であるということをでっちあげてしまったのである。（*『力』五〇七、Ⅷ2, 9［38］）

形而上学者の怨恨感情　形而上学の心理学によせて。――この世界は仮象である、したがって真の世界があるはずである。――この世界は制約されている、したがって無制約的な世界があるはずである。――この世界は矛盾にみちている、したがって矛盾のない世界があるはずである。この世界は生成している、したがって存在する世界があるはずである。——これらの推論は、全く誤りである（理性に対する盲目的な信頼である。つまり、Aがあるならば、その反対概念のBもあるはずだというわけである）。こうした推論を鼓吹するものは、悩みである。根本的にはそうした推論は、そのような世界があればよいがという願望にほかならない。同様にまた、悩みを生み出す世界に対する憎悪も、別のもっと価値にあふれた世界を空想するという形をとって現われてくる。現実的なものに対する形而上学者の怨恨感情が、ここでは創造的になっているのである。（『力』五七九、Ⅷ$_1$, 8［2］）

ペシミズムがあらわにしたような「真の世界」と、生きることとの可能な世界との間の、敵対関係。——これについては、真理の権限が吟味されねばならない。あの敵対関係が本来何であるかを捉えるためには、これらすべての「理想的衝動」の意味を、生でもって測定することが必要である。つまり、病的な、絶望的な、彼岸的なものにしがみつく生と、より健康で、より愚昧で、より欺瞞的な、より豊かな、より崩壊しがたい生との闘争が、そこにはあるのである。したがって、生と闘争しているのは「真理」ではなく、むしろ或る種の生が別種の生と闘争しているのである。——しかしその生は、より高次の種類たろうとしているのである！——ここで次のことの証明が企てられねばならない。つまり、一つの位階秩序が必要であって、——

第一の問題は生の諸種類の間の位階秩序の問題であるというのが、それである。

（*『力』五九二、VIII1,7〔42〕）

真の世界を除去することが、基本的に重要である。真の世界があるからこそ、われわれがそれである世界が大いに疑問視され、その価値が減ぜられるのである。真の世界は、これまで、われわれにとって生の最も危険な謀殺であった。

（『力』五八三B、VIII3,14〔103〕）

「真の世界」と「仮象の世界」

「真の世界」が、たとえどのようにこれまで構想されてきたとしても、――それはいつも、またしても仮象の世界であった。

（*『力』五六六、VIII2,11〔50〕）

仮象の世界とは、つまり、価値にしたがって眺められた世界のことである。価値にしたがって、つまりこの場合には、或る特定の動物種類の保存や力の上昇に関する有用性の視点にしたがって、秩序づけられ、選択された世界のことである。

したがって、遠近法的なものが、「仮象性」の性格を作り出すのである！　この遠近法的なものが除去されてもまだ世界が残るかのように思うとは！　それが除去されると実は、相対性が除去されてしまうであろう！

力の中心であるものはどれもみな、その中心以外の残りの全部に対して、自分の遠近法を持っている。つまり、自分の全く特定の評価を、自分の作用の仕方を、自分の抵抗の仕方を持っている。「仮象の世界」と称されるものは、したがって、一つの中心から発するところの、世界に対する作用の或る特有の仕方に還元されるものである。

ところで、これよりほかの作用の仕方などというものは、全く存在しないのである。だから「世界」とは、この諸作用の全体的働きを表わす代名詞にすぎない。実在とは、精密には、各個々人が全体に対してなすこうした特殊な作用および反作用のうちに、その本質を持っている……

ここでは仮象などということを言う権利などは、もはや寸毫も残されていないのである……反応する特有の仕方だけが、そのつどそれぞれ一回限りの反応の仕方としてあるだけである。どれほど多くのまたどんな種類の仕方が一体存在するのかは、われわれは知りえない。けれども「別の」、「真の」、本質的な存在などは存在しない。——そのような存在があるとすれば、それは作用と反作用なしの世界ということになるであろう…

仮象の世界と真の世界という対立は、「世界」と「無」という対立に還元される——

（＊『力』五六七、Ⅷ3, 14［184］）

「真の世界と仮象の世界」という概念の批判。――この二つの世界のうち、前者は、たんなる虚構であり、全くの虚構的事物から作り出されている。

「仮象性」はそれ自身が実在に属している。それは、実在が存在する形式である。つまり、存在などのないような世界の中では、仮象によって、まず、同一の場合からなる或る計算可能な世界が創り出される必要があるのである。つまり、観察や比較などが可能になるゆえんの調子などが。

「仮象性」は、調整され単純化された世界のことであり、この世界に対してわれわれの実践的本能が働きを加えたのであった。この世界は、われわれにとっては、完全に真である。つまりわれわれは、その世界の中で、生きているし、また生きることができるのである。ということは、その世界がわれわれにとっては真理なのだということの証明にほかならない……

（『力』五六八、Ⅷ3, 4〔93〕）

真理とは何か

真理とは、それなくしては或る特定の生物種族が生きることのできなくなってしまうような種類の誤謬である。生にとっての価値が結局は決定的なのである。

（＊『力』四九三、Ⅶ3, 34〔253〕）

真理の判別規準は、力の感情の上昇のうちにある。　（＊『力』五三四、Ⅷ$_3$, 16［86］?）

「真理」と称されているものは、私の考え方によれば、必ずしも誤謬の反対を示すものではなく、むしろ原則的な場合には、さまざまな誤謬相互の位置を示すものにすぎない。たとえば、或る誤謬は、ほかの誤謬よりもいっそう古く、いっそう深く、それどころかおそらくは根絶しがたいものであって、それというのも、われわれの種族のような有機体はその誤謬なしでは生きられないかもしれないからである。これに対して、ほかの誤謬の方は、このように生の条件としてわれわれを制圧してはおらず、むしろ、そうした「制圧者」とくらべてみれば、除去されえ、また「反駁され」うるのである、ということにほかならない。

しかし或る想定が反駁されえないからといって、――どうしてその想定がそれだけでもう「真理」であるなどと言えようか。このように述べると、多分、論理学者たちは激昂するかもしれない。彼らは、自分たちの限界がとりもなおさず事物そのものの限界でもあると考えてきているからである。けれども、こうした論理学者たちの楽天主義に対して、私はすでにもう長いこと宣戦を布告してきた。　（『力』五三五、Ⅷ$_3$, 38［4］）

多種多様の眼がある。スフィンクスもまた眼を持っている――。したがって、多種多様の「真理」というものがあり、だから実はいかなる真理も存在しないのである。

（＊『力』五四〇、VII_3, 34［230］）

もしも生存の性格が偽りであるとしたならば――というのも、このことは十分ありうることであろうからだが――もしもそうだとしたならば、そのときには、真理とは何であり、われわれの持つ真理のすべては何であることになるか… もともと偽りであったものを、無良心的に真だと偽造しかえたもの、になるのではないか。だから、偽りであったものがただ勢位を高められただけのもの、になるのではないか…

（＊『力』五四二、VIII_3, 16［21］?）

真理への意志とは、固定的なものをでっちあげること、真なるものとか持続的なものとかをでっちあげること、あの偽りの性格を度外視すること、その性格を存在するものへと解釈し変えることである。「真理」と称されるものは、したがって、どこかに現存していて見出され発見されるべきであるようなものではなく、――むしろ、創り出されるべきであるようなものであり、過程にとってかわる名称の役を演ずるものである。それどころか、もともととどまるところを知らぬ征服の意志の代弁をする名称の役を演ずるものである。真理をおき入れる働きは、無限ノ前進、能動的な規定の働きとしてあるものであって、――それ自体で固定し規定されているような何かを意識化することではないからである。それは、「力への意志」を表わす代名詞である。

生は、持続し規則的に回帰するものを信ずるという前提に基づいて成り立っている。生が強力になればなるほど、推測しうる、いわば存在するものにでっちあげられた世界は、ますます拡大してゆくに違いない。生きるための救助策として、論理化、合理化、体系化などがなされるのである。

人間は、自分の持つ真理への衝動を、また自分の樹てる「目標」を、或る意味で自分の外に、存在する世界として、形而上学的世界として、「物自体」として、すでに現存する世界として投影するのである。創造者としての人間の欲求は、まず世界を捏造しておいて、次にその世界に参画するのであり、その世界を先取するのである。この先取（真理に対するこの「信仰」）が、人間の支えなのである。

（『力』五五二、VIII$_2$, 9 ［91］）

われわれに言わせれば、判断が誤ることがあるからといって、だからもう判断は駄目なものだとするわけにはゆかない。この点で、われわれの新しい言い方はひょっとしたら、まことに奇異の念を抱かせる響きを持つかもしれない。けれども問題は、判断がどれほどまで生を促進し、生を保持し、種族を保持し、ひょっとしたら種族を育成しさえするものであるのか、という点にあるのである。われわれが主張したい点は原則的に次のことにある。すなわち、この上なく誤った判断（先天的総合判断もこれに属する）でさえもわれわれには絶対不可欠であるということ、論理的虚構を承認することなしに、つまり無制約的な自己同一的なものという全く案出された世界に基づいて現実を測定することなしに、さらに言えば、数を用いて現実をたえず偽造することなしには人間は生きることができないということ、——誤った判断を断念することは、生を断念することにつながり、生を否定することにほかならないということ、これである。生の条件として不真理を承認すること、これはもちろん危険な仕方で、習慣的な価値感情に背くことを意味する。しかしこのことを敢行する哲学は、そのことによってのみ、すでに善悪の彼岸に立つことになる。（＊『善悪』四）

「存在」と「生成の無垢」との対立

存在者を想定することは、思考し推論しうるために必要である。論理学は、同等にとどまるものにあてはまる定式のみを取り扱う。だから、こうした想定は、実在に対しても妥当するという証明力をまだ持ってはいない。つまり「存在者」などというものは、われわれの光学に属するのである。「自我」なども存在者である（——それは、生成や発展に関係を持つことがない）。

主観、実体、「理性」などという虚構された世界は、必要である。——秩序づけ、単純化し、偽造し、人為的に分離する力が、われわれのうちにはある。「真理」と称されるものは、感覚の多種多様を支配して主人となろうとする意志のことにほかならない。——こうして、諸現象を特定のカテゴリーに基づいて配列するわけである。そのさいわれわれの出発点をなすものは、事物「それ自体」に対する信仰である（われわれは、諸現象を、現実的なものと見なすわけである）。

だがこれに対して生成する世界は定式化されえず、「偽り」であり、「自己矛盾的」なものであるという性格を持っているのである。だから認識と生成とは互いに排斥し合うことになる。したがって、「認識」と称されているものは、実は本当は認識ではなくそれとは別物であるほかはないのである。つまり認識できるものをでっちあげようとする意志が、まず何よりも最初になければならないわけである。生成それ自身を生きている一種族が、存在者という欺瞞を創り出さねばならないのである。（＊『力』五一七、Ⅷ2, 9［89］）

われわれのさまざまなあり方に対して責任を取ってくれるような誰か或る人（神、自然）を、われわれが空想するや否や、したがって、われわれの実存や幸福や悲惨はその誰か或る人が意図的にやったことなのだと見なすや否や、われわれは、生成の無垢を台なしにしてしまう。そのときには、われわれを通して、またわれわれを介して、何か或ることを達成しようとしている誰か或る人を、われわれは持つことになる。

（＊『力』五五二、VIII2, 9［91］）

意志などは存在しない　われわれの無知の始まるところ、われわれがもはやその先を見ることのできないところ、そこへわれわれは或る言葉をおき入れる。たとえば、「自我」という言葉を、「なす」という言葉を、「蒙る」という言葉を、である。――これはおそらくは、われわれの認識をかぎる地平線ではあろうが、しかし「真理」ではない。

（＊『力』四八二、VIII1, 5［3］）

言葉は、その発生からいって、心理学の最も未発達な形式の時代に属するものである。つまり、われわれが、言葉によりかかって成り立つ形而上学というものの、ということはドイツ語で言い直せば、理性というものの、根本前提を、はっきり意識し直してみるとき、われわれは、一つの粗雑な呪物的なものの中に入りこむことになる。この呪物的な言葉というものは、いたるところで働き手と働きとを区別して眺める。それは、意志を原因一般であると信ずるのである。それは、「自我」と呼ばれるものがあると信じこみ、この存在としての自我を信じ、その自我を実体と思いこみ、こうして自我という実体に対する信仰を、すべての事物の中へと投影するのである。——こうしてはじめてそれは、「事物」という概念を創り出すのである…　存在が、いたるところに原因として挿入されて思考され、なすりつけられる。「自我」というものを考案するところから、その派生的な結果としてはじめて、「存在」という概念が生じてくるわけである…　最初に実は、意志は結果を生み出す働きをする或るものであるという——つまり、意志は一能力であるという、とてつもなく業の深い誤謬が犯されていたのである…　今日ではわれわれはしかし、意志とはたんに一つの言葉にすぎないことを知っている…

（『偶像』「理性」五）

理性に対するわれわれの信仰の心理学的導出。——「実在性」、「存在」などの概念は、われわれの「主観」の感情から取られたものである。

「主観」とは、われわれの側から解釈されてできたものであり、その結果、自我が実体と見なされ、あらゆる働きの原因として、働くものとして、見なされることになる。

論理学的形而上学的な要請、つまり、実体、偶有性、属性などに対する信仰が、説得力を持つのは、われわれの働きのすべてをわれわれの意志の結果と見る習慣があるためである。——そのために、自我が実体となって、変化の多様性の中で消滅することをやめるわけである。——けれども意志などというものは存在しないのである。——

（『力』四八八、Ⅷ2, 9 [98]）

かりにこのこと〔力への意志説〕もただ解釈にすぎないのだとしたならば——そうしたら君たちはこれに異議を唱えることに存分の熱意を示すであろうか——そうとなればいよいよもって良いのだ。

（『善悪』二二）

二　力への意志と創造

力への意志と自己超克

君たち、最高の賢者たちよ。君たちは、君たちを駆り立て燃え立たせているものを、「真理への意志」と呼ぼうというのか。

私に言わせれば君たちの意志はむしろ、こう呼ばれるべきだ。すなわち、一切の存在者を思考しうるものに変えようとする意志だ、と！

一切の存在者を、君たちは何よりもまず、思考しうるものに作り変えようと欲するのだ。というのも、君たちは、一切の存在者が果たして本当に思考しうるものであるかどうかを、相当の不信感をもって疑っているからだ。

けれども、君たちの意志の欲するところは、一切の存在者が君たちに服従し屈伏すべきだ、ということなのだ！　一切の存在者は、滑らかになって精神の支配下に収められ、精神を映し出す鏡や像になるべきだ、というのである。

君たち最高の賢者たちよ。これが君たちの意志の全部なのであり、つまりそれは、力への意志の一つなのだ。君たちが善や悪について語り、さまざまな価値評価について語るときでも、やはり同じなのだ。

君たちはさらに、君たちがその前に跪いて讃えうるような世界を、創造しようと欲している。これが、君たちの最後の希望であり、陶酔なのだ。

もちろん、賢明でない人々、つまり民衆の方はといえば、——彼らは、いわば河に似ていて、この河の上に小舟が一艘浮かんで先の方へ向かって進んでいる。その小舟の中におごそかにまた覆面をして坐っている奴が、実は価値評価という奴なのだ。

君たちは、君たちの意志と君たちの価値とを、生成の河の上に設定したのだ。民衆によって善や悪として信じこまれているものの背後には、一つの古くからの力への意志が隠れている様子が、私には見えてくるのだ。

君たち最高の賢者たちよ。実は、君たちこそが、こうした価値評価という客人を、この小舟の中におき入れて、それに華麗な装いと誇らしげな名前とを与えたのだ。——それは実に、君たちと、君たちの支配意志とがやったことなのだ！

すると今度は、河の方が君たちの小舟を先へと運んでくれたのだ。だって河は、小舟を運んで進まざるをえないではないか。砕けた波が泡を立てて、怒ったように舟底にぶつかってこようとも、そんなことは大したことではないのだ！

君たち最高の賢者たちよ。君たちの危険は、河にあるのでもないし、また君たちの善悪が終焉することにあるのでもない。むしろ、君たちの危険は、あの意志そのもの、力への意志、——つまり、汲み尽くされることなく生み出してゆく生の意志にあるのだ。

しかし、君たちが善悪に関する私の言葉を理解するようになるために、私はさらに、生について、またあらゆる生あるもののあり方について、君たちに私の言葉を語ろうと思う。

私は、生あるものを探究してみた。私は、最大の道もまた最小の道も歩んでみて、生あるもののあり方を認識しようと志した。

生あるものが口を閉ざしていた場合にはいつも私は、さらに百面の鏡で、その目差しまでをも捉えて、その眼が私に語りかけるようにさせた。そして実際その眼は私に語ったのだ。

ところが、およそ私が生あるものを見出したところでは、私はまた、服従ということが語られるのを聞いたのだ。あらゆる生あるものは、一つの聞き従うものなのだ。

そして第二に聞いたことは、自分からすすんで聞き従うことのできないものに対しては、命令が下されるということだ。これが、生あるもののあり方なのだ。

しかし私が聞いた第三のことは、命令を下すことは、聞き従うことよりも困難だということだ。それはただたんに、命令を下すものは、聞き従うもの全部の重荷を負い、この重荷のために彼は圧しつぶされてしまいやすいというだけのことではない。——

すべて命令を下すということの中には、一つの試みと冒険が含まれているように私には思えたのだ。そして、生あるものは命令を下すときにはいつも、自分自身をそれに賭けて冒険しているのだ。

それどころか、さらに、生あるものが自分自身に対し命令を下すときでも、やはりまた、生あるものは、自分の命令の償いをしなければならないのだ。自分自身が樹てた法律に対して、彼自らが、裁判官、復讐者、犠牲者にならざるをえないのだ。

それにしてもどうしてこうしたことが起こるのか！　と、私は自問した。一体、何に説得されて、生あるものは聞き従ったり、命令を下したり、さらには命令を下しながら服従したりするようになるのか、と。

君たち最高の賢者たちよ。今こそ私の言葉をよく聞きたまえ！　私が生そのものの心臓にまで入りこみ、ついにはその心臓の根もとまで入りこんだかどうかを、君たちも真面目に吟味してくれたまえ！

私が生あるものを見出したところ、そこに私は、力への意志を見出したのだ。そしてさらに、隷従して奉仕するものの意志の中にさえも、私は、主人となろうとする意志を見出したのだ。

弱者が強者に奉仕するのは、弱者の意志が弱者にそう説得するからなので、この弱者の意志たるや、実はそのようにして自分よりももっと弱い連中の主人になろうと欲しているからなのだ。この喜びだけは、弱者といえども手放せないからだ。

そして、小さな者が大きな者に献身するのは、実はそのようにして自分より小さい者に対する支配の喜びと力をうるためなのだが、ちょうどそれと同様に、最大の者もまたさらに献身して、力をうるために——生を賭けて冒険するのだ。

最大の者の献身は、冒険であり、危険であり、死を賭けての賭博である。

そして、犠牲と、奉仕と、愛の目差しのあるところ、そこにもまた、主人となろうとする意志がある。そこでは、ひそかな道を通って、弱者は、強者の城内に忍び入り、強者の心の中にまで忍び入って——こうしてそこで力を盗み取るのである。

そして次のような秘密を、生自身が私に語ってくれた。「よいか」と生は言った。「私は、常に自分で自分を超克してゆかざるをえないものなのだ。

「もちろん、君たちはそれを、産出への意志、あるいは目的への衝動、より高次の、より遠い、より多様なものへの衝動と呼んではいる。けれどもこれらのすべては、同じ一つのことであり、ただ一つの秘密につながっているのだ。

「私は、このただ一つのものを断念するくらいなら、いっそのことむしろ没落した方がよいくらいだ。ところが、実は、没落のあるところ、そして落葉のあるところ、よいか、そこでは、生が自分を犠牲にして実は——力を狙っているのだ!

「私は、闘争であり、生成であり、目的であり、もろもろの目的の矛盾撞着であらざるをえないのだ。ああ、私の意志を察知する者は、私の意志がまっすぐにではなくどんなに紆余曲折した道程を通って進まざるをえないかをもまた、おそらく察知するはずだ！

「私が何を創造しようと、また私がそれをどんなにか愛そうとも——すぐに私は、それの敵対者となり、私の愛に刃向かわざるをえないのだ。そう私の意志は欲するからだ。

「そして認識者であるお前もまた、私の意志の小道であり足跡であるにすぎない。まことに私の力への意志は、お前の真理への意志を足として歩いてゆくのだ！

「言うまでもないが、『生存への意志』というような言葉を発して、真理を射当てようとした人間は、真理を射抜きはしなかった。というのは、このような意志などは——存在しないからだ！

「なぜかならば、存在していないものが意欲することなどあるはずがない。では、生存しているものがもうすでにあった場合はどうか。そうしたものが、さらになお生存に向けて意欲するなどということが、どうしてありえよう！

「生のあるところにのみ、意志もまたある。しかしその意志は、生への意志ではなく——私はお前によく教えておきたいのだが——そうではなく、むしろ力への意志なのだ！

「生きている者にとっては、ただ生きるということ自体よりも、もっと高く評価されていることがらがたくさんある。けれども、こうした評価作用がなされるということ自体が——力への意志がそこに働いていることを語り明かしているのだ！」

このように、かつて生は私に教えた。だから、君たち最高の賢者たちよ。これに基づいて私は、君たちの胸裡に潜む謎をも解き明かしてしまうのだ。

まことに、私は君たちに言う。不滅の善悪などは——存在しない！　と。善悪というものは、それ自身のうちから、繰り返しおのれを超克してゆかざるをえないのだ。

君たち価値評価をする者たちよ。善悪に関する君たちの価値や言葉でもって、君たちは、支配的威力を発揮している。そしてこのことが、君たちの隠された愛であり、君たちの魂の輝きであり戦きであり沸騰なのだ。

けれども、君たちの価値の中から、それよりももっと強力な支配的威力が、そして新しい超克の働きが、生い育ってくる。それでもって、卵が、そして卵の殻が、こわれてしまうのだ。

そして善悪において創造者とならねばならない者は、まことに、まず破壊者となってもろもろの価値を破砕しなければならないのだ。

だから、最高の悪が、最高の善のためには必要なのだ。この最高の善とは、実は、創造的なものだからだ。——

君たち最高の賢者たちよ。われわれは何としても以上のことだけは語っておこう。このことを語らざるを得ないのは具合の悪いことなのだが仕方がない。沈黙することは、もっと具合の悪いことだからだ。秘め隠されて語られない真理はすべて有毒になるからだ。

それに、われわれの真理に触れて破砕するものならば——そうなり得るすべてのものはみな、破砕してしまうがいいのだ！　まだ建てるべき家が、いくつもあるからだ！——

このようにツァラトゥストラは語った。（＊『ツァラ』II「自己超克」）

本当の自己

肉体は、一つの大きな理性である。統一した意味を具えた一つの多様体であり、戦争であるとともに平和であり、畜群であるとともにそれを見守る牧人である。

私の兄弟よ。君が「精神」と名付けている君の小さな理性でさえも、君の肉体の道具なのだ。肉体という君の大きな理性に仕える小さな道具であり玩具なのだ。

君は「自我」と自称して、この言葉を誇りとしている。けれども、もっと偉大なものがあり——君はその存在を信じようとはしないが——それは、君の肉体であり、肉体の持つ大きな理性なのだ。この理性は、自我という言葉を口にしないが、しかし実は自我の振る舞いを遂行するものなのだ。

感官が感受することがらや、精神が認識することがらなどは、けっしてそれ自身で完結してはいない。ところが、感官と精神は、自分たちこそ一切の事物を締めくくっているものなのだと、君に言いきかせようとする。それほどまでに感官と精神は自惚れているのだ。

感官も精神も、道具であり、玩具なのだ。それらの背後にはさらに、本当の自己が潜んでいるのだ。この本当の自己が、実はまたさまざまな感官の眼をもって求め、さらにまた精神の耳をもって聞き耳を立てているのだ。

たえず、この本当の自己は、聞き耳を立てたり、求めたりするのだ。それは、比較し、制圧し、占領し、破壊する。それは支配し、そしてまた自我の支配者でさえある。

私の兄弟よ。君の思想と感情の背後には、一人の強力な支配者、一人の知られざる賢者が控えている。――その名が、本当の自己という奴なのだ。君の肉体の中に、その者は住んでいる。その者は、君の肉体なのだ。


(『ツァラ』Ⅰ「肉体の軽蔑者」)

創造的意志

もろもろの価値を諸事物の中にはじめておき入れたのは、人間であった。人間は自分を維持するためにそうしたのだ。――人間がはじめて、諸事物に意味を、人間的な意味を創り出したのだ! だから人間は自分を、「人間」と称している。「人間」とはすなわち、評価する者ということなのだ。

評価することは、創造することである。よく聞け、君たち創造する者たちよ! 評価することそれ自身こそは、一切の評価された諸事物の中の宝であり、宝石である。

評価することによってはじめて、価値が存在するようになる。評価することなしでは、生存の胡桃もうつろであろう。よく聞け、君たち創造する者たちよ！

もろもろの価値の変転、――それは、創造する者たちの変転なのだ。創造者にならねばならぬ者は、常に古い価値を破壊するのだ。


（『ツァラ』I「千の目標と一つの目標」）


創造すること――これこそは、悩みからの大きな救済であり、生を軽快にさせるものだ。しかし、創造者が存在するようになるためには、実はまた苦悩が必要であり、多くの変身が必要なのだ。

実際、君たち創造者たちよ！　君たちの生の中には、多くの苦渋にみちた死がなければならない。そのようにして、君たちは、過ぎゆく無常のものすべての弁護者にして是認者になるのだ。

創造者自身が、新たに生まれ出る小児であるためには、創造者はまた自ら産婦になり、産婦の苦痛であろうと意欲しなければならないのだ。

まことに、私は、百の魂を通り抜け、百の揺籃と百の陣痛を通り抜けて、私の道を歩んできた。すでに私は、いくたびか訣別をなした。私は、胸はりさける最後の瞬間を知っている。

しかし、私の創造する意志、私の運命が、それを意欲するのだ。あるいは、私が君たちにもっと率直に言えば、このような運命をこそ——私の意志は意欲するのだ。

ありとあらゆる感情の働きは、私においては悩みにみち、牢獄につながれている。けれども、私の意欲が、私に自由を与え歓びをもたらすものとして、いつも私に訪れてくる。

意欲は自由を作り出してくれる。これこそは、意志と自由についての真の教説である。——だからこのことを君たちに、ツァラトゥストラは教えるのだ。

もはや意欲せず、もはや評価せず、もはや創造しない！　ああ、こうした大きな倦怠が、いつも私には遠いものであってくれるように！

（『ツァラ』II「至福の島々」）

無垢はどこにあるのか。産出への意志があるところにある。そして、自分を超えて創造しようと意欲する者こそ、私に言わせれば、最も純粋な意志の持ち主にほかならない。

美はどこにあるのか。私が一切の意志をもって意欲せざるをえないところにある。私が愛しまた没落してゆくことを意欲するところにある。その結果、一つの姿がもはや姿であるにとどまらなくなるのだ。

愛することと没落することとは、永遠の昔から、相携えているものなのだ。愛への意志、それは、またあえて進んで選び取られる死への存在なのだ。そのように、私は、君たち臆病者たちに告げる。

（『ツァラ』II「汚れなき認識」）

一人の崇高な者を、今日私は見た。一人の荘厳な者、精神に仕えて忍苦と犠牲を払った者だ。おお、私の魂は、彼の醜さを見て、何と笑ったことか！〔……〕

意志をも捨てる

彼はまだ笑いを学んでいず、美を学んでいなかったのだ。〔……〕

彼はさらに、彼の英雄的意志をも忘れなければならないのだ。私に言わせれば、彼はたんに一人の崇高な者であるだけではなく、一人の高みに引き上げられた者にならなければならないのだ。――意志をも捨て去った者である彼を、天界の霊気そのものが高めてゆくべきなのだ！

彼は、怪獣たちを征服し、謎を解いた。しかし彼はさらにまた、自分の怪獣と謎とを救い出さなければならない。そしてそれらを彼はさらに、天界の小児たちに変身させねばならないのだ。〔……〕

しかしほかならぬ英雄にとって、美は、あらゆる事物の中で最も困難なものである。あらゆる激しい意志では、摑まえられないものが美なのだ。〔……〕

筋肉を弛緩させ、意志の馬具をはずして立つこと、これが、君たち崇高な者たちよ！　君たちすべてに最も困難なことなのだ。

力が慈愛にみちたものとなって可視的世界へと降り立つとき、そのような下降を、私は美と呼ぶ。

そして、お前、威力にあふれた者よ、私がほかでもない美を要求したいのは、君からであって、ほかの誰からでもないのだ。君が慈悲の心根に達することこそが、君の最後の自己克服であってくれるように。

私は君には、あらゆる悪の力があると思う。だから私は君から、善を欲するのだ。〔……〕つまりこれが、魂の秘密である。魂が英雄に見捨てられたとき、はじめてその魂に、夢の中で、——超英雄が近づいてくるのだ。——　（『ツァラ』II「崇高な者たち」）

困苦を転回する必然性としての意志

君たちの心胸が、大河のように、広々とまたあふれみなぎって沸き立ち、そのほとりに住む者たちにとって、祝福であるとともに危険となるとき、そこに君たちの徳の根源があるのだ。

君たちが毀誉褒貶をこえて高まるとき、そして君たちの意志が、愛を傾注する者の意志として、あらゆる事物に対して命令しようと欲するとき、そこに君たちの徳の根源があるのだ。

君たちが、快適なものや柔らかい寝床を軽蔑し、柔らかいものから身を遠ざけて寝床につこうと意欲すればするほど、そこに君たちの徳の根源はあるのだ。

君たちが、ひたすら一つの意志を意欲する者となり、こうしてあらゆる困苦《ノート》を転回《ヴェンデ》することを、必然性《ノートヴエンデイヒカイト》と呼ぶとき、そこに君たちの徳の根源があるのだ。

まことに、君たちの徳は、一つの新しい善と悪なのだ！　まことに、一つの新しく深いざわめき、一つの新しい泉の声なのだ！

その新しい徳は、力なのだ。それは、支配する思想なのだ。その思想をとりまいているものは、一つの賢い魂なのだ。つまり、一つの黄金の太陽と、それをとりまいている認識の蛇なのだ。


（『ツァラ』Ｉ「与える徳」二）


おお、お前、私の意志よ！　お前は、あらゆる困苦《ノート》を転回《ヴエンデ》するものだ。だからお前は、私の必然性《ノートヴエンデイヒカイト》なのだ！　私が小さな勝利などにはすべて甘んじないように守っておくれ！

お前は、私の魂を支配《シックング》するもの、だから私が運命《シックザール》と呼ぶものなのだ！　お前は、私のうちにあるもの！　そして私の上にあるもの。私を守り、私を一つの大きな運命のために大事に取っておいておくれ！

そして私の意志よ、お前の最後の偉大さを、お前の最後のもののために大事に取っておいておくれ。――そうしてこそお前は、お前の勝利において、断じて譲らぬものとなるのだ！　ああ、かつて自分の勝利に打ち負かされなかった誰がいたであろうか！

ああ、勝利に酔いしれた薄明の中で、かつて眼のくらまなかった誰がいたであろうか！　ああ、勝利の中で、かつて足がよろめかず立つことを忘れなかった誰がいたであろうか！

――私が他日、大いなる正午のさいに、準備ができ上がり熟しきっているように、ならんことを。あかあかと燃え溶ける青銅や、稲妻をはらんだ雲や、張りきった牝牛の乳房のように、準備ができ上がり熟しきっているように、だ。――

――私自身や、私のうちの最も深く隠れた意志のために、準備ができ上がっているように、だ。そのありさまはたとえてみれば、おのれの矢を放とうとして矢に夢中になっている弓であり、おのれの星を射ようとして星に夢中になっている矢である。――

――またその星である。その星は、おのれの正午にさいして準備ができ上がり熟しきっていて、あかあかと燃えつつ、射抜かれて、おのれを射抜いて滅ぼした太陽の矢に対して至福を味わうのだ。

――またその太陽そのものであり、断じて譲らぬ太陽の意志である。それは、射抜いて滅ぼすための準備ができていて、勝利を収めるものなのだ！

おお、意志よ。あらゆる困苦を転回するもの。お前、私の必然性よ！　私を、あの最後の一つの大勝利まで、大事に取っておいてくれ！――

このように、ツァラトゥストラは語った。

（＊『ツァラ』III「新旧の表」三〇）

力への意志とディオニュソス的世界

そして君たちもまた、私にとって「世界というもの」が何であるのかを知っているであろうか。私は君たちにこの世界を私の鏡に映して見せてあげるべきであろうか。この世界、それは、初めもなければ終わりもない途方もない力である。より大きくもならなければより小さくもならず、消耗せずにただ変転するだけの、全体として変わることのない大きさを持った、青銅のようなしっかりとした力の量である。支出もなければ損失もなく、しかし同様に増加もなければ収入もない家計である。それは、自分の限界によるる以外には「何物」によっても囲まれてはい「ない」。それは、消え去ったり濫費されたりするものではなく、無限に拡がったものでもなく、一定の力として一定の空間のうちにおき入れられているが、どこかが「空虚に」なっているような空間のうちにではない。むしろそれは、力としてどこにでもあり、諸力と力の諸波との戯れとして一つであると同時に多であり、ここで増大すると同時にしかしあそこでは減少する。それは、それ自身のうちで荒れ狂いあふれてゆく諸力の海である。その海は、永遠に変転し、永遠に流れ帰るのであり、回帰の途方もない年月を持ち、その諸形態の干潮と満潮とを持ち、最も単純な諸形態から最も多様化した諸形態へと向かい、最も静かで最も硬直した最も冷たいものから出て、最も灼熱のように熱く、最も野生的で、最も自己矛盾的なものへと向かい、そしてその次には再び充実から単純なものへと帰り戻り、諸矛盾の戯れから諧調の楽しみへと帰りゆき、それでいて自分の軌道と年月のこうした同等性の中にあって自分自身を肯定し、自分自身を永遠に回帰しなければならないものとして祝福する。何らの飽満も、何らの倦怠も、何らの疲労をも知らない一つの生成として、自分自身を祝福するのである——。永遠に自己自身を創造し、永遠に自己自身を破壊する、この私のディオニュソス的世界、二重の欲情を持ったこの秘密の世界、この私の「善悪の彼岸」、それは、円環の幸福のうちに目標がないとすれば目標を持たず、輪環が自分自身に対して善い意志を持っていないとすれば意志を持たないものであるが、——君たちは、この世界を呼ぶ一つの名前を欲するのであるのか。この世界のすべての謎を解く一つの解決を欲するのであるのか。君たちは最も秘め隠された者たち、最も強い者たち、最も驚かぬ者たち、最も真夜中の者たちだが、その君たちにとってさえも、一つの光を欲するのであるのか。——この世界は力への意志である——そしてそれ以外の何物でもないのだ！　そして君たち自身さえもまた、この力への意志であり——そしてそれ以外の何物でもないのだ！　（*『力』一〇六七、VIII3, 38［12］）

三　ディオニュソス

ディオニュソスの重要性

もっと初期からのまだ豊かであふれ出るほどでさえあったギリシア的本能を理解しようとして、ディオニュソスという名前で呼ばれているあの不思議な現象を一番はじめに真剣に取り上げたのは、私をもって嚆矢とする。すなわちその現象は、ひとえに力の過剰からのみ説明されうるのである。〔……〕ディオニュソス秘祭に起源を発するもろもろの儀式や象徴や神話が実に驚くほど豊富に繁茂して、古代世界は全く文字通りその茂みのかげに隠されてしまうほどである。〔……〕思うに、ディオニュソスの密儀、ディオニュソス的状態の心理学のうちにおいてこそはじめて、ギリシア的本能の根本事実が——すなわちその本能の持つ「生への意志」が、語り明かされるのである。ギリシア人は、こうした密儀によって、自分に何を保証したのであったか。それは、永遠の生命であり、生命の永遠回帰である。過去において約束され浄化された未来である。死と変転を超え出た生命に対する勝利にみちた肯定である。生殖を介した、性の密儀を介した、全体的な永生としての真の生命である。

ギリシア人たちにとっては、それゆえ、性的象徴は、尊敬すべき象徴そのものであり、古代的な敬虔の心情すべての中で本来的に深遠を宿したものなのであった。生殖、受胎、出産などの行為における個々のもの一切が、最高のまた最も荘厳な感情をよびさましたのであった。密儀の教えの中では、苦痛が、神聖に語られている。すなわち、「産婦の陣痛」が苦痛一般を神聖なものにするのである。——一切の生成と成長、未来を保証する一切のものが、苦痛を生み出す原因とされるのである…　創造の永遠の喜びがあるためには、つまり生への意志が永遠におのれ自身を肯定するためには、また永遠に、「産婦の苦しみ」もあるのでなければならないわけである…　これらのすべてを指し示しているのが、ディオニュソスという言葉なのである。私は、このギリシア的象徴法、つまりディオニュソス祭という象徴法以上に高次の象徴法を知らない。この象徴法のうちでは、生命の最も深い本能が、つまり、生命の未来への本能、生命の永遠性への本能が、宗教的に感受されている。——生命への道程そのものが、つまり生殖が、神聖なる道程として、感受されている…　キリスト教がはじめて、生命に逆らう怨恨感情を根底にすえて、性を何か不純なものに作りかえてしまったのである。すなわちキリスト教は、われわれの生命の発端に、前提に、汚物を投げつけたのであった…

ディオニュソス秘祭を、あふれ出る生命感情と力の感情として捉え、この感情の中では苦痛さえもがなおも刺激剤として働くと見る心理学によって、私には、悲劇的感情という概念を解く鍵が与えられたのであった。この悲劇的感情は、アリストテレスによっても、またとくには現代のペシミストたちによっても誤解されてきた。悲劇は、ショーペンハウアー的な意味でのギリシア人たちのペシミズムを何ほどか証明する底のものであるどころではなくて、むしろ悲劇は、ペシミズムの決定的な拒絶と反証であると見なされねばならないのである。生そのものに対して、たとえ生がその最も冷たい、また厳しい諸問題を突きつけるときにあっても、なおも肯定を言うこと、言いかえれば、生の最高の典型を犠牲に捧げつつおのれ自身の無尽蔵さに欣喜するところの、生への意志――これこそは、私がディオニュソス的と名付けたものであり、これこそは、悲劇的詩人の心理学にいたる架橋にほかならないものとして、私が判じ当てたものなのであった。恐怖や同情から解放されようとすることとか、危険な情念を激しく爆発させることによってその情念から自分を浄化しようとすることとかが問題なのではないのである――アリストテレスは、そう理解したが――。そうではなく、問題は、恐怖や同情を超え出て、生成の永遠の喜びそのものとなること、にある――。その喜びたるや、それは、破滅の喜びをもなおそのうちに含むような喜びなのである…　そして右の問題において、私は再び、かつて私が出発した地点に触れるのである。――『悲劇の誕生』は、私の最初の、すべての価値の価値転換なのであった。つまり、右の問題において、私は再び、私の意欲、私の能力が生い育ったゆえんの地盤へと、自分をおき戻すのである。――その私とは、哲学者ディオニュソスの最後の弟子、——その私とは、永遠回帰の説教者である……

（＊『偶像』「古人」四、五）

アポロとディオニュソス

芸術の発展は、アポロ的なものとディオニュソス的なものとの二重性に結びついていて、ちょうどそれは、生殖が、たえず争いながらわずかに周期的に和解し合う男女両性の二元性に依拠するのと、よく似ている。

（『悲劇』一）

諸芸術を、あらゆる芸術作品の必然的な生命の源泉としての或る唯一の原理から導出しようと専心するすべての人々とは反対に、私は、アポロとディオニュソスという、ギリシア人たちの二つの芸術神にしっかりと目差しを向けて、これら二つの芸術神のうちに、その最深の本質とその最高の目標において相異なる二つの芸術世界が、生き生きと直観的に代表されていると認識するのである。アポロは、個体化ノ原理を浄化変容する守護神として私の前に立っており、この守護神によってのみ、仮象における救済が真に達成されることができる。一方、ディオニュソスの神秘的な歓呼のもとでは、個体化の呪縛は粉砕されて、存在の母たちへの道、事物の最内奥の核心への道が、開かれるのである。

（『悲劇』一六）

ギリシア的世界においては、造形家の芸術であるアポロ的芸術と、音楽という非造形的芸術であるディオニュソス的芸術との間に、起源から見ても目標から見ても、途方もない対立が存在している。二つの衝動は、きわめて異なったものでありながらも、平行して進み、〔……〕最後にはついに、二つの衝動は、ギリシア的「意志」の形而上学的な奇蹟的働きによって、互いに結び合って現われ、この結合において、とうとうアッチカ悲劇という、ディオニュソス的であるとともにアポロ的でもある芸術作品を産み出すのである。（『悲劇』一）

アポロ

この二つの衝動をわれわれにもっと分かりやすくするために、まずそれを、夢と陶酔という別々の芸術世界として考えてみよう。〔……〕夢の世界を産み出す点では、どんな人間もみな完全な芸術家であるが、そうした夢の世界の美しい仮象は、あらゆる造形的芸術の前提である。〔……〕われわれは、ものの形態の直接的な理解を楽しみ、あらゆる形相がわれわれに語りかけてき、どうでもよい不必要なものは何一つそこには存在しない。この夢の現実性がどんなに最高の生命を具えている場合でも、しかしわれわれは、やはりなおそれが仮象であるという感じはほのかながら持ち続ける。〔……〕夢の経験の持つこうした歓ばしい必然性は、ギリシア人たちによってもやはり同じく、彼らのアポロのうちで表現されたのであった。アポロは、あらゆる造形的な力の神であったが、同時にまた予言する神でもある。語源から言えば「光輝く者」、光の神であるアポロは、内面的な空想世界の美しい仮象をも支配するのである。〔……〕しかしまた夢の像が病的な働きをしないためには踏み越えてはならないあの微妙な一線というものもある。さもないと、仮象が無骨な現実となってわれわれを失望させてしまうことになる。――だからあの一線は、アポロの像には欠如してはならないのである。つまり、あの節度ある限定、荒々しい興奮を離脱したあの自由、造形家の神アポロのあの知恵にあふれた安らかさ、などがそれである。〔……〕実際、アポロについてはこう言えるであろう。すなわち、彼のうちには、あの個体化ノ原理への揺るぎない信頼と、この原理に囚われた者の静かなたたずまいが、この上ない崇高なありさままで表現されている、と。そしてアポロ自身を、個体化ノ原理の壮麗な神像とさえ表示してもよいほどである。この神像の態度や目差しからは、「仮象」のすべての悦びと知恵が、仮象の美と一緒に、われわれに語りかけてくるからである。（『悲劇』一）

個体化のこの神化は、それがおよそ命法的にまた規範設定的に考えられたときには、ただ一つの法則をしか認めない。つまり、個体であり、言いかえれば、個体の限界の遵守であり、ギリシア的意味における節度である。アポロは、倫理的な神としては、自分の信奉者たちから、節度を要求し、また節度を遵守できるための自己認識を要求する。こうして、美に対する審美的必然性と並んで、「汝自身を知れ！」とか、「度を過ごすなかれ！」とかの要求が、持ち出さ

れたわけである。　（『悲劇』四）

ディオニュソス

ディオニュソス的なものは、陶酔との類比によって、われわれにはさらに最も分かりやすいものとなる。あらゆる原始人や原始民族が讃歌の中で語っている麻酔作用をもつ飲み物の影響を受けたときとか、あるいはまた、春の訪れによって自然全体が隅々まで喜びにあふれた様相を力強く示すときなどに、ディオニュソス的興奮はめざめてきて、この興奮が高まると、主観的なものは完全な自己忘却へと消え去ってゆく。ドイツ中世においても、実際、ディオニュソス的な力に等しく囚われた群衆が次第に数を増して、歌いながら、踊りながら、村から村へと、なだれを打って進んだのだった。聖ヨハネ祭や聖ファイト祭に乱舞する人たちのうちに、われわれは、ギリシア人たちのバッカス祭合唱隊の再来を認めるのである。この合唱隊は、遥か遠く小アジアに始まる前史を有し、さらにさかのぼれば、バビロンや、ディオニュソス秘祭で乱舞するサカイエンにまでいたるのである。〔……〕ディオニュソス的なものの魔力のもとでは、人間と人間との間の紐帯が再び結び合わされるばかりではない。遠ざけられ、敵視され、もしくは抑えつけられた自然さえもが、再び、その失われた息子である人間と、和解の祭を祝うのである。大地は、自ら進んでその贈物を提供し、岩山や荒野の猛獣たちも、平和裡に近づいてくる。ディオニュソスの車は、草花や花輪で埋められ、その軛のもとで、豹や虎が歩む。ベートーヴェンの「歓喜」の頌歌を、一幅の絵に変えてみるがよい。そして、何百万の人々が戦《おのの》きにみちて塵に身をうずめてひれ伏すさまを、たじろぐことなく想像してみるがよい。そうすれば、ディオニュソス的なものが何であるかに近づいてゆけるのである。今や、奴隷は自由人となり、困苦、恣意、あるいは「厚かましい時流」が、人間の間に築きあげた、あらゆるこわばった、敵対的な限定は、今や粉砕される。今や、世界調和の福音に接して、各人がみな、その隣人と、結合し和解し溶け合っていると感じるばかりではなく、一つとなったようにさえ感じるので、それはあたかも、マーヤのヴェールが引き裂かれてしまって、今やわずかにきれぎれの小片となって、秘密にみちた根源的一者の前でふわふわ飛び回っているさまに似ている。歌いながら、また舞踏しながら、人間はより高次の共同体の一員となって現われる。つまり彼は、歩くことも話すことも忘れてしまい、舞踏しながら空中に飛翔してゆこうとするのである。彼の身振りからは、魅了された様子がうかがえる。今や動物が語り、大地が乳と蜜とを与えるように、人間のうちからもまた、超自然的なものが響いてくる。つまり人間は自分を神と感じ、人間自身が今や、神々のさまようのをかつて夢の中で見たのと同じように、恍惚とまた高らかにさまようのである。人間はもはや芸術家ではない。彼は芸術作品となっている。つまり、全自然の芸術力が、根源的一者の最高の歓喜にみちた満足を成就して、ここに陶酔の戦慄のもとであらわになってきているのである。

（『悲劇』一）

仮象とか美とかのたった一つのカテゴリーによって普通捉えられているような芸術の本質からは、悲劇的なものは、正しい仕方では、全然導出することができない。音楽の精神からしてはじめて、われわれは、個体破壊の喜びを理解するようになるのである。というのは、こうした破壊の個々の事例においてわれわれに判然となるものは、ディオニュソス的芸術という永遠の現象にほかならないからである。ディオニュソス的芸術が表現するものは、いわば個体化ノ原理の背後に潜む全威力を具えた意志であり、あらゆる現象を超えあらゆる破壊にも屈することのない永遠の生命である。悲劇的なものへの形而上学的歓びは、本能的に無意識裡に抱かれているディオニュソス的知恵が姿かたちをえた言語へと翻訳される点に基づく。つまり、最高の意志の体現者である英雄が破滅するのを見てわれわれが快感を覚えるというのも、その英雄といえどもたんに現象にすぎず、意志の永遠の生命は、英雄の破滅によっても微動だにしないからである。「われわれは永遠の生命を信ずる」、と、そう悲劇は叫ぶ。一方、音楽は、この生命の直接的な理念なのである。〔……〕ディオニュソス的芸術とその悲劇的象徴法においては、自然が、その真実の、偽装のない声で、われわれにこう語りかけるのである。「君たちよ、私のようでありたまえ！　現象の間断ない変化交替のもとにあって、永遠に創造的な、永遠に生存へと強いる、そしてこの現象の変化交替に永遠に満足を覚える、根源的な母でありたま

（＊『悲劇』一六）

え！」と。

理論的人間と悲劇的世界観

ディオニュソス的なものとソクラテス的なもの、これがすなわち、新たに生まれた対立である。そしてギリシア悲劇の芸術作品が滅び去ったのは、この新たな対立のためであった。

（『悲劇』一二）

われわれの全近代世界は、アレクサンドリア的文化の網の中に囚われている。そこで理想と目されているものは、最高の認識力を具えている、学問のために奉仕して働く理論的人間である。こうした人間の原像であり祖先であるのが、ソクラテスなのである。

（『悲劇』一八）

さてしかし、学問は、その強力な妄想に拍車をかけられて、とどまることなく驀進するが、最後には、自らの限界にゆきつく。その限界に突き当たって、論理の本質の中に潜んでいた学問の楽天主義が、挫折するのである。というのは、学問の描く円周は、無限に多くの点を持っており、そのために、どうすればこの円を他日完全に測定しうるのかという見きわめさえもまだ全然つかめないでいる間に、やはり高尚で天分豊かな人間でさえも、その生涯のなかばに達しないというのにもう不可避的に、円周のこの限界点に衝き当たってしまい、そこで解明不可能なものを呆然凝視するにいたるからである。そのとき彼は、論理がこの限界に直面してそれ自身の周りを空廻りしてついには自分の尻尾に嚙みつくありさまを見て、愕然とする。――そのときにこそ、認識の新しい形式、すなわち、悲劇的認識が現われ出てくるのである。この認識をただ耐え抜くためだけにも、保護および治療手段として、芸術が必要とされてくるのである。

（『悲劇』一五）

かつて古代の悲劇がその軌道の外へと押し出されて狂わされたのは、知識および学問の楽天主義へと向かう弁証法的衝動によってであった。そうだとすれば、この事実から推察されることは、理論的世界考察と悲劇的世界考察との間の永遠の闘争ということであろう。そして、学問の精神がその限界にまで導かれ、学問の持つ普遍妥当性への要求が、その限界の証明によって、破壊されたあとではじめて今ようやく、悲劇の再生を期待することが許されることになろう。

（『悲劇』一七）

ドイツ精神のディオニュソス的根底から、一つの力が湧き起こってきた。その力は、ソクラテス文化の根本条件とは共通するところを少しも持たず、またそうした根本条件に基づいて説明することもできなければ弁護することもできないものである。それどころかむしろ、このソクラテス文化から見れば、説明できないような恐ろしいもの、圧倒的な力を備えた敵対的なものと感じ取られるものである。その力とはすなわち、ドイツ音楽のことである。とりわけ、バッハからベートーヴェンへ、ベートーヴェンからヴァーグナーへといたる強力な日輪の歩みの中で理解されなければならないドイツ音楽のことである。〔……〕次にわれわれが想い起こしたい点がある。すなわち、同じ源泉から流れ出たドイツ哲学の精神にとってこそ、学問的ソクラテス主義の持つ満足げな生存欲を、その主義の限界証明を通して、破壊することが、カントとショーペンハウアーにおいて可能になったという事実である。この証明によって、倫理的問題や芸術に対する無限なまでにいっそう深く真剣な考察が導入されてきたのであり、この考察こそは、まさに、概念的に言い述べられたディオニュソス的知恵と表示することができるという事実である。

（『悲劇』一九）

歴史的知識の過剰は、生の造形力を蝕んでしまう。〔……〕歴史的知識に対する解毒剤は——非歴史的なものおよび超歴史的なものと呼ばれる。〔……〕「非歴史的なもの」という言葉で私が指し示すものは、忘却することができ、自己を限られた地平の中へ閉じこめるところの技法と力のことである。「超歴史的」と私が名付けるのは、目差しを生成からそらせて、生存に永遠性と渝《かわ》らざる意義との性格を与えるもの、すなわち芸術と宗教の方へと向けさせる諸力のことである。学問は〔……〕、前者の力のうちに、また後者の諸力のうちに、自分に敵対する諸力と力を見る。というのは、学問が承認する真の正しい、したがって学問的な考察とは、実は、ただ、いたるところに生成の結果や歴史的なものを見て、どこにも、存在する永遠的なものを見ないような、事物の考察法だけだからである。

（『反時代的』II 一〇）

ディオニュソス・ニーチェ　人の心を捉え魅惑するのにたけた天賦の才というものがある。その才を所有しているのが、まさに、あの大いなる、世に埋もれた者である。その者は、誘惑者そのものであるような神であり、また人々の内奥の意識を捉えて離さない生まれながらの誘拐者である。その者の声は、あらゆる人々の魂の奥底に潜む暗黒の世界にまで入りこむすべを心得ており、その者が語る一語、またその者が投ずる一瞥たりといえども、誘惑の響きやひだを秘めていないものはない。その者の持つ老練な技の一つは、巧みな外見を作り出す術に熟達している点にある。――外見と言ったが、自分の本体を外に見せるのではない。そうではなく、自分に魅惑されて付いてくる人々をして、ますます彼のそば近くに押し寄せ、いよいよ内面的にまた根本的に彼に追随せずにはおれないような気持にいっそう強くさせるような外見を作り出す術に熟達しているのである。――人の心を捉え魅惑するのにたけた天賦の才。それは、あらゆる騒々しいものや自惚れたものを黙りこませ、自分の方に耳を傾けさせることを教えるのである。その才は、粗雑な魂の持ち主たちにみがきをかけて、彼らに、新たに味わい直してみたいという要求をめざめさせる。——つまり、一枚の鏡のように静かに横たわって、深い天空が彼らの上にも反映するようにという、新たな要求を彼らにめざめさせるのである。人の心を捉え魅惑するのにたけた天賦の才。それは、粗野で性急すぎる手の持ち主に、ためらうことを教え、もっと上品に摑むことを教える。その才は、どんより曇った重くのしかかる氷雪の境涯の中にも、隠され忘れ去られていた宝が潜み、一滴の優しさと甘い精神性が潜むことを見抜く。その才は、長い間多くの泥濘と砂の中に閉じこめられ埋もれていた黄金の一粒一粒にとっては、それを蘇らせる魔法の杖である。人の心を捉え魅惑するのにたけた天賦の才。その才と接触した者は誰もがみな、今までよりも豊かになって立ち去って行く。今までよりも豊かになってと言ったが、恩恵を施されたり予期せぬものによって驚かされたりして、そうなるのではない。ちょうど、見知らぬ財貨を施されて喜ばされたりまた処置に窮したりするときのように、ではないのである。そうではなく、誰もがみなそのとき、自分自身そのものが今までよりも豊かになるのである。自分が、今までよりも新しくなって開けてくるのである。春の暖風に吹きつけられて、自分の秘めごともつい洩らすようになる。ひょっとしたら、今までよりも、いっそう不確かになり、またいっそう優しく、いっそうこわれやすく、いっそう打ち砕かれてゆくのだけれども、しかし希望も一杯にふくらんでくる。その希望はまだ何とも名状しようのないものではあろう。だがまた、新しい意志やあふれ出る流れが一杯にふくらみ、また新しい不服や逆流も一杯にふくらんでくるのだ。――だがしかし、私は何を言っているのか、私の友たちよ。私は君たちに向かって誰のことを語っているのだろうか。私はついつい夢中になってしまって、君たちにあの者の名前さえも言わずにきてしまったのだろうか。もっともそうは言っても、問題にされるにふさわしいこのような精神の持ち主にして神、このような仕方でほめたたえられることを望んでいるその者が、一体誰であるのかを、すでに君たち自身がおのずと察知したのであれば、話は別である。というのも、幼少の頃からいつも旅に出て異郷にあった人ならば誰でも経験することとなのだが、私も同じく、これまで、何人かのめずらしい、危険でなくはない精神の持ち主たちと、偶然にも出会ったのである。しかし、その中でもとりわけ、めずらしくまた危険をはらんでいた精神の持ち主が、ほかでもない、ちょうど今しがた私が語った人物であって、この人物には、私は、繰り返し何度も出会ったものだった。この人物こそはすなわち、ほかならぬ、ディオニュソスの神である。つまり、あの大いなる両義的な者、そして誘惑者そのものであるような神である。

（『善悪』二九五）

十字架にかけられた者対ディオニュソス

二つの典型。すなわち、ディオニュソスと十字架にかけられた者。――確認されるべきことは、典型的な宗教的人間とはデカダンスの一形式なのだろうかという点である（偉大な革新家たちはみなことごとく、病的であり癲癇質である）。けれども、われわれはそのさいに、宗教的人間の一典型すなわち異教的典型を抜かしていないだろうか。異教的祭式は、生命に対して感謝を言い、生命を肯定する一形式ではないだろうか。異教的祭式の最高の代表例は、生命の弁明と神化であるに違いないのではあるまいか。出来ばえのよい、恍惚としてあふれ出るような精神の典型！　生存のさまざまな矛盾や問題点を自分のうちにとり入れて救済する精神の典型！

ここに私は、ギリシア人たちのあのディオニュソスを据えおくのである。すなわち、生命の、つまり、否認されたり折半されたりしていない全体的な生命の、宗教的肯定を、である（典型的なのは——性行為が、深遠を、秘密を、畏敬を、よびさますという点である）。

ディオニュソス対「十字架にかけられた者」。ここに君たちは対立を持つ。それは、殉教という点に関しての相違ではない。——ただ、殉教という同じことが、別の意味を持っているだけである。前者の場合には、生命そのものが、つまり、生命の永遠的な豊饒さと回帰が、苦しみや、破壊や、絶滅への意志やを、産み出す原因と目されているのである。ところがもう一つ別の場合には、悩みが、つまり「罪なき無垢の者として十字架にかけられた者」が、この人生に対する異議、言いかえれば、この人生の有罪判決の定式と見なされているのである。——だから次の点が推察されよう。すなわち、問題なのは、悩みの意味という問題であり、つまり、それはキリスト教的意味なのか、それとも悲劇的意味なのか、という点にある。前者の場合には、悩みは、或る神聖な存在にいたる道程であるとされる。後者の場合には、存在そのものが十分にもう神聖なものと見なされているので、だからその結果、途方もない苦悩も夙《つと》に是認されているのである。悲劇的人間は、この上なく苦い悩みをも、なお肯定する。彼は、そうするに十分なほど強靭で、充溢し、存在を神化しているからである。キリスト教的人間は、大地の上でのこの上なく幸福な運勢をもなお否定する。彼は、脆弱で、貧しく、遺産を持たないこと甚だしいために、まさに、どのような形態にあってもなお人生に悩むことになるのである。十字架にかけられた神は、人生への呪詛であり、人生から自分を救い出し解放せよという指示である。——ディオニュソスならば、たとえ寸断されても、生命そのものを約束するであろう。生命は、永遠に再生し、破壊から立ち帰ってくるからである。（*『力』一〇五二、VIII_3, 14 [89]）

——ひとは私を理解してくれたであろうか。——ディオニュソス対十字架にかけられた者……

（*『この人』「運命」九）

四　超人

ツァラトゥストラが、森のほとりにあるすぐ次の町に入ってきたとき、彼はその町の市場に多くの民衆が集まっているのを見つけた。というのは、一人の綱渡り師の演技が見られるという予告が出されていたからであった。それでツァラトゥストラは民衆にこう語った。

自己超克

私は君たちに超人を教える。人間とは、乗り超えられるべき或るものである。君たちは、人間を乗り超えるために、今まで何をしてきたか。

すべての存在者はこれまで、自分を超え出て、何か或るものを創造してきた。ところが君たちは、この大きな満潮の干潮であろうと欲するのか。そして人間を乗り超えるよりは、むしろなお動物に戻ろうと欲するのか。

人間にとって猿とは何であろうか。物笑いの種であるか、もしくは苦痛にみちた羞恥の種である。そして、人間とは、超人にとっては、まさしく、そうしたものであるべきである。すなわち、物笑いの種か、もしくは苦痛にみちた羞恥の種であるか、である。

君たちは、蛆虫から人間への道を辿ってきたが、君たちのうちの多くの部分は、まだ蛆虫である。かつて君たちは猿であったが、今もなお人間は、どこかの一匹の猿よりもずっと猿の素質を持っている。

君たちのうちの最も賢い者でさえもがしかし、植物と幽霊とから分裂的にでき上がったあいの子である。けれども、私は君たちに、幽霊やあるいは植物になれなどと命ずるであろうか。

よいか、私は君たちに超人を教えるのだ！

超人こそは、大地の意味なのである。君たちの意志が、超人こそは大地の意味であれかしと、言うようになるように！

大地への忠実

私は君たちに切願する、私の兄弟たちよ。あくまでも大地に忠実であれ、と。そして、君たちに天上の希望のことを説諭する連中などは信用しないように、と。そうした連中は毒を盛る薬剤師なのだ。彼らがそのことを知っていようがいまいが。

彼らは生命の軽蔑者であり、瀕死の連中であり、自ら毒を盛られた連中であり、大地はこういう連中にはもう飽き飽きしているのだ。だから彼らなぞ、死に絶えたければそうするがいい！

かつては、神に対する冒瀆が、最大の冒瀆であった。しかし、神は死んだのだ。そしてそれとともにまた、これらの冒瀆者たちも死んだのだ。大地を冒瀆することが、今では最も恐ろしいことである。そして、大地の意味よりも、探究しがたい神秘なものの内臓をより高く尊ぶことの方が、最も恐ろしいことである！

かつては、魂は、肉体を軽蔑するように見くだした。そして往時はこの軽蔑が最高のものであった。——魂は、肉体が痩せおとろえて、ぞっとするようになり、飢えやつれることを欲したのだ。そうすれば魂は、肉体と大地から逃れ出られると考えたのだった。

おお、そのときその魂自身までがおまけに痩せおとろえ、ぞっとするようで、飢えやつれていたのだ。そして残酷行為が、こうした魂の欲情となったのだ！

けれども君たちもまたなお、私の兄弟たちよ、私に言ってみてくれ。君たちの肉体は、君たちの魂について何と言っているか、を。君たちの魂は、貧困と不潔ではないか、そして憐れむべき一つの安逸ではないか。

本当に、人間とは、不潔な河の一つだ。ひとはむしろ実は一つの海でなければならない。そうであってこそ、不潔な河を呑みこむことができ、それでいて自らは不純になることがないのだ。

大いなる軽蔑

よいか、私は君たちに超人を教える。この人間こそは、こうした海であり、その中では、君たちの大いなる軽蔑が流れ入ることができるのだ。

君たちが体験できる最大のものとは何か。それは、大いなる軽蔑の瞬間である。その瞬間には、君たちの幸福さえもが君たちにとって吐き気を催すものとなり、また同じく君たちの理性も君たちの徳も吐き気を催すものとなるのだ。

その瞬間には、君たちは言うだろう。「私の幸福なぞ、一体何ほどのことがあろう！　私の幸福なぞは、貧困と不潔であり、憐れむべき一つの安逸である。けれども私の幸福は、生存そのものによって是認される底のものでなければならないはずだ！」と。

その瞬間には、君たちは言うだろう。「私の理性なぞ、一体何ほどのことがあろう！　私の理性は、獅子がその獲物を渇望するような具合に、知識を渇望しているだろうか。私の理性なぞは、貧困と不潔であり、憐れむべき一つの安逸である！」と。

その瞬間には、君たちは言うだろう。「私の徳なぞ、一体何ほどのことがあろう！　私の徳が私を熱狂させたことなどいまだかつてなかった。私は私の善や私の悪に何と飽き飽きしていることだろう！　それらのすべては、貧困と不潔であり、憐れむべき一つの安逸である！」と。

その瞬間には、君たちは言うだろう。「私の正義なぞ、一体何ほどのことがあろう！　私は、自分が灼熱の火と燃える石炭であったことを見たことがない。けれども正義の士とは、灼熱の火と燃える石炭であろうのに！」と。

その瞬間には、君たちは言うだろう。「私の同情なぞ、一体何ほどのことがあろう！　同情とは、人間たちを愛する者が釘で打たれてはりつけにされる十字架ではないのか。だが私の同情は、何ら十字架にはりつけにされることではない！」と。

君たちは、すでにもうこのように言ったことがあるか。君たちは、すでにもうこのように叫んだことがあるか。ああ、君たちがすでにもうそのように叫ぶのを、私が聞いたことがあったのであればよいのに！

しかし天に向かって助けや罰を求めて叫んだのは、君たちの罪業の深さではなくて——君たちの温和な心だ。天に向かって助けや罰を求めて叫んだのは、罪業を犯すときにもけちけちとやる君たちのその心だ！

一体、君たちをあの焼きつくす炎の舌でなめる稲妻は、どこに行ってしまったのか。君たちに注入されなければならない狂気は、どこに行ってしまったのか。

よいか、私は君たちに超人を教える。超人とは、この稲妻であり、この狂気なのだ！——

ツァラトゥストラがこのように語ったとき、民衆の中の一人が叫んだ。「さあ、われわれは、綱渡り師についてはもうたっぷり聞いた。今やわれわれにも、綱渡り師を見せてもらおうじゃないか！」と。それで民衆はみんな、ツァラトゥストラのことを笑った。しかし綱渡り師は、その言葉が自分に向けられたと思ったので、さっそく自分の仕事に取りかかった。

けれどもツァラトゥストラは民衆を見て、期待した反応がないのでびっくりした。それから彼はこう語った。

自己超克と没落への勇気

人間とは、動物と超人との間に張り渡された一本の綱である。――深淵の上にかけられた一本の綱である。

その綱を伝って先へと進むのも危険であり、その途上にあるのも危険であり、うしろを振り返って見るのも危険であり、ぞっとして立ちどまってしまうのも危険である。

人間において偉大な点は何かと言えば、それは、人間が一つの橋であって目的ではないという点にある。人間において愛されうる点があるとすれば、それは、人間が一つの超え出てゆくものであり、一つの没落するものであるという点にある。

人間において愛されるべきもの

私が愛するのは、没落する者として生きるよりほかには生きるすべを知らない者たちである。というのは彼らは、かなたをめざして超え出てゆく者たちだからである。

私が愛するのは、大いなる軽蔑者たちである。なぜなら、彼らは、大いなる尊敬者たちだからであり、かなたの別の岸への憧れの矢だからである。

私が愛するのは、わざわざ星辰の背後に、自分が没落し犠牲となる一つの根拠を求めない者たちである。そうではなしに、大地に自分を捧げ、その結果、大地が他日超人のものとなるように努める者たちである。

私が愛するのは、認識するために生きる者、他日超人が生きられるようにと、認識に精力を傾ける者である。そしてそのようにして彼は自分の没落を欲する。

私が愛するのは、超人のために家を建て、また彼のために大地や動物や植物を準備しようとして、働きまた考えをめぐらす者である。というのは、そのようにして、その者は、自分の没落を欲するからである。

私が愛するのは、自分の徳を愛する者である。というのは、徳は、没落への意志であり、憧れの矢だからである。

私が愛するのは、一滴の精神をも自分のために留保することなく、全面的に、自分の徳の精神になろうと欲する者である。そのようにして、その者は、精神として、橋を渡ってゆくからである。

私が愛するのは、自分の徳を自分の性癖となし自分の天罰となす者である。そのようにして、その者は、自分の徳のためになおも生きようとしたり、もはや生きようとはしなかったり、するからである。

私が愛するのは、あまりにも多くの徳を持とうとしない者である。一つの徳は、二つの徳よりも、より多く徳の性質を持つ。なぜなら、一つの徳の方が、天罰の結びつけられる結び目が大きくなるからである。

私が愛するのは、自分の魂を浪費して惜しまない者、感謝を受けようとせず、また返礼もしない者である。というのは、その者はいつも贈り物をするばかりで、自分を保存しようとはしないからである。

私が愛するのは、さいの目が自分の幸運になるように出たとき、自分を恥じる者、そしてそのとき、一体自分は間違った賭博者なのだろうか、と問う者である。というのは、その者は、没落しようと欲しているからである。

私が愛するのは、黄金の言葉を自分の行為よりも先に投げつけ、自分が約束した以上のことをいつも果たす者である。というのは、その者は、自分の没落を欲するからである。

私が愛するのは、将来の人々を正当化し、過去の人々を救済する者である。というのは、その者は、現在の人々のもとで、没落しようと欲しているからである。

私が愛するのは、自分の神を愛するがゆえに自分の神を懲罰する者である。というのは、その者は、自分の神の怒りにふれて、没落しようと欲しているからである。

私が愛するのは、傷を受けたときでも自分の魂の深さを失わず、しかも小さな体験がもとで没落することのできる者である。そのようにして、その者は、喜んで橋を渡ってゆこうとするからである。

私が愛するのは、自分の魂があまりにも豊かなため、自分自身を忘れてしまい、自分の中にあらゆる事物を包括しているような者である。そのようにして、一切の事物は、その者の没落となるからである。

私が愛するのは、自由精神と自由な心とをそなえた者である。そのようにして、その者の頭脳は、彼の心の内臓にすぎず、彼の心はしかし、彼を駆って没落へと向かわしめるからである。

私が愛するのは、人間の上にかかる暗い雲から、一滴一滴としたたる、重い水滴のような者たちすべてである。それらの者たちは、稲妻が来ることを予告し、その予告者として没落するからである。

稲妻

よいか、私は、稲妻の予告者であり、雲からしたたる重い水滴なのだ。この稲妻はところで、実は、その名を超人と言うのだ。――

教養あると自称する大衆の無理解

ツァラトゥストラは、これらの言葉を語り終わったとき、再び民衆の方に眼を向け、そして沈黙した。「彼らはそこに立っているだけだ」と彼は、自分の心に対して語った。「彼らはそこで笑っているだけだ。彼らは私を理解していない。私は、これらの耳を相手として語るべき口ではないのだ。

まず彼らの耳を打ち破って、彼らが眼でもって聴くことを学ぶようにでもすべきなのだろうか。太鼓のように、また懺悔を勧める説教師のように、大声を発して叫ばねばならないのであろうか。それとも彼らは、ただ吃るように喋る者だけを信ずるのであろうか。

彼らは、彼らが自慢にしている或るものを持っている。だが、彼らを自慢げにさせているそのものを、彼らは何と名付けているか。教養と、彼らはそれを名付けている。それが、彼らを、山羊の番人たちから区別して際立たせているものなのだ。

だから彼らは、自分たちに関して、『軽蔑』という言葉が語られるのを、聞きたがらないのだ。それだから、私は、彼らの自慢心が満足させられるよう語ってやろうと思う。

それだから、私は彼らに、最も軽蔑すべき者について語ってやろうと思う。すなわちそれは実は、一番最低の人間のことなのだ。」

それで、ツァラトゥストラは民衆に向かってこう語った。

決断の時

今や、人間は自分で自分の目標を立てるべき時なのである。今や、人間は自分の最高の希望の萌芽を植えつけるべき時なのである。

今ならばまだ、人間の土壌は、それに足りるだけの豊饒さをそなえている。けれども、この土壌は、いつの日にかは不毛になり、軟弱になって、一本の大樹も、もはやそこからは生い茂ることができなくなるであろう。

かなしいかな！　いつかは、人間がもはや彼の憧れの矢を人間を超えてかなたへ射放つことをせず、また彼の弓の弦が、うなり声をあげることを忘れてしまう時が、来るであろう。

私は、君たちに言う。ひとはなおも渾沌を自分のうちにはらみ、こうして一つの舞踏する星を産み落とすことができるようにならなければならないのだ、と。私は君たちに言う。君たちはなおも渾沌を自分のうちにはらんでいる、と。

かなしいかな！　いつかは、人間がもはや何らの星をも産み落とさなくなるような時が来るであろう。かなしいかな！　いつかは、自分自身をもはや軽蔑することのできないような、最も軽蔑すべき人間の時代が、来るであろう。

（『ツァラ』「序説」三、四、五）

五　大いなる正午

午前

放浪者。――多少なりとも理性の自由に達した者は、地上において、自分を放浪者としてよりほかには感じることができない。――もっとも、或る究極的な目標に向かう旅人としてではないけれども。というのも、こうした究極的な目標などは存在しないからである。けれども彼は、世の中で一体全体何が起こっているのかを、よく見、眼を開いて見つめようと思うのである。だから彼は、自分の心を、個々のものすべてにあまりにもしっかりと結びつけておくことを許されない。彼自身のうちには何か放浪者に似たものが存在しなければならないのであって、それは、変転や無常を喜ぶのである。もちろん、このような人間には、疲れているのに、自分に休息を与えてくれるはずの町の門が鎖されているのを見出すような、多難な夜がやってくるであろう。ひょっとしたら、なおその上に、オリエントにおけるように、砂漠が門のそばにまで達し、猛獣たちが、あるいは遠くあるいは近くに吠えさかり、強い風が吹きつのり、強盗が彼の車を牽く動物たちを引きさらって行ってしまう、ということがあるかもしれない。そのとき、おそらく彼にとっては、砂漠の上に、第二の砂漠のような恐ろしい夜のとばりが降りてきて、彼の心は放浪にうみ疲れるであろう。しかし翌朝、朝日が、怒りの神のようにあかあかと輝きながら立ち昇ってきて、町が開かれると、彼は、ここに住まう人々の顔の中に、門の外よりもおそらくはもっと多くの砂漠と、汚穢と、欺瞞と、不確実を見るのであり——こうして昼は夜よりももっと悪いとさえ見えてくるのである。こんなふうに、おそらくいつか、放浪者の境涯はなることでもあろう。けれどもそのあとでは、その代償として、別の地域や日々での歓喜にあふれた朝が、やってくるのである。そこでは、彼は、夜明けのほの暗い光の中にもう、ミューズの群れが山岳の霧の中で自分の近くを踊りすぎてゆくのを見るのであり、またそのあとで、彼が午前の魂の均斉の中で、静かに、樹々の下を歩くとき、樹々の梢と葉かげから、良い明るいものばかりが、彼に向かって投げかけられてくるのである。それこそは、山と森と孤独をすみかとし、また彼と同様、或るときは悦ばしい仕方で、また或るときは物思いに耽った仕方で、放浪者でありまた哲学者であるところの、あのすべての自由精神の持ち主たちに与えられる贈物なのである。早朝の秘密から生まれた彼らは、どうして一〇時と一二時の鐘の音の間の日中があのように純粋で、照らされきった、澄明で晴れやかな相貌を持ちうるのかを、思いめぐらすのである。——彼らは、午前の哲学を求めるのである。

（＊『人間的』Ⅰ六三八）

正午

正午に。——人生への出発の朝を、活動的でまた嵐を含んだ激しい仕方で過ごす定めを負った人の魂に、人生の正午には、不思議なことにも、安静を求める気持が襲ってくるものである。この気持は、数ヵ月もまた何年もずっと続くことがある。彼のまわりは静かになり、さまざまな響きが、遠くの方に聞こえ、それがさらに遠くの方に消え去ってゆく。太陽が、真直ぐ上から、彼の上に照りつけてくる。森の中のとあるひそかな牧草地の上では、大いなる牧羊神《パーン》が眠っているのを彼は見る。自然のあらゆる事物は、牧羊神と一緒に、もう眠り始めてしまっており、その相貌には永遠の面影が宿っている——、そう彼には思われるのである。彼はもう何物も欲せず、何ごとも気遣わず、彼の心臓の鼓動も停止してしまい、ただ彼の眼だけが生きている、——まるで眼だけは醒めて、あとはみな死んでしまったようなものである。そのとき人間は、今まで見たこともなかったような多くのものを見るであろう。見渡すかぎり、一切のものが光の網の中に包みこまれ、いわばその中に安らかに埋めこまれたかのようである。彼はそれを見て自分が幸福感に包まれるのを感じる。けれども、それは、重い、重い幸福感なのである。——とかくするうちに、ついに樹々の間に風が吹き始め、正午は過ぎ去り、人生が再び彼を引きさらうのである。その人生は盲目であって、その背後からは、人生につきものの嵐が吹き寄せてきているのである。すなわち、願望、欺瞞、忘却、享受、破壊、無常などがそれである。そしてこのようにして夕方が近づいてくるのである。人生の夕方は、人生の朝がすでにそうであったよりもいっそう、嵐を含んだ激しいもの、そして活動にみちたもの、である。——本来活動的な人間にとっては、かなり永く続く認識作用の状態は、ほとんど無気味で病的なものに思えるのだが、しかし不快なものではないのである。

（＊『人間的』Ⅲ三〇八）

正午の時刻きっかり、太陽がちょうどツァラトゥストラの頭上にきたとき、彼は一本の曲りくねって節くれだった老樹のそばを通りかかった。〔……〕この老樹のそばに身を横たえて、完全な正午の時刻に眠りたいという〔……〕欲望が、彼に起こった。

その通りにツァラトゥストラはした。〔……〕ただ彼の眼だけは開いたままだった。〔……〕寝入りながら、しかしツァラトゥストラは、自分の心に向かってこう語った。

「静かに！　静かに！　世界は今まさに完全になったのではないか。それにしても今私には何が起こっているのか。

——私の奇妙な魂よ、なんとそれはながながと身を伸ばし、ものうげになっていることか！第七日目の夕方が、私の魂にはちょうどこの正午に訪れてきたのだろうか。私の魂は、良い熟しきった事物の間を、もうあまりにも永いこと、至福にみちて歩き廻りすぎたのだろうか。

〔……〕

おお、幸福よ！　おお、幸福よ！　お前は歌いたいのか、おお、私の魂よ！　お前は、草の中に横たわっている。けれども、今は、ひめやかな、おごそかな時間なのだ。この時間には、牧人もその笛を吹かない。

恐れ憚るがよい！　暑い正午が、野原いっぱいに、眠りを垂れこませている。歌うな！　静かに！　世界は完全なのだ。

歌うな、お前、草むらを飛ぶ虫よ、おお、私の魂よ！　囁きさえも洩らすな！　だって見るがよい――静かに！　古い正午が眠っているのだ。彼は口を動かしている。彼はちょうど今、幸福の一滴を飲んだのではないか――

――黄金の幸福の、黄金の葡萄酒の、古い茶色の一滴を、だ。彼の上をちらっと掠めるものがある。彼の幸福が笑っているのだ。そうだ――一人の神が笑っている。静かに！――

〔……〕

――私には何が起こったのだろう。よく耳をすませ！　時間は多分飛び去ってしまったのだろうか。私は落ちてゆくのではないのか。私は落ちてしまったのではないのか――よく耳をすませ！　永遠の泉の中へと、落ちてしまったのではないのか。

――私には今何が起こっているのだろう。静かに！　何かが私を刺す――痛い――私の心臓を刺したのではないか。心臓をだ！　おお、裂けよ、裂けよ、心臓よ。このような幸福のあとでは、このような突き刺しのあとでは！

――どうだろう！　世界は今まさに完全になったのではなかったか。円熟したのではないか。おお、黄金の円環よ――それはどこへ飛んでゆくのだろうか。私もそのあとを追いかけよう！すばやく！

静かに――――」（そしてここでツァラトゥストラは身を伸ばし、自分が眠っているのを感じた。）

「起きよ！」と彼は自分自身に語った。「お前、眠りこけた奴！　お前、正午に昼寝した奴！さあ、起きあがれ、お前たち、古い両脚よ！　さあ時間だ。いや時間を少し使いすぎたぞ。たっぷり歩かねばならない道のりが、まだ相当お前たち両脚には残っていたのだ――〔……〕。」〔……〕――「私をそっとしておいておくれ！　静かに！　世界は今まさに完全になったのではないか。おお、黄金の円い球よ！」――〔……〕「〔……〕永遠の泉よ！　お前、晴れやかで恐ろしい正午の深淵よ！〔……〕」

（『ツァラ』IV「正午」）

真夜中

夜だ。ほとばしり出るすべての泉は、今声を高めて語る。そして私の魂もまた、ほとばしり出る泉の一つだ。

夜だ。愛する者たちのすべての歌は、今ようやくめざめる。そして私の魂もまた、一人の愛する者の歌なのだ。

（『ツァラ』II「夜の歌」）

おお、人間よ！　注意してよく聞け！
深い真夜中は何を語るのか。
「私は眠った、私は眠った、そして――
「深い夢から今私はめざめた。――
「世界は深い、
「昼が考えたよりももっと深い。
「世界の苦痛は深い、しかし――、
「悦びは、――胸痛む苦悩よりももっと深いのだ。
「苦痛は言う、『過ぎ去っておくれ！』と。
「しかし、すべての悦びは、永遠を欲する――、
「――そうだ、深い、深い永遠を欲するのだ！」

（＊『ツァラ』III「後の舞踊の歌」三、およびIV「酔歌」一二）

今まさに、私の世界は完全になった。真夜中は、また正午でもあるのだ。

（『ツァラ』IV「酔歌」一〇）

自然との一体感

自然の中に自分の生き写しの姿を見ること。──いくつかの自然の地域の中に、われわれは自分自身を再発見して、心地よい戦慄を覚えることがある。それは、自分の生き写しの姿を見る、最も美しい場合である。──そうした感情を、ほかならぬこの場所に関して抱く者は、いかばかり幸福でありうるに違いないことか。この場所とはすなわち、このいつも陽光にあふれた一〇月の空気のあるところ。早朝から夕方までこのいたずらっ子のように幸せにみちた風の戯れが吹き抜けてゆくところ。この至純の明るみとこの上なく温和な涼気の支配するところ。この高原の丘陵や湖沼や森林が全体としてかもし出す優しさを具えた厳しい風格のあるところ。その高原は、永遠に雪に埋れた荒涼とした地域のすぐかたわらに何の怖れ気もなしに拡がっている。つまり、ここは、ほかならぬイタリアとフィンランドとが一緒になって結びついたようなところ。そこには、自然の持つ一切の白銀の色調の故郷があるように思われるところである。──そしてこう言える者は、何と幸福なことであろう。「たしかに自然のうちにはここよりもはるかに雄大で美しいところがあるではあろう。けれども、ここそは、私に、深く心暖まる、親しい、血のつながったところ、否それ以上のところなのだ」

と。

（＊『人間的』III三三八）

ワレモマタ、アルカディア、ニアリ。――私は下の方を見下ろしていた。丘陵のうねりを超えてかなた、緑色に生き生きと輝く湖の方へと、樅の木々や年輪を経た威厳のある松の木々の間を通して見下ろしていた。私のまわりにはあらゆる種類の岩塊が横たわり、地面には、さまざまな花々や草木が色とりどりに入り乱れていた。私の前には、牛の群れが歩いたり、横に寝そべったり、四肢を休めたりしていた。遠くの方には、牝牛が一頭ずつ離れ離れに、あるいは何頭ずつか固まって、立っていた。その光景は夕映えの中に鮮やかに浮かび上がり、その周囲には針葉樹の林がひろがっていた。近くの方にも牝牛たちがいたが、この方はもう夕闇の中に溶けこんでいた。すべてのものは、静けさと、夕方の満ち足りた情景の中に包みこまれていた。時計は、五時半ごろを指していた。群れの中の一頭の牡牛は、白く泡立つ小川の中に入りこんでいて、小川の急流にそってゆっくりと、抗《あらが》ったり、あるいは逆らわずに歩いていた。そんなふうにしてその牡牛はおそらく、自分なりの激しい喜びを味わっていたのであろう。ベルガモ生まれの二人のこげ茶色の髪をした者たちが、牧者だった。女の子の方は、まるで少年のような服装をしていた。左手には、岩石の斜面と雪原が、幅広い帯状の森林のかなたにひろがり、右手には、私の上方高く、氷に蔽われた二つの巨大な岩角が、夕映えの靄に包まれてかすんで見えた。——ありとあらゆるものが、壮大で、静寂で、明澄であった。こうした美しさの全部は、戦慄を呼び起こし、その美しさの啓示の刹那に対する無言の崇拝をめざめさせた。思わず知らず、まるで当然しごくのようにして、この純粋で鮮やかな光の世界（そこには、憧憬し、期待し、将来を見、過去を振り返る働きなぞ、全く存在していなかった）の中に、私は、ギリシアの英雄たちをおき入れてみずにはいられなかった。プーサンや彼の弟子が感じたような感じ方をしないではいられなかった。つまり、英雄的でかつまた牧歌的に、である。——そしてこんなふうに、実際何人かの人間も生きたことがあったのである。つまりこんなふうに、たえず自分が世界の中にあるのを感じ、また世界が自分の中にあるのを感じつつ、である。そうした人間の中に、最も偉大な人間の一人、すなわち、英雄的牧歌的な仕方での哲学的思索の創始者であるエピクロスがいたのである。

（＊『人間的』Ⅲ二九五）

自然との違和感

ひろびろと自由に開けた自然。——われわれが、ひろびろと自由に開けた自然の中に、これほど好んでいたがるのは、実は、こうした自然が、われわれに関して何の意見も持っていないからである。

（＊『人間的』Ⅰ五〇八）

大自然の不偏不党性。——大自然の不偏不党性（山、海、森、砂漠における）は、われわれの気に入る。けれども、ほんの短い間だけである。しばらくすると、われわれは、苛立ちを覚えてくる。「一体、これらのものは、われわれに対し、全然何も言いたくないのだろうか。われわれは、それらのものにとっては、現存しないも同然なのだろうか。」そのとき、人間ノ尊厳ニ対スル侮辱ノ罪といった感情が湧いてくるわけである。

（＊『人間的』III二〇五）

大いなる沈黙。――ここは海である。ここでならわれわれは町を忘れ去ることができる。もちろん、ちょうど今もなお、町の鐘の音が、アヴェ・マリアを響かせてはいる――それは、日中が去って夜が訪れる交差点で響く、あの陰鬱で愚かな、しかし甘美な音である――、けれども、それもほんのわずかの間である！　もうすぐに、すべてが静まりかえる！　海は、蒼白く輝きながら、そこに拡がっている。けれども海は語ることができない。天空は、赤や黄や緑など色とりどりの、その永遠の、無言の、夕映えの戯れを演じている。けれども天空は語ることができない。小さな岩礁や岩棚が、あちこち、海の中に突き出て、まるで、この上ない孤独の場所を見出そうとするかのようである。けれどもそれらのすべても語ることができない。われわれに突然襲いかかるこの途方もない物言わぬ沈黙は、美しく、また戦慄の念を催させる。そのときわれわれの胸はいっぱいにふくらんでくる。――おお、この沈黙の美しさの、偽りの外観よ！　その美は、もしそうしようと思えば、どんなにかうまく、あるいはまたどんなにかまずくも、自分を語り明かせるでもあろうのに！　ところがその美の舌は動かず、また顔に浮かぶその美の幸福は苦悩にみちている。しかしその装いは、一つの悪だくみであって、自分に共感などしても無駄だよと、これを拒み嘲笑うためにわざとそうやっているのだ！――しかしそれでもよいだろう！　私は、こうした美の威力に嘲られるのなら、恥ずかしいとも思わないからだ。けれども私は、君に同情する、自然よ。なぜなら、君は沈黙していなければならないからだ。たとえ、ただ君自身が意地悪さだけから、自らあえて自分の舌を縛りつけ動かさぬようにしているとしてもだ。否、君がそのように意地悪くしなければならないという点を、私は君のために同情する！――ああ、あたりはますます静かになった。そして私の胸の中も、またまたいっぱいにふくらんでくる。私の胸は、一つの新しい真理を怖れていて、だから私の胸もやはり語ることができない。口が動き始めて何ごとかをこの美しい光景の中に向けて叫び出そうとするとき、私の胸も自らその美と一緒に嘲り出し、沈黙というその甘美な意地悪を自ら楽しみ出すのだ。語ること、いや、思索することさえもが、私には、おぞましくなる。だって実際、ありとあらゆるどんな言葉の背後にも、誤謬が、自惚れが、妄想が、笑っているさまが、私には聞えてこないだろうか。私は、私の同情を嘲らねばならないのではないか。そして、その私の嘲りをも嘲らねばならないのではあるまいか。――おお、海よ！　おお夕方よ！　君たちは、全くひどい先生方だ！　君たちは人間に、人間であることをやめよと教えるからだ！　人間は君たちに献身すべきなのだろうか。人間は、君たちが今そうであるように、蒼白く、輝き、無言で、途方もなく、自分自身に超然と安らっているようになるべきなのだろうか。自分自身に超然として崇高であるべきなのだろうか。

（＊『曙光』四二三）

午後

私は再び一人だ。そして一人でいようと思う。純粋な天空と、広々とした海に臨んで、一人でありたい。そして再び午後が私のまわりにある。〔……〕

おお、私の人生の午後よ！　ただ一つのものを得ようとして、私が投げ捨てなかった何があろう。そのただ一つのものとはすなわち、私の思想のあの生き生きとした栽培と、私の最高の希望のあの朝の光だ！　〔……〕

というのも、ひとが根底から愛するものはただ、自分の子供と事業だけだからだ。だから自分自身への大きな愛があるところでは、その愛は、懐妊の徴候なのだ。そう私は悟った。

〔……〕

ああ、深淵の思想よ。お前こそは、私の思想だ！　いつになったら私は、お前の掘り崩す音を聞きながらもはや戦慄を覚えないほどの強さを身につけられるのだろう。〔……〕

ともかく私はまだ、不確かな海の上を漂っている。偶然が私に媚びている。なめらかな舌を持った偶然が。私は前方と後方を見る――、まだ私には終局が見えないのだ。〔……〕

おお、私の人生の午後よ！　おお、夕方の前の幸福よ！　おお、大海に臨む港よ！　おお、不確かなものの中での平和よ！　どんなにか私は、お前たちすべてに不信感を持っていることか！〔……〕

去って行け、お前、至福な時間よ！　お前とともに、私を訪れたものは、心にしまぬ至福だったのだ！　私は、私の最も深い苦痛を進んで引き受けようとして、ここに立っているのだ。——だからお前は、ふさわしからぬ時間にやってきたのだ！　（『ツァラ』III「心にしまぬ至福」）

日の出前

おお、私の頭上の天空よ、お前、純粋なもの！　深いものよ！　お前、光の深淵よ！　お前を眺めると、私は、神々しい欲望のために、身ぶるいする。〔……〕

おお、お前の魂のすべての恥じらいを、どうして私が察知しないことがあろう！　太陽の昇る前に、お前は、この最も孤独な者である私のところへ、やってきた。

われわれは最初からの友達だ。われわれは、悔恨と戦慄と深淵を共有している。おまけに太陽までわれわれは共通して抱いている。〔……〕

お前、純粋なもの！　光にみちたもの！　お前、光の深淵よ！　お前が私のまわりに拡がっていさえすれば、私は実は、祝福する者であり、肯定を言う者になる。——そのときには、あらゆる深淵の中へでも、私は、さらに、私の祝福にみちた肯定の発語を持ちこむだろう。

〔……〕

ところで私の祝福とはこうだ。どのような事物の上にもその事物固有の天空としてかかること、そのものの円屋根として、そのものの紺碧の笠にして永遠の守り手として、かかること、これなのだ。そのように祝福する者は、幸いである。

というのも、あらゆる事物は、永遠の泉にひたって、善悪の彼岸で、洗礼を受けたものだからだ。ところが善悪といったものなどは、中途の翳りであり、しめっぽい悲嘆であり、浮き雲にすぎないのだ。

まことに、私が次のように教えるとき、それは祝福であって誹謗ではない。「あらゆる事物の上には、偶然という天空がかかっている、無垢という天空が、偶発という天空が、奔放という天空が。」〔……〕

この自由と天空の晴れやかさを、私はあらゆる事物の上に、紺碧の笠さながらに、張りわたしたのだ。そしてそのとき私は教えた。あらゆる事物の上にまたそれを貫いて、何らの「永遠的意志」も──意志してはいないと。

この奔放とこの狂愚を、私はあの永遠的意志のかわりに立てた。そしてそのとき私は教えた。「あらゆるもののもとで、ただ一つ不可能なことがある──すなわち合理性だ！」と。〔……〕

少しばかりの知恵なら、たしかにありうる。けれども、私があらゆる事物において見出した確実な至福は、あらゆる事物がむしろ偶然の足でもって——舞踏したがっている、ということだ。

おお、私の頭上の天空よ、お前、純粋なもの！　高いものよ！　今や私にとって、お前の純粋さとは、何らの永遠の理性蜘蛛もまた何らのそうした蜘蛛の巣も存在しない、ということなのだ。——

——そして、お前は私にとっては、神々しい偶然のための舞踏場であり、また神々しい骰子と骰子遊びをする神々のための卓である、ということなのだ！——〔……〕

世界は深い——。昼がこれまで考えたよりも深い。

（『ツァラ』III「日の出前」）

あそこへ。〔……〕

そこでは、一切の生成が神々の舞踏であり、神々の戯れであると私には思われた。そして世界は、解き放たれて奔放になり、自分自身へと逃げ帰ってゆく。——〔……〕

そこでは、一切の時間が瞬間に対する至福にみちた嘲笑であると私には思われた。そこでは、必然性が自由そのものであり、それが至福にあふれながら自由の刺と戯れているように思われた。——

（『ツァラ』III「新旧の表」二）

日の出　そして或る朝ツァラトゥストラは、曙光とともに起きあがり、太陽の前に歩み出て、太陽に向かってこう語った。

「お前、偉大な星辰よ！　もしもお前が、お前の光を注ぎ与える相手を持たなかったならば、お前の幸福も何であろう！〔……〕

見よ！　私は今私の知恵にあきあきした。あまりにもたくさんの蜜を集めた蜜蜂のように、だ。私は、私に差しのべられるもろもろの手を必要としているのだ。〔……〕

そのために、私は、低いところにおりてゆかねばならない。ちょうどお前が、夕方、海のかなたに沈み、さらに下の世界に光をもたらすように、だ。お前、あふれるほど豊かな星辰よ！

私は、お前のように、没落しなければならない。私がそこへと、おりてゆこうとするあの人間たちが、そう呼んでいるように、没落しなければならない。〔……〕

（『ツァラ』「序説」一）

没落してゆく者たちを、私は衷心からの愛をもって愛する。というのも、彼らは超え出てゆくからである。

（『ツァラ』III「新旧の表」六）

大いなる正午　大いなる正午とは、人間が、動物から超人へといたる自分の軌道の中心点に立って、夕方へと向かう自分の道を、自分の最高の希望として祝うときのことである。というのも、それは、一つの新しい朝へと向かう道程だからである。

そのとき、没落してゆく者は、自分が、かなたへと超え出てゆく者であることを、自らにすすんで祝福するであろう。そして彼の認識の太陽は、そのとき彼にはちょうど正午のときのように真上に輝くであろう。

「すべての神々は死んだ。今やわれわれは、超人が生きることを欲する。」――これがいつの日か大いなる正午におけるわれわれの最後の意志を伝える遺言であらんことを！――

（『ツァラ』Ⅰ「与える徳」三）

これが私の朝だ。私の日が始まる。さあ、昇ってこい、昇るがよい、お前、大いなる正午よ！

（『ツァラ』Ⅳ「徴」）

Ⅳ　運命愛と永遠回帰

前章において、力への意志を体現して創造的意志を生きる超人の姿が示された。しかしこの意志が本物になるためには、実は「永遠回帰」という最大の困苦を転回する必要があり、そうなってこそ本当におのれの必然性に対して「ディオニュソス的に肯定を言う」「運命愛」（本書二五四ページ）が実るのである。さて第一節は、最初に「運命愛」の定式を採録したあと、次に運命とは何かを見るために、最初期の遺稿の一部を引いた。人間各自は意志と運命の合体した「個性」においていわば「どうにもならない桎梏」を生きるものであり、しかもその根底には生成の「大洋」のあることが、示される（本書二五七ページ以下）。さらに愛とは何かが論じられてゆく。第二節は、「永遠回帰」のごく基本的な表現だけを追う。まず『悦ばしい知識』の表現では、一切が同じ姿で永遠回帰するという「悪魔」の語りが最初提出され、ついでそれに対して、一方で「歯ぎしりして」悪魔を「呪い」、それに「押しつぶされ」そうになる嘔吐が語られ、他方でそれを「最大の重し」として受け取って人生を「愛惜し」、さらには「悪魔」を「神」と感ずる肯定の境涯が語られる。前者の嘔吐感は、永遠回帰のニヒリズムとして以前に見たところであり（本書一四七ページ）、それを強者はどう受け止めるかがすでに問われていた（本書一五六ページ）。永遠回帰には嘔吐と肯定の二面性があるのである。『善悪の彼岸』の表現でも、「最も世界否定的な思考法」が逆に「世界肯定的な人間」に生まれ変わる転換が述べられ、しかも永遠回帰の根底にさきのあの「悪魔」的「神」の影が再認されている。『ツァラトゥストラ』での表現として収録したごく基本的なもののうち、まず（i）「予言者」の章は、一見永遠回帰とは無関係に思えながらも、実はその予言は、前述のあの永遠回帰のニヒリズムにつながっており、だからのちの「快癒しつつある人」の章で、永遠回帰の嘔吐の例として再度名ざされている（本書二八八ページ）。次にこれの恐ろしさと超克の葛藤が、墓場の「夢」として語られる。この「夢」の形式は、「幻影と謎」の章の「幻影」につながり、さらには「快癒しつつある人」で暗示される「歌え、もはや語るな」（「七つの封印」）に連なり、問題を論理的推論を超えた次元で提出するニーチェの根本態度を示す。また墓場の夢の最後の「高笑い」は、のちの蛇を喉につまらせた牧人の、蛇の嚙み切り後の「高笑い」と裏腹をなす。（ii）「救済」の章では、あのたんなる創造的意志（本書一九四ページ）に対する躓きの石である取り返せぬ過去、つまり嘔吐を催すことがらを超克する意志が問題にされ、断片的偶然を一つに凝集した肯定への意志が浮彫りにされる。（iii）「幻影と謎」の章では、どんなに向上してもそれが嘔吐として再度自分に降りかかる苦痛がまず小びとによって告げられ、それを勇気によって打ち砕く態度「これが、生きるということだったのか。よし！　それならば、もう一度！」が提唱される。次に幻影の形で永遠回帰が語られ、それを軽くあしらう小びとを叱って、瞬間が重視され、勇気をもって肯定へと転ずる心境が、蛇を喉につまらせた牧人の嚙み切りとその高笑いとして描出される。（iv）「快癒しつつある人」の章では、永遠回帰の嘔吐で病気になったツァラトゥストラ本人が登場、その病気から肯定の快癒への転換に、美しい世界の花園やそこで遊ぶ動物たちの語りや情景が絡み合う。ここでは言葉の舞踏を讃えて、歌う姿勢に深まるニーチェがいる。最初、永遠回帰が万物の舞踏として宇宙論的なものであることが、動物たちによって語られるが、人間ツァラトゥストラにとっては、それはそう簡単に「手廻し風琴の歌」にはならない。永遠回帰の嘔吐に病み疲れ、それと格闘する苦悩が、人間には不可避だからである。ここには、宇宙論的次元と人間的次元という、永遠回帰のもう一つの二面性が暗示されている。しかし嘔吐の超克後の人間は、今や肯定の讃歌を歌い、人間・宇宙をひっくるめた永遠回帰の肯定において、没落の覚悟を定めつつ、生を生き抜くものであることが、語られる。

一　運命愛

運命愛とは何か

人間における偉大さを言い表わす私の定式は、運命愛《アモール・ファティ》である。すなわち、ひとは、何事であれ現にそれがあるのとは別なふうであってほしいなどと思ってはならないのであり、しかも、将来に対しても、過去に対しても、永遠にわたってけっして、そう思わないことである。やむをえざる必然的なものを、ただたんに耐え忍ぶだけではなく、ましてやそれを隠したりせずに——実は理想主義などというものはことごとく、やむをえざる必然的なもののまえに立てば嘘っぱちであることが分かるのだが——むしろ、やむをえざる必然的なものを愛すること、である…

（『この人』「利口」一〇）

私はしばしばこう自問した。私は私の人生の最も困難な年月に対して、ほかの何らかの年月に対してよりも、いっそう深く感謝すべきではないのか、と。私の最も内奥の本性が私に教えるところでは、すべてのやむをえざる必然的なものは、高所から眺めてみれば、そして大きな意味での差引勘定からすれば、実は有益なものそのものでもあるからである。——ひとはやむをえざる必然的なものを、ただたんに耐え忍ばなければならないだけではなくて、それを愛さなければいけないのである…運命愛《アモール・ファティ》、これこそは、私の最も内奥の本性である。

（『ニーチェ対』「結び」一）

やむをえざる必然的なものは、私を傷つけはしない。運命愛は、私の最も内奥の本性である。

（『この人』「ヴァーグナー」四）

何よりもまず、やむをえざることをなすこと——しかもそれを、君になしうるかぎり美しくまた完璧に！「やむをえざる必然的なものを、愛せ」——運命愛、これこそが、私の道徳であろう。やむをえざる必然的なものを手厚く大事に扱っておやり。そしてそれを、そのいまわしい由来から引き上げて、君自身にまで高めてやることだ。

（＊『生成の無垢』Ⅰ一一四九、V_2, 15［20］）

新しい年によせて。——まだ私は生きており、まだ私は考えている。私はまだ生きねばならない。というのも、私はまだ考えねばならないからである。我アリ、ユエニ我考ウ。我考ウ、ユエニ我アリ。今日は、誰もが、自分の願望と自分の最愛の思想とをあえて言い述べてもよい日である。それで、私もまた、今日私が自分からすすんで自分に何を望んだかを、またどんな思想が今年最初に私の胸裡にのぼってきたかを、言おうと思う。——どんな思想が私にとって今後の全人生の根拠であり保証であり甘美なものであるべきかを言おうと思う！　私は、もろもろの事物における必然的なものを美しいものと見ることを、いよいよ多く学ぼうと思う。——だから私は、もろもろの事物を美しいものとなす人々の一人であることになるであろう。運命愛、これこそが今からのちは、私の愛するものであるように！　私は、醜悪なものに対して戦いを挑もうなどとは思わない。私は、弾劾しようとは思わないし、弾劾する人々を弾劾しようとさえも思わない。無視するということが、私の唯一の否認であるように！　そして、これを要約して言えば、私は、いつか他日、ただただ一人の肯定を言う者でだけあろうと思うのである！　（＊『知識』二七六）

「肯定」にいたる私の新しい道。——私がこれまで理解しまた生き抜いてきた哲学は、生存の厭わしいまた悪名高い諸側面をも、あえてすすんで探索するものである。氷と砂漠を通り抜けてゆくこうした放浪が私に与えてくれた長年の経験に基づいて、私は、これまで哲学的に思索されてきたすべてのことを、別様に見ることを学んだ。——すなわち哲学の隠された歴史、つまり哲学史上の偉大な人々の心理学が、私には、明らかとなった。「精神は、どれほどの真理に耐えられ、どれほどの真理をあえて勇気を振るって摑むものであるのか」——これが、私にとって、本来的な価値尺度となった。誤謬とは臆病の一つにほかならず、…認識のどんな成果も、勇気から、自己に対する厳しさから、自己に対する清潔さから、結果するのである。…このような実験哲学こそ、私が生き抜いているものだが、それは、根本的なニヒリズムの諸可能性をも、試みに先取するものである。ただし、そう言ったからといって、この実験哲学は、一つの否定に、否に、否への意志に、とどまってしまうのではないのである。この哲学はむしろ、それとは逆のことにまで突き進んでゆこうとする。——つまり、あるがままの世界に対し、差し引いたり除外したり選択したりせずに、ディオニュソス的な肯定を言うところにまで、である。——この哲学は、永遠の円環運動を欲するのである。——この同一の諸事物を、結び目のこの同一の論理と非論理とを、欲するのである。一人の哲学者が到達しうる最高の状態、それはすなわち、ディオニュソス的に生存に対して立つということだが、——そのことを言い表わす私の定式が、運命愛なのである。

そのことのために必要なのは、これまで否認されてきた生存の諸側面を、ただたんにやむをえざる必然的なものとして捉えるばかりではなく、むしろ望ましいものとしても捉えることである。しかも、ただたんに、これまで肯定されてきた諸側面との関係において（たとえばその諸側面の補足物とか予備条件とかとして）、それらを望ましいものとして捉えるばかりではなくて、むしろ、それらこれまで否認されてきた諸側面それ自身のゆえに、それらを望ましいものとして捉えることである。というのも、それらこそは、より強力で、より実り豊かで、より真実な、生存の諸側面だからであり、その諸側面の中で、生存の意志がより明瞭に自分を語り出しているからである。

同様に、右のために必要なのは、これまでそれだけがひとり肯定されてきた生存の諸側面を、査定してみることである。そうした価値評価がどこから淵源し、そうした価値評価が生存のディオニュソス的価値測定をいかに保証することの少ないかを、捉えてみることである。そこでは一体何が肯定を言い述べているのかを、私は引き出しまた捉えた（それは一方では、悩む者の本能であり、他方では、畜群の本能であり、第三には、例外者を嫌う大多数者の本能というあの本能である——）。

それによって私が察知したのは、より強力な種類の人間は、どれほど別の方向に向かって、人間の向上や高揚を考え抜いてゆかねばならないか、ということであった。より高次の存在者たち、それは、善悪の彼岸に立ち、あの諸価値、つまり、悩みや畜群や大多数者という領域からのそれの由来が否定されえないようなあの諸価値の、彼岸に立つものであって、——私が求めてきたのは、こうした逆倒した理想形成の、歴史における端緒なのであった（「異教的」とか「古典的」とか「高貴な」とかの諸概念が、新たに発見され、打ち樹てられたのである――)。（＊『力』一〇四一、Ⅷ3, 16［32］）

運命とは何か

トルコ人の宿命論。――トルコ人の宿命論が持つ根本的誤謬は、人間と運命とを二つの別物として相互に対立させたという点にある。つまりその宿命論によれば、人間は運命に抵抗してそれを何とか阻止しようと努めることはできても、しかし結局はいつも運命の方が勝利を収めるので、だから、諦めるかあるいは気ままに生きるかするのが一番賢明だ、というのである。けれども本当は、どんな人間もみな彼自身が一個の運命なのである。彼が上述の仕方で運命に抵抗していると思いこむならば、実はまさにその点でやはりまた運命が生起しているのである。運命との戦いなどは一つの妄想であり、逆にまた右のような運命への諦念も同じく妄想であり、それらすべての妄想が、つまり運命の一部なのである。――大多数の人々が、意志の不自由を説く教説に対して抱く不安は、トルコ人の宿命論に対する不安なのである。つまり彼らの思いこみでは、人間は未来を全然変えることができない以上は、弱々しく忍従して両手を合わせて未来のまえに立つほかはないか、あるいは、気ままに暮らしたところでいったん定められた運命がもっと悪くなろうはずもない以上は、全く自分の気の向くままの暮らしに身を任せるほかはない、というのである。けれども人間の愚行も、人間の抜け目ない振る舞いと同じく、それ自体が一個の運命なのである。運命を存在すると見る信仰に対するあの不安もまた、運命なのである。哀れな小心者の君自身が、実は、何ものにも支配されない運命の女神《モイラ》なのである。つまり、神々よりもなお上に立って君臨し、来たるべきものの一切に対して立つ運命の女神なのである。君こそが、祝福に値する幸運を生み出す天恵であるか、あるいは呪わしい災禍を生み出す天罰であるか、いずれかなのであり、いずれにしても、君は、どうにもならない桎梏なのであって、どんな強者もこの桎梏に縛りつけられているのである。君の中でこそ、人間世界の未来のすべてが、まえもって規定されてしまうのである。君が君自身を恐れたところで、何の役にも立ちはしない。

（＊『人間的』III六一）

――運命が人間に現われてくるのは、人間自身の人格性を鏡としてそれへの屈折を介してである。だから、個人の持つ意志の自由と、個人の運命とは、互いに譲らぬ二つの敵対者である。われわれの見るところ、運命の存在を信ずる民族は、力と意志の強さとにおいて秀でているが、これに反して、キリスト教の信条を間違って理解して、「神が万物を善く創りたもうた」のだからと言って、事物を成り行きのままに任せてしまっている女や男は、周囲の情況にだらしなく左右されるものである。一般に、「神の意志への帰依」とか「恭順」とかいうものは、断乎として運命に立ち向かうことを卑怯にも怖れる点を、覆い隠す口実にほかならない場合がしばしばある。

ところで、運命は、限界を定めるものであるから、何と言っても、自由な意志よりもずっと強力なさまを呈するものであるが、しかしその場合に、われわれは、二つのことを忘れてはならない。第一に、運命とはそれだけではまだ一つの抽象的な概念にすぎず、素材のない力であるということ、個人にとって運命とはそれぞれ個人的なものとしてのみ存在するということ、運命とはさまざまな出来事の連鎖にほかならないということ、人間は、行動し、したがって自分自身の出来事を創り出すや否や、自分自身の運命を定めていっているのだということ、一般に人間に降りかかるさまざまな出来事は、意識的にか無意識的にか、当人自身によってひき起こされたのであってその当人にふさわしいものであるはずだということ、これである。人間の活動はしかし、生誕とともにようやく始まるのではなく、実はすでに胎児の中で始まっており、そしておそらくは——この点については誰も決定できないが——すでに両親や先祖において始まっているのである。〔……〕

けれども第二に、自由な意志というものも、同様に、一つの抽象物にすぎない。それは、意識的に行動する能力のことを意味し、これに対して、われわれは普通、運命ということを、無意識的行動のさいにわれわれを導く原理と理解している。しかし行動するということは本来、何らかの魂の活動、つまり、われわれ自身がまだ対象として注目する必要を感じていないような或る意志の方向をも、いつも同時に表わしているものである。意識的な行動のさいにも、無意識的な行動のときと同様に、われわれは種々の印象によっていちじるしく左右されるし、また左右されなかったりする。或る行為がうまくいったとき、ひとはしばしば、たまたま運よく成功したのだ、と言う。しかしいつもそのとおりだとはけっして限らない。魂の活動は、ずっと持続しているから、われわれが精神的な眼でもってその魂の活動を観察していない場合でさえも、魂の活動は同じく弱められずにずっと続いているのである。

明るい日射しの中で両眼を閉じるならば、われわれにとっては太陽は輝かないことになる、などとわれわれはよく思いこむが、それは右の場合と似ている。けれども、われわれの上に及んでいる太陽の働き、つまり、日光の生命力や太陽の温和な暖かさなどは、われわれが感官でもってそれをもはや知覚しないときでさえも、停止してはいないのである。

したがって、もしもわれわれが、無意識的行動という概念を、ただたんに、以前の諸印象によって自分が左右されることとだけ解さないとすれば、われわれにとっては、運命と自由な意志との厳密な差異は消失して、両概念は、個性という理念に溶け合うことになる。

事物が非有機的なものから離れれば離れるほど、また教養形成が拡大すればするほど、ますます個性というものが際立ってきて、個性の諸特質がいっそう多様になってくる。自己活動的な内的力と外的印象、それらを動かす発展の梃子《てこ》、それらは、意志の自由と運命である以外に何でありえようか。
意志の自由のうちには、個人にとって、個別化、全体からの分離、絶対的無制限性などの原理が含まれている。これに対して運命は、人間を、全体の発展との有機的結合の中へとおき戻し、そして、人間を支配しようとすることによって、人間を、自由な反抗力の展開へと強いるのである。運命を欠いた、絶対的な意志の自由といったようなものは、人間を神にしてしまうであろうし、逆に、宿命論的な原理は、人間を自動機械にしてしまうであろう。――

(『初期遺稿』「意志の自由と運命」、I 2, 13 [7])

自由な意志は、拘束のないもの、恣意的なものという姿で現われる。それは、無限に自由なもの、さすらいゆくもの、精神である。ところが運命とは、一つの必然性である。〔……〕運命は、自由な意志に対して逆らう無限の力である。運命を持たない自由な意志などは、ちょうど、実在的なものを持たない精神や、悪を欠如した善と同様に、考えられえないものである。というのも、右のような対立物があってこそはじめて、そうした特質が作り出されてくるからである。

運命が繰り返し説く根本命題は、「出来事が、次の出来事を規定してゆく」ということである。もしもこれのみがただ一つ真実の根本命題であるとすれば、人間は、未知の作用力の手毬《てまり》となり、自分の間違いにも責任がなくなり、およそ道徳的区別からは解放されて、或る連鎖の中の必然的な一項になるであろう。幸いなことに、そのときには、人間は自分の境遇を洞察することもなく、また自分を締めつける桎梏の中で痙攣することもなく、さらに、狂気の情念をもって世界やその機構を混乱させようとすることもなくなるであろう！

精神が実はただ無限に最小の実体としてのみ存在することができ、また善がただ悪それ自身からの最も繊細な発展としてのみ存在しうるのとちょうど同じように、おそらくは、自由な意志も、運命の最高の力以外の何ものでもないかもしれないのである。そうだとすれば、世界史は、無限に広義に解釈された質料の歴史となる。というのは、もっと高次の原理が存在するに違いないからであって、その原理のまえに立てば、あらゆる差別が一つの大きな統一性の中へと融合して流れこみ、すべてのものが発展、段階となり、一切のものが一つの巨大な大洋へと注ぎ入って、その大洋の中では、世界のすべての発展の梃子が統合し融解し合って再び見出され、万物帰一となるからである。――

（『初期遺稿』「運命と歴史」、I 2, 13 [6]）

愛とは何か

愛することを学ぶこと。――ひとは、愛することを学ばねばならない。好意を持つことを学ばねばならない。しかも、若いときからそうしなければならない。教育や偶然のおかげで、このような感覚を訓練する何らかの機会もわれわれに与えられなかった場合には、われわれの魂はひからびてしまい、愛情こまやかな人間があみ出すあの優しい思いつきの数々を理解することにさえ不適格になってしまう。同様にまた、憎しみも学ばれ、培われねばならない。もしも誰かが、激しく逞しい憎悪者になろうと思うならば、そうすべきである。すなわち、そうしないと、憎しみの萌芽さえも、次第に死に絶えてしまうであろう。

（＊『人間的』Ｉ六〇一）

ひとは愛することを学ばねばならない。——だから、われわれにとっては、音楽の場合には、実際事情はそのとおりになっている。すなわち、まず最初、ひとは、ひとまとまりの音の流れや旋律全般を、聴くことを学ばねばならず、それを聴き取り、聴き分け、一つの生命あるものとして独立して切り離して限界づけなければならない。次に、その音の流れや旋律が聞きなれないものであっても、それをじっと我慢して聴く努力と善意とが必要である。それの目差しや表情に対して辛抱づよくつき合い、それの奇妙な点に対しては優しい気持で接してやることが必要である——。そうすれば最後には、われわれがそれにすっかりなじんでしまうような瞬間がやってくる。そのときには、われわれはその音の流れや旋律を待ちうけるようになり、それが聴けなくなったりしたらさぞわれわれは淋しい気持になるだろうなどと予感したりする。そこまでくれば、今度はもう、その音の流れや旋律は、その迫力と魅力を発揮し続ける一方となり、ついにはわれわれが、それの言いなりの、それに心を奪われた愛好者となって、その音の流れや旋律以上に良いものなどもはやこの世界から望みもせずに、ただもう繰り返しそれだけを望むような愛好者にならずにはいない結末となる。――けれども、ただたんに音楽に関してだけ、こうしたことがわれわれに起こるだけではないのである。われわれが現在愛しているあらゆる事物を、われわれは、ほかでもない、まさに右のような具合にして、愛するよう学んだのである。われわれは結局いつも、われわれの善意に対して、つまり、見知らぬものをわれわれが辛抱して甘受し、公正に扱い、優しい気持で接することに対して、酬われるのである。それも、その見知らぬものが、徐々にその覆いを脱ぎ捨て、言うに言われない新しい美しさにおいて現われてくるという具合に、なのである――。それは、客人を遇するわれわれの暖かいもてなしに対する、その見知らぬものの感謝である。自分自身を愛する者もまた、このような道程をとおって、おのれを愛することを学んだはずである。というのも、それよりほかには何の道程も存在しないからである。愛というものさえをも、ひとは学ばなければならないのである。

（＊『知識』三三四）

二　永遠回帰

『悦ばしい知識』における表現

最大の重し。――もしも或る日ないしは或る夜に、一つの悪魔が君のあとをこっそりつけて、君の孤独この上ない孤独の中に忍び入ってきて、君にこう言ったとしたら、どうであろうか。「君が今生きており、またこれまで生きてきたこの人生を、君はもう一度、いやさらに無数回も生きねばならないであろう。そこには新しいものは何もなく、あらゆる苦痛とあらゆる快楽、あらゆる思想と嘆息、そして君の人生のありとあらゆる言いようのない大小すべてのことが、君に回帰してこねばならず、しかもそれらすべてが全く同一の系列と順序において、である――だから同じく、この蜘蛛も、また樹々の間のこの月光も、そして同様に、この瞬間も、また私自身も、回帰してこねばならない。生存の永遠の砂時計は、繰り返し巻き戻される――そしてその砂時計と一緒に、君というこの塵の中のちっぽけな塵も、だ！」と。――君は倒れ伏して、歯ぎしりし、そのように語ったその悪魔を呪わないであろうか。それとも君は、その悪魔に次のように答えるという途方もない瞬間をかつて体験したことがあるであろうか。「お前は、神だ。そして私はこれ以上神的なことをかつて一度も聞いたことがない！」と。もしあの思想が君に対して圧倒するような力を及ぼしたとすれば、その思想は、現在ある君を変貌させ、ひょっとしたら押しつぶしてしまうであろう。そのときには、何をする場合にも、「君はそのことをもう一度、いやさらに無数回も欲するか」という問いが、最大の重しとなって、君の行為の上にのしかかるであろう！　それとも君は、この究極の永遠的な確証と確認以上にはもはや何物をも熱望しないようになるために、どれほど、君自身と人生とを愛惜するようにならねばならないことであろうか。

（＊『知識』三四一）

『善悪の彼岸』における表現

私と同じように、或る謎めいた欲望をもって、永年次のことに努力してきた者がいるとする。つまり、ペシミズムを底の底まで考え抜き、今世紀には最後にそのペシミズムが、ショーペンハウアー的哲学の形態を採って現われた、そのなかばキリスト教的、なかばドイツ的な狭隘さや単純さから、ペシミズムを救い出そうと努力してきた者がいるとする。また、本当にかつて一度、アジア的なまた超アジア的な眼をもって、ありとあらゆる思考法の中で最も世界否定的な思考法を、その内部にまで立ち入って見つめ、ついにはそれを眼下に見下ろすようになった者が、いるとする——それも、善悪の彼岸に立ってであり、だから、仏陀やショーペンハウアーのように、道徳の呪縛や妄想に囚われながらではもはやない——。そのような者は、おそらくはほかならぬそのことによって、あえて元来からそう意図したわけでもないのに、右のものとは逆の理想に対する眼を、開くことになったであろう。すなわち、この上なく勇気にあふれ、この上なく生気にみちた、世界肯定的な人間という理想に対する眼を、である。このような世界肯定的な人間は、かつて存在しまた今も存在することがらと和解しているし、またそうしたことがらと調和するすべを学び取っているだけではなく、そうしたことがらを、それがかつて存在しまた今も存在するとおりのままで、再び所有しようと欲するのである。しかも、未来永劫にわたってであり、あくことなく「モウ一度」と叫びながら、である。それも、自分のためにばかりではなく、すべての出来事と劇のためにである。否、劇などといったもののためにばかりではなく、根本的には実は、ほかならぬこの劇を必要としており——いや、必要ならしめているあの者のために、なのである。というのも、あの者は、繰り返しおのれ自身を必要としており——いや、必要ならしめている、からである。——　——なんだって。それじゃあ、それは——悪循環スル神じゃあないのか、だと。

（＊『善悪』五六）

『ツァラトゥストラ』における表現

（i）「予言者」

予言者
「――そしてわしは、一つの大きな悲哀が人間たちの上に襲ってくるのを見た。最良の人々も、おのれの仕事に疲れてしまった。

一つの教えが宣告され、その教えに伴って、一つの信仰が拡がった。すなわち、『一切は空しい。一切は同じことだ。一切はすでにあったのだ！』と。

そしてあらゆる丘から、再びその言葉が響きを返してきた。すなわち、『一切は空しい。一切は同じことだ。一切はすでにあったのだ！』と。〔……〕

まことに、わしたちは、もう死ぬ力もないほど疲れきった。さあ、わしたちは今後は、めざめて生き続けるほかはない――墓穴の中で、だ！」――

このように一人の予言者が語るのを、ツァラトゥストラは聞いた。そしてその予言は、ツァラトゥストラの胸を打ち、彼を変貌させてしまった。悲哀に沈み、疲れ果てて、彼は歩き廻った。彼はまるで、その予言者が語った人物にそっくりになってしまった。

まことに、とツァラトゥストラは、自分の弟子たちに言った。もうしばらくすると、この予言のような永いたそがれがやってくるだろう。ああ、どうやって私は、私の光を、そのたそがれを超えて先まで届くよう、救い出したらいいのか！

この悲哀の中で、私の光が、窒息してしまわなければいいのだが！　何しろ、私の光は、もっと遠い世界をも、いや、それどころか最も遠い夜をも、照らし出すべきものだからだ！

このように、胸中に憂いを抱いて、ツァラトゥストラは歩き廻った。〔……〕ついに、彼は深い眠りに陥ってしまった。〔……〕

さて、ツァラトゥストラがめざめたとき、彼の語った物語は、次のようであった。

君たち、友らよ、私が見た夢のことをどうか聞いておくれ、そしてその夢の意味を解き明かす手助けを、私のためにしておくれ！〔……〕

墓場の夢

夢の中で私は、一切の人生を断念していた。それで私は、あのもの寂しい孤独な山上の死の城郭で、夜警の墓守り人になっていた。

その山上で、私は、死の収められたもろもろの柩《ひつぎ》を見守っていた。いくつもの重苦しい地下の墓場には、死の勝利のしるしである柩がいっぱいおかれていた。ガラス製の柩の中からは、死に打ち負かされた生が、私の方を見つめていた。

埃にまみれた永遠の匂いを、私は吸った。私の魂も、蒸し暑さと埃にまみれて、打ち沈んでいた。実際、あんな場所で、自分の魂に風を通してせいせいした気持になることのできる誰がいたであろう！

真夜中の明るさが、いつも私のまわりにあった。その明るさのそばに寄りそってうずくまっていたものは、もの寂しい孤独だった。そして、第三に、私の仲間の中でも最悪の奴、あの死の静けさが、喉をごろごろ言わせていた。

私は鍵を携えていたが、その鍵は、どんな鍵よりも一番錆びついていた。そして私は、その鍵で、どんな門よりも一番ぎいぎいきしむ門を開けるすべを心得ていた。

その門の扉が動き出すといつも、怒り狂った鳥のぎゃあという鳴き声にも似た音が、長い廊下を突き抜けた。この鳥の叫び声は、いやがって鳴く無愛想なもので、その鳥はめざめさせられるのを、きらっていたのだ。

けれども、もっとぞっとするように恐ろしく、胸しめつけられるようになるのは、あたりが再び静まりかえり、周囲が静寂になって、私だけがひとり、この陰険な沈黙の中で坐っている時だった。

そんなふうにして私には、時が音もなく過ぎていった。もっともそれは、そこにまだ時があるとしてのことだ。時のことなぞ、夢の中のことだ、私に何が分かろう！　しかしついに、私の目をさますようなことが、起こった。

高笑いによる覚醒

三回ほど、門をたたく音が響きわたった。雷鳴のようだった。地下の墓場も、三回ほど反響して、どよめいた。それで私は門の方に行ってみた。

アルパ！　と私は叫んだ。誰が、自分の灰を山に運んできたのか。アルパ！　アルパ！　誰が、自分の灰を山に運んできたのか。

そして私は鍵をさし入れ、門の扉のところをもたげようとして、懸命に努力した。しかし、まだ指一本ほどにも、門が開かなかったときだった。

そのとき、荒れ狂う一陣の風が、門の扉を左右に引き開けた。風は、びゅうびゅうとうなり、つんざくように鋭く、また激しい大音をたてながら、私のところに、一つの黒い柩を投げつけた。

そして、その柩は、荒れ狂うような、びゅうびゅううなる、鋭くつんざく音の中で、張り裂け、千様の高笑いを、吐き出した。

そして、小児や、天使や、梟や、阿呆や、小児ほどもある蝶などの、千様の怪奇な顔から、笑いと嘲りとざわめきが、私に向かって襲いかかってきた。

私はそのためにぞっとし、身ぶるいした。私は打ちのめされて、倒れ伏した。そして私は、恐ろしさのあまり、かつてないほどの叫び声をあげて叫んだ。

しかし、その私自身の叫び声が、私の目をさました。——こうして私はわれにかえったのだった。——

（『ツァラ』II「予言者」）

（ii）「救済」

断片的偶然を一つに凝集させる　「まことに私の友たちよ、私は人間たちの間を歩くとき、まるで、人間たちの断片やばらばらの手足の間を歩くような気がする！

私の眼に映ずる恐ろしいことは、人間が、ばらばらに寸断されて、まるで戦場や屠殺場にでも投げ出されたように散らばっているのを、私が見るということだ。

そして私の眼が現在から逃れて過去へと自分の目差しを転じても、いつも同じことが見られるのだ。すなわち、断片と、ばらばらの手足と、恐ろしい偶然とが、見られるだけで――しかし、どこにも人間は見られないのだ！

地上における現在と過去――ああ、私の友たちよ――これこそは、私にとって最も堪えがたいものなのだ。だから、もしも私が、これから来るに違いないものの予見者にまだなっていないとしたならば、私は生きることができないほどなのだ。

予見者、意欲者、創造者、未来そのもの、未来への橋――そしてああ、それでいてやはりなおも、この橋のほとりの不具者。こうしたもののすべてであるのが、ツァラトゥストラなのだ。

そして君たちもしばしば自問した。『ツァラトゥストラとはわれわれにとって何者なのか、と。彼はわれわれにとって何と呼ばれるべきなのか、と。』そして私自身と同じように、君たちも、これに答えようとして、こう自問した。

彼は、約束する者なのか。それとも、約束を果たした者なのか。征服者なのか。それとも、継承者なのか。実りの秋なのか。それとも、掘り覆す鋤の刃なのか。医者なのか。それとも、快癒者なのか、と。

彼は、詩人《ディヒター》なのか。それとも、誠実な者なのか。解放者なのか。それとも、束縛する者なのか。善人なのか。それとも、悪人なのか、と。

実は私は、未来の断片としての人間たちの間を歩く者なのである。私が観取するあの未来の、である。

そして私の営為努力《ディヒテン》の一切の向かうところは、断片であり謎であり恐ろしい偶然であるものを一つのものへと凝集《ディヒテン》させ取り集めることにあるのである。

もしも人間が、断片を取り集め創出する者《デイヒター》、謎を解く者、偶然を救済する者でもないとしたならば、どうして私は、人間であることに耐えられよう！

過去の救済

過ぎ去ったものを救済し、すべての『かくあった』を、『そう私は意欲したのだ！』に創り変えること——これこそがはじめて、私には救済ということであろうのに！

意志——それこそは、自由を与え歓びをもたらすものの名前である、と、そう私は、君たち私の友たちに、かつて教えた！〔本書一九四ページ参照〕しかし、今はそれに加えて君たちは、次のことを学び取ってくれたまえ。すなわち、意志そのものは、まだ一人の囚われ者だということだ。

意欲は自由を作り出してはくれる。しかし、この自由を与えてくれるものをもなお鎖につなぐものがあるのだが、それは何であろうか。

『かくあった』――すなわちこれこそは、意志の切歯扼腕であり、この上ない孤独の憂悶である。すでになされてしまったことに対しては無力であるために――意志は、すべての過ぎ去ったことがらに対しては、怒りに燃えた傍観者なのである。

意志は、以前にさかのぼって意欲することができない。意志は、時間を打ち破ることができず、時間の欲望を打ち砕くことができないということ、――これこそは、意志のこの上ない孤独の憂悶なのである。〔……〕

時間が逆には流れないということ、これが、意志の忿懣である。『かくあったもの』――それこそは、意志がころがすことのできない石の名である。

こうして意志は、忿懣と不満とから、ほかのいろいろな石をころがして、自分と同じようには憤激と不満とを感じないものに対して、復讐をするのである。

こうして、自由をもたらすはずの意志が、加虐者となったのである。そして悩みうるすべてのものに対して、意志は、自分が以前にさかのぼることができないことの復讐をするのである。

これが、いやこれのみが、復讐そのものにほかならない。すなわち、時間と、時間の『かくあった』とに対する意志の敵意が、である。〔……〕

創造的意志による過去の肯定　すべての『かくあった』は、断片であり、謎であり、恐ろしい偶然である。――創造する意志が、それに向かって、『しかしそう私はかつて意欲したのだ！』と言うまでは、そうである。

――創造する意志が、それに向かって、『しかしそう私は今も意欲する！　そう私は今後も意欲するであろう！』と言うまでは、そうである。

けれども、意志はもうすでにそう発言したであろうか。また、いつその発言は起こるであろうか。意志はもうすでに、自分自身の愚劣さから脱却したであろうか。

意志はもうすでに、自分自身に対して、救済者となり、歓びをもたらす者となったであろうか。意志は、復讐の精神と、すべての切歯扼腕とを、忘れ去ったであろうか。

そして、意志に、時間との宥和を教え、あらゆる宥和よりもいっそう高次のものを教えた誰がいたであろうか。

あらゆる宥和よりもいっそう高次のものを、力への意志である意志は、意欲しなければならない――。だがしかし、どのようにしてそのことは意志に起こるのであろうか。以前にさかのぼって意欲することを、意志になおもさらに教えた誰がいたであろうか。」

（『ツァラ』II「救済」）

(iii)「幻影と謎」

論理的推論を超えるもの

君たち、大胆な探究者たち、試みる者たちよ。これまで帆を巧妙に操って恐ろしい海に乗り出したことのある者たちよ。──君たち、謎に酔い痴れた者たち、薄明を喜ぶ者たちよ。その者たちの魂は、笛の音が響けば、どんな迷路の奈落にも誘惑されゆくものだ。

──というのも、君たちは、臆病な手つきで、一本の糸を探り求めようなどとはしないからだ。そして君たちは、勘鋭く察知することができる場合には、論理的に推論して解明することなどをきらうのだ。──

そうした君たちだけに、私は、私が見た謎を物語ろうと思う、──この上なく孤独な者が見た幻影を、である。──

小びとの説く重苦しい思想

暗澹たる気持で、私は、この間、屍のように青白くくすんだたそがれの中を歩いていた、──暗澹たる気持で、また厳しい気分で、唇を固く閉じながら、である。私にとっては、ただたんに、たった一つの太陽が、沈んだだけではなかったからだった。

石ころの間をぬけて頑固に登り坂となっている小道。悪意にみちた、もの寂しく孤独な小道。そこには草や灌木ももはや彩りを与えていなかった。その山道が、そこを押し分けて進む私の足下で、歯ぎしりしていた。

小石の嘲るようながしゃがしゃいう音を、足の下に踏みつけながら、ただ黙って、そして、足をすべらせる石を踏みつぶしながら、である。つまり私の足は、無理やり、登り道を、上がって行ったのだった。

登り道を上がって行くこと。――足を下方へと引っ張り、深淵の方へと引っ張る精神に逆らって、である。つまり、重力の精神という、私の悪魔にして宿敵であるものに逆らって、である。

登り道を上がって行くこと。――この重力の精神が、私の上に、のしかかってとりついているにもかかわらず、である。この重力の精神は、なかば小びと、なかばもぐらであった。そいつは、自分も麻痺した、たるんだ奴だが、ひとをも麻痺させ、たるませる奴だった。そいつは、私の耳を通して鉛を、そして私の脳髄の中へと鉛のしずくのような重苦しい思想を、したたらせこませた。

「おお、ツァラトゥストラよ」と彼は、嘲るように、一語一語を、ささやきかけた。「お前は、知恵の石だ！　お前は、自分を高く投げ上げた。けれども、投げられた石はみな――落下せざるをえないのだ！

おお、ツァラトゥストラよ、お前は、知恵の石、お前は、投石器の石、お前は、星を打ち砕く者！　お前自身を、お前はかくも高く投げ上げた。——けれども、投げられた石はみな——落下せざるをえないのだ！

投げ上げられた石は、お前自身へと戻ってきて、お前自身を石打ちの死刑に処するべく、定められているのだ。おお、ツァラトゥストラよ、実際お前はなんと高く石を投げたことか。——しかし、お前の上に、その石は、再び落下してくるだろう！」

そう言ってから、小びとは沈黙した。そして永い時間がたった。しかし彼の沈黙は、私を圧迫した。こんなふうにして二人でいるとき、ひとは本当に、一人きりでいるときよりも、孤独なものだ！

私は登り坂を上がりに上がって行った。私は夢みた。私は考えた。——けれども、すべてのものが、私を圧迫した。私はまるで、悪質の病苦に疲れ果てたような、そして悪質な夢にうなされて寝入ろうとしてはめざめさせられるような、病人にそっくりであった。——

勇気——「これが、生きるということだったのか。よし！　それならば、もう一度！」

けれども、私のうちには、私が勇気と呼んでいるものが存在している。この勇気こそは、これまで、私のあらゆる困却を打ち殺してくれたものだった。この勇気がついに私に命じて、歩みをとめて立ちどまり、こう言わしめたのだった。「小びとめ！　お前か！　それとも、おれか！だ」——

勇気というものは、すなわち、最上の殺害者である、——勇気、それは、攻撃するのだ。というのは、あらゆる攻撃の中には、鳴り響く軍楽があるからだ。

人間はところで、最も勇気にみちた動物である。勇気によって人間は、あらゆる動物を征服したからだ。鳴り響く軍楽をもって、人間は、さらにあらゆる苦痛をも征服した。人間の持つ苦痛こそは、ところが、最も深い苦痛なのだ。

勇気は、また、深淵に臨んだときの目まいをも打ち殺す。だが、人間は、深淵に臨んで立たないようなときなどありはしない！　見るということ自体がもう——深淵を見るということではないか。

勇気というものは、最上の殺害者である。勇気は、また、同情をも打ち殺す。同情とはところで、最も深い深淵である。人間は、深く人生の中を見れば見るほど、またそれだけ深く苦悩の中を見ることになるのだ。

勇気というものはしかし、最上の殺害者である。勇気、それは攻撃する。勇気は、さらに死をも打ち殺す。というのは、勇気はこう語るからである。「これが、生きるということだったのか。よし！　それならば、もう一度！」と。

こういう言葉の中にはところで、鳴り響く軍楽が高らかに響きわたっているのだ。耳ある者は、聞くがよい。——

深淵の思想――瞬間と永遠回帰

「とまれ！　小びとめ！」と私は言った。「おれか！　それとも、お前か！　だ。しかし、われわれのうちでより強い方の者は、このおれなのだ――。お前は、おれの深淵のような深い思想を知るまい！　その思想は――お前などには堪えられないようなもののはずだ！」

すると、私の身を軽くするようなことが起こった。というのは、その小びとが、私の肩から飛びおりたからだった。好奇心の強い小びとめ！　そして彼は、私の前の石の上にしゃがんだ。ところが、われわれが立ちどまったちょうどそこには、一つの門がありその下を一本の道が通じていた。

「この門道を見るがいい！　小びとよ！」と私は言い続けた。「この門道は二つの顔を持っている。二つの道がここで出会っている。それらの道を、まだ誰も、終わりまで歩いたことがない。

この背後に向かう永い道。それは、永遠に永く続いている。そして、あちらへと向かうあの永い道――、それも、もう一つ別の永遠である。

これらは、相互に矛盾し合っている、これら二つの道は。それらは、ちょうど互いにぶつかり合っている。――そしてここの、この門道のところで、それらは出会っている。この門道の名前は、その上に書かれているように、すなわち、『瞬間』である。

ところで、この二つの道のうちの一つをさらに先に進み――そしてどこまでも先へ、どこまでも遠くへ進む者があったとする。すると、この二つの道は、永遠に矛盾し合ったままであるとお前は思うか、小びとよ」――

「すべて直線的なものは、偽りである」と、小びとは軽蔑するようにつぶやいた。「すべての真理は、曲線的である。時間それ自身が、一つの円環である。」

「お前、重力の精神よ！」と、私は、怒って言った。「あまり軽々しい言い方をするな！ さもなければ、おれは、お前を、しゃがみこんだその場所にしゃがみこんだままにしてしまうぞ。足の麻痺した奴よ。――それに、お前をこんなに高く運んできたのは、このおれなのだぞ！」

「見るがいい、この瞬間を」と、私は言い続けた。「この瞬間という門道から、一つの永い永遠の道が、背後の方に走っている。われわれの背後には一つの永遠があるわけだ。

あらゆる事物のうちで走ることのできるものは、すでに一度、この道を走ったことがあるに違いないのではないか。あらゆる事物のうちで起こることのできるものは、すでに一度、起こり、なされ、この道を走りすぎたことがあるに違いないのではないか。

そして、すべてがすでに現存したことがあるとすれば、小びとよ、お前は、この瞬間についてどう思うか。この門道もまたすでに――現存したことがあるに違いないのではないか。

そして、すべての事物は固く結び合わされているのではないか、しかもその度合たるや、この瞬間が、すべてのやがて来る事物をうしろにしたがえているといったほどにまで、である。それだから――さらに当の瞬間自身をもしたがえているのではないか。

というのも、あらゆる事物のうちで走ることのできるものは、このあちらへと向かう永い道の中を――もう一度走らなければならないからである！――

そして、月光の中で這っているこののろのろした蜘蛛も、またこの月光自身も、また、門道のところで、永遠的事物についていて一緒にささやきかわしている、おれとお前も――つまりわれわれはみなすでに現存在したことがあったのに違いないのではないか。

――そして回帰してこねばならないのではないか、われわれの前の、あちらへと向かう、あのもう一つ別の道の中を、この永いぞっとするような道の中を――われわれはみな、永遠に回帰してこねばならないのではないか――」

そのように私は語ったが、語るにつれてますます声の方は、小さくなっていった。というのは、私は、私自身の思想とその背後の思想とに、恐ろしくなったからだった。すると、突然、私は、一匹の犬が近くで吠えるのを聞いた。

犬の泣き声と、蛇を喉につまらせた牧人

犬がこのように吠えるのを、私はかつて聞いたことがあったろうか。私の思いは、過去にさかのぼった。そうだ、あったっけ！　私が子供だったときのことだ、遠い遥かな子供のころのことだ。

——そのころの或るとき、私は、犬がこんなふうに吠えるのを聞いた。そしてその犬を実際、目にもした。犬は、毛をさか立て、頭を上に向けて、身をふるわせていた。その出来事は、犬たちさえもが幽霊の存在を信ずる静まりかえった真夜中のことだった。

——だから、私は、憐れむような気持になった。ちょうどそのとき、満月が、死のように物言わぬ静けさの中で、わが家の上に昇っていたっけ。ちょうどそのとき、月は、静かにとまって、まんまるく輝きながら、——静かに、平屋根の上で照っていた。照らし出されたわが家は、まるでよその家のようだった。——

だから、あのとき、その犬は、恐がっていたのだ。というのは、犬たちは、泥棒や幽霊の存在を信じているからだ。そして私は今再びそれに似た吠え声を聞いたので、それでまたもや私は、憐れむような気持になった。

だが、それにしても今、小びとはどこへ行ってしまったのだろう。そして門道は。また蜘蛛は。それに、あのささやきのすべては。私は一体夢でも見ていたのだろうか。私は、目がさめたのだろうか。気がつくと、荒れはてた断崖の間に、私は、突如として、たったひとりで、寂寥として、寂寥この上ない月光の中に立っていた。

けれどもそこに一人の人間が横たわっていたのだ！　そしてそこには！　あの犬がいたのだ。跳びはね、毛をさか立て、くんくん鳴きながら、だ。——私が近づくのをその犬は見るや、今度は――犬は、またもや吠えた。今度は、その犬は、泣き叫んだのだ。――これまで私は、犬がこんなふうに助けを求めて泣き叫ぶのを聞いたことがあったろうか。

おまけに、私が目にしたものたるや、全くのところ、それに類したものなど、かつて一度たりとも見たことがないようなものだった。私が見たのは、一人の若い牧人が、のたうちまわり、喉をつまらせ、ぴくぴく痙攣し、顔をゆがめているありさまであって、その口からは、黒く重たい蛇が一匹、垂れさがっていたのだ。

私はこれまで、これほどの嘔吐感と蒼白の恐怖が一つの顔に表われているのを、見たことがあったろうか。牧人はおそらく眠っていたのだろう。そこへ、その蛇が這ってきて、彼の喉に入りこんだのだ。――その喉のところに、蛇は嚙みついて離れないのだ。

私の手は、その蛇をつかんで、ちぎれろとばかりに引っ張った。――けれども、無駄だった！　私の手は、蛇を、喉からもぎ離すことができなかった。すると、私のうちから、思わず知らず、絶叫がほとばしった。「嚙みつくんだ！　嚙みつくんだ！

頭を嚙み切るんだ！　嚙みつくんだ！」――そう、思わず知らず、私の中から、絶叫がほとばしった。私の恐怖、私の憎悪、私の嘔吐、私の憐憫、私の善意と悪意の一切が、ただ一つの絶叫となって、私のうちからほとばしった。――

蛇を嚙み切る牧人とその高笑い

私の周囲の、君たち大胆な者たちよ！　君たち、探究者、試みる者たちよ。そして、君たちのうちでこれまで帆を巧妙に操って未探究の海に乗り出したことのある者たちよ！　君たち、謎を喜ぶ者たちよ！

さあ、私がかつて見たこの謎を、どうか私のために、解き当てておくれ。この上なく孤独な者が見たこの幻影を、どうか私のために解き明かしておくれ！

というのも、それは、一つの幻影であるとともにまた一つの予見だったからだ。――私があのとき見たものは何を示す比喩だったのか。いつの日にかなお来るに違いない者とは、何者なのか。

あのように蛇が喉の中に入りこんだあの牧人とは、何者なのか。あのようにこの上なく重いもの、黒いものの一切が、喉の中に入りこむであろう人間とは、何者なのか。

――あの牧人はといえば、ところで、私の絶叫が彼に忠告したとおりに、嚙んだのだった。彼は、力強く嚙みに嚙んだのだった！　彼は、蛇の頭を、遠くの方へ吐き出したのだった――。そして、飛び起きたのだった。――

そのとき彼は、もはや牧人ではなかった。もはや人間ではなかった。――一人の変貌した者、一人の光につつまれた者であった。その者が、高らかに笑ったことといったら！　これまでまだ一度たりとも、大地の上で、彼が高笑いしたように、高笑いした人間なぞかつてなかったほどだ！

おお、私の兄弟たちよ、私が聞いたものは、人間のものではないような高笑いである一つの高笑いだったのだ。――――そして今や、私をかきむしるのは、一つの渇望、けっして鎮められることのない一つの憧憬だ。

この高笑いへの私の憧憬が、私をかきむしるのだ。おお、どうして私はなお生きることに堪えられよう！　しかし、どうして私は、今死ぬことにも、堪えられようか！――

（『ツァラ』III「幻影と謎」）

（iv）「快癒しつつある人」

病人と美しい世界の花園　「おお、ツァラトゥストラよ」と、彼ら〔鷲と蛇〕は言った。「今あなたはもう七日間も、そんなふうに、重く眼を閉じて横たわっています。もうそろそろあなたは再び起き上がってもよいのではないでしょうか。

あなたの洞窟から外に出てごらんなさい。世界は、花園のように、あなたを待っています。風と戯れながら、濃い芳香が、あなたのところに届こうとしています。小川という小川が、あなたのあとを追って流れようとしています。

あらゆる事物があなたを慕って待ち受けています。あなたが七日間もたった一人で籠りきりだったからです。――あなたの洞窟から外へ出てごらんなさい！　あらゆる事物が、あなたを癒す医者になりたがっています！

きっと一つの新しい認識、酸っぱくて重たい認識が、あなたのところを訪れて来ていたのでしょうね。酸味を加えられたパンの練り粉のように、あなたは横になっていて、それで、あなたの魂は醱酵してふくれ上がり、あなたの魂の枠を超えてその縁という縁からあふれ出てこぼれ落ちそうになっていたのです。――」

言葉の舞踏

――おお、私の動物たちよ、とツァラトゥストラは答えた。そんなふうにもっと喋り続けて、私に聞かせておくれ！　お前たちのお喋りは、私をこんなに元気にしてくれる。お喋りがなされるところではもう、私にとっては、世界がたちまちまるで花園のようになってくるからだ。

さまざまな言葉や響きが現存するということは、何と好ましいことだろう。言葉や響きは、永遠に分け隔てられたものの間にかけ渡された虹であり、幻の橋ではないだろうか。

それぞれの魂にはみな、それぞれ別の世界が属している。それぞれの魂にとってはみな、それぞれ別の魂は、測り知れない背後世界である。

最も似ているもの同士の間でこそ、あの幻の橋は、最も美しく欺く。というのも、最も小さな裂け目の上に橋をかけることこそ、一番むずかしいことだからだ。

私にとっては――どうして、私の外部なぞがありえよう。外部なぞは存在しないのだ！　けれども、われわれは、あらゆる響きを聞くとき、外部のことを忘れる。われわれが忘れるということは、何と好ましいことだろう！

諸事物に名前と響きが与えられるのは、人間が、そうした諸事物で元気を取り戻すためなのではないだろうか。語るということは、愚かしいことだが、その愚かしさは美しい。そのことによって人間は、あらゆる事物の上を、舞踏してゆくのだ。

すべての物語、つまり響きによって生み出されるすべての嘘は、何と好ましいものだろう！　響きとともに、われわれの愛は、彩り華やかな虹の上で舞踏するのだ。――

万物の舞踏　――永遠回帰

――「おお、ツァラトゥストラよ」と、それに続けて、動物たちが言った。「われわれのように思考する者にとっては、すべての事物そのものが、舞踏しているのです。それらは、やって来て、互いに手を取り合い、笑いそして逃げてゆく――そしてまた帰って来る。

すべてのものは行き、すべてのものは帰り来る。存在の車輪は永遠にまわる。すべてのものは死に、すべてのものは再び花咲く。存在の年月は永遠にめぐる。

すべてのものはこわれ、すべてのものは新たにつなぎ合わされる。存在の同じ家が永遠に建てられる。すべてのものは別れ、すべてのものは再び挨拶し合う。存在の円環は永遠におのれに忠実である。
あらゆる刹那に存在が始まる。あらゆる『ここ』のまわりに、『あそこ』の球体がまわる。中心はいたるところにある。永遠の歩む小道は曲線的である。」――

永遠回帰の嘔吐とその超克

――おお、お前たち、陽気にさわぐ道化師たち、そして手廻し風琴たち！　とツァラトゥストラは答え、そして再び微笑した。お前たちは何とよく知っていることか。この七日間のうちで成就されざるをえなかったことを。――

――そしてまた、あの怪物が私の喉の中に入りこんで、私の喉をつまらせたことを！　けれども私は、その怪物の頭を噛み切り、それを、私の遠くへ吐き出したのだった。

だが、お前たち、――お前たちは、早くもそのことを、手廻し風琴の歌にしてしまったのか。ところが今私は、ここに横たわっている。あの噛み切って吐き出した体験のためにまだぐったりと疲れ、自分自身を救済した体験でまだ病み衰えて、である。

それにしてもお前たちは、それらのすべてをただ傍観していただけなのか。おお、私の動物たちよ、お前たちもまたやはり残酷なのか。お前たちは、私の大きな苦痛を、ただ傍観していようとだけ思っていたのか。ちょうど人間たちがそうするように。だって、人間という奴こそは、最も残酷な動物だからだ。〔……〕

人間という奴は邪悪なものだということを私が知っているという、この拷問の責め木に、しかし私は縛りつけられていたのではなかった。——そうではなく、これまでまだ何ぴとも絶叫したことのないような仕方で、私が絶叫したのは、こうだった。

「ああ、人間のなす最悪のことといっても、何と全くちっぽけであることか！　ああ、人間のなす最善のことといっても、何と全くちっぽけであることか！」

人間に対するこの大きなうんざりした気持、——この気持が、私の首を締めつけ、そして私の喉の中に這いこんだのだった。そしてあの予言者が予言したことがらもが、そうだった。すなわち「一切は同じことだ。何をやっても無駄だ。知識は、われわれの首を締めつける」と。

長いたそがれが、私の前を、不自由な足どりで歩いていった。死ぬほど疲れた、死の思いにひたりきった悲哀感が、である。その悲哀感は、口をあけてあくびをしながら、こう語った。

「永遠に回帰してくるのだ、あの人間が。お前のあきあきしているあの人間が、あのちっぽけな人間が、だ」と。——そのように、私の悲哀感は、あくびをして言い、そして足をひきずって歩き、眠りこむことがなかった。

私には、人間の住む大地は、洞穴に変わってしまい、大地の胸はくぼみ、一切の生き生きとしたものは、私にとっては、人間の朽ち果てたもの、骨くず、腐り果てた過去に一転してしまった。

私の嘆息は、あらゆる人間の墓の上にじっと坐りこんでしまい、もはや立ち上がることができなかった。私の嘆息と疑問は、昼も夜も、不平をかこち、吐き気を催させ、苦しめ、哀訴した。

――「ああ、あの人間が永遠に回帰してくるのだ！　あのちっぽけな人間が永遠に回帰してくるのだ！」

かつて私は、最大の人間と最小の人間との二人が、裸でいるところを見たことがあった。ところが、この二人はお互いにあまりにも似かよっていたのだ。――最大の人間といえども、おまけに、何とあまりにも人間的であったことか！

最大の人間も、何とあまりにも小さいことか！――これこそは、人間に対する私のうんざりした気持だった！　そして、最小の人間さえも、永遠回帰するのだ！――これこそは、あらゆる生存に対する私のうんざりした気持なのだった！

ああ、嘔吐！　嘔吐！　嘔吐！――　――このようにツァラトゥストラは語って、嘆息し、身ぶるいした。というのは、彼は、自分の病気のことを想い出したからだった。だがそのとき、彼の動物たちは、彼にその先を言わせなかった。

歌え、もはや語るな　「それ以上語らないで下さい。あなた、快癒しつつある人よ！」――そう、彼に対して、動物たちは答えた。「そうではなしに、外に出て下さい。外では、世界が、花園のように、あなたを待ち受けています。

外に出て、薔薇と蜜蜂と鳩の群れのところへお行きなさい！　とりわけ、歌をかなでる鳥たちのところへ、お行きなさい。彼らから、あなたが、歌うことを学び取れるように！

だって、歌うということこそ、快癒しつつある人たちのためにあることだからです。

〔……〕」

――「おお、お前たち、陽気な道化師たち、手廻し風琴たちよ。どうか、もう黙っておくれ！」――と、ツァラトゥストラは答えて、彼の動物たちに微笑した。「何とよくお前たちは知っていることか。この七日間に、私が自分自身のためにどんな慰めを思いついたかを！

私が再び歌わねばならないということ、――このことこそは慰めであり、これこそが快癒であることを、私は、自分のために思いついたのだ。お前たちは、やはりまたしてもそこからただちに一つの風琴の歌を作り出そうと欲するのか。」

――「それ以上語らないで下さい」と、またまた彼の動物たちは、彼に答えた。「それよりもさらに、あなた、快癒しつつある人よ、あなたはまず竪琴を用意しなさい。一つの新しい竪琴を！

というのは、よくごらんなさい、おお、ツァラトゥストラよ！　あなたの新しい歌の数々には、新しい竪琴の数々が必要だからです。

歌いなさい、そしてとどろきわたらせなさい、おお、ツァラトゥストラよ。新しい歌の数々であなたの魂を癒しなさい。あなたがあなたの偉大な運命を、まだ何ぴとの運命でもなかったようなそれを、担うことができるようになるために！

永遠回帰の肯定と没落

というのも、あなたの動物たちはよく知っているからです、おお、ツァラトゥストラよ、あなたが誰であり、また誰とならなければならないかを。ごらんなさい。あなたは永遠回帰の教師なのです――、それが今やあなたの運命なのです！

あなたがこの教説を教える最初の者でなければならないということ、――この偉大な運命が、あなたの最大の危険でもあり、また病気でもあらずにいるなどということが、どうしてありえましょう！

ごらんなさい、われわれは、あなたの教えることを知っています。すなわち、すべての事物は永遠に回帰し、われわれ自身も一緒に回帰し、われわれはすでに永遠の回数も現存したことがあり、われわれと一緒にすべての事物もそうであったということ、これです。

あなたの教えはこうです。生成の巨大な年月、途方もない巨大な年月が存在するということが、それです。それは、砂時計のように、繰り返し新たに巻き戻されねばならず、こうしてそれは新たにまた経過し始め、そして経過し去ってゆくのです。――

それだから、これらのすべての年月は、最大のことにおいても、また最小のことにおいても、互いにそれら自身に等しく、したがって、われわれ自身も、それらの巨大な年月のどれにおいても、自分自身に等しいのです、最大のことにおいてもまた最小のことにおいても。

かりにあなたが今死に向かおうとしても、おお、ツァラトゥストラよ、ごらんなさい、われわれはまた、あなたがそのとき自分に対してどのように語るであろうかを、知っているのです。――ただし、あなたの動物たちであるわれわれは、あなたがまだ死なないように！　と、あなたに頼むものです。

あなたは、そのとき次のように語るでしょう、ふるえもせずに、むしろ至福のあまり吐息をつきながら。というのも、そのときには大きな重荷とうっとうしさが、あなたから取り除かれるからです。最も忍耐強かったあなたから、です！――

『今私は死んでゆき、そして消え去る』とあなたはそのとき語るでしょう。『そしてたちどころに私は無になる。魂は肉体と同じく死ぬものだからだ。

けれども、私がそのうちにまきこまれている諸原因の結び目は、回帰してくるのだ、――その結び目は私をふたたび創り出すであろう！　私自身は、永遠回帰の諸原因に属しているのだ。

私は、この太陽と一緒に、この大地と一緒に、この鷲と一緒に、この蛇と一緒に、回帰してくるのだ――一つの新しい生とかあるいはより良い生とか、あるいは似たような生とか、にではない。

――私は、この等しい同じ生へと、最大のことにおいてもまた最小のことにおいても、永遠に回帰してくるのだ。だから私は、再び、あらゆる事物の永遠回帰を教えることになるであろう。――

――だから私は、再び、大地と人間の大いなる正午について語るであろうし、私は、再び、人間たちに超人を告知するであろう。

私は私の言葉を語った。私は私の言葉において砕ける。私の永遠の運命はそのことを欲するからだ――。告知者として私は没落するのだ！

今や没落する者が自分自身を祝福する時がきたのだ。こうして――ツァラトゥストラの没落が終わるのだ』と。」―― ――

（『ツァラ』Ⅲ「快癒しつつある人」）

補論　ニーチェ——生きる勇気を与える思想

はじめに

生と死を賭けたニーチェの生涯と思想を顧みるとき、彼の主張を根本的に動かしていたものが、「生きる勇気を与える」思想の伝達にあったことが分かる。しかし、それは、ときに、あまりにも激しい、危険な要素を含む表現をとって現われた。

そうなったことの理由は、彼自身が、みずからのうちに、死にさらされた苦悩の体験を抱え込み、これを「勇気」をもって乗り越えようとしたところにあったと考えられる。実際、ニーチェにおける勇気の内実、すなわち、「これが、生きるということだったのか。よし、それならば、もう一度」という人生態度を考察し直すとき、そのことが明らかとなる。

この「勇気」の問題は、その背後に、これまで生きてきた人生の無駄や、憤懣やるかたない悔恨や、ペシミズムやニヒリズムの思いを深く秘めている。実際、『ツァラトゥストラ』の「幻影と謎」の章に出てくるこの「勇気」の箇所と関連するグロイター版全集収録の諸遺稿には、人生の無駄を嘆く表現が多発する。初期の著作である第二の『反時代的考察』「生にとっての歴史の利害」の冒頭を飾る「かくあった（Es war）」という過去の記憶に悩まされる人間のあり方も、グロイター版全集収録の準備草稿を吟味し直すとき、いっそうよくその悔恨と痛苦の意義が明らかとなる。この思想の延長線上に、『ツァラトゥストラ』の「救済」の章における「かくあった（Es war）」の超克という主題が出現する。そこに困苦を転換する運命の必然性が実る。そこには、過去の超克という時間論が関係するが、大切なのは、比喩に富む時間論に秘められた人間的経験の深さの理解である。これと関連する『ツァラトゥストラ』の幾つかの重要な箇所を改めて解釈し直すことによって、ニヒリズムを越えて、最大の重しに耐えながら、自己自身と成ってゆくという、ニーチェ的な「生きる勇気」の肯定面が、浮かび上がってくる。

さりながら、そこには、やはり過去の苦い記憶がまといつく。『道徳の系譜』の第二論文を手懸かりとして、記憶が苦痛と関係するとニーチェが捉えていたことが、指摘されうる。ニーチェの自伝『この人を見よ』によっても、ニーチェが、いかにルサンチマン（怨恨感情）と闘い、健やかな自己自身と成ってゆくことを終生の課題としていたかが判明する。『道徳の系譜』の過激な主張も、他律的な奴隷根性の道徳を越えて、自立した生き方に徹することの勧めにほかならないと解釈することができる。

こうして、最後に、「よし、それならば、もう一度」ということの意味が探り直される。この永遠回帰の肯定において問題なのは、「差異の反復」（ドゥルーズ）でも、同一の事柄の機械的反復でもなく、少しずつ違いながらも同様のことを、繰り返し、反復しながら、たえず自己自身を取り返しつつ、当の「同じ」自己自身へと徹底し、こうして自己自身と成ってゆくということのうちにあった。その意味で、『ツァラトゥストラ』の「墓の歌」に示されるように、初志を貫いてゆく意志の自己貫徹のうちに、ニーチェは、「生きる勇気」の内実を見たと言ってよい。ニーチェにおいては、「存在は無にされている」（ハイデッガー）のではなく、むしろ、自己の「存在の真実」を深く見つめる「思索」が完遂されたと言える。

一　生きる勇気を与える危険な思想

ニーチェが発狂したのは、一八八九年一月三日、満四四歳と二ヵ月半のときである。しかし、発狂後ニーチェは、さらに一一年間、廃人として余命を保ち、一九世紀最後の年である一九〇〇年八月二五日に、満五五歳と一〇ヵ月ちょっとで死没した。本二〇〇〇年は、それから数えると、ちょうど「ニーチェ没後一〇〇年」に当たる。

そのニーチェ没後一〇〇年に当たって、「ニーチェ――生か死か」という論題が設定された。私は論者のひとりとして、この問題について、なにほどか考察を加え、答えることを求められていると考える。

むろん、その際、この問題は、それを扱う人の見方によって、いろいろな角度から論じられうるであろう。というのも、ニーチェの思想の及ぶ範囲は、きわめて広大であり、また時期によってその主張の論題や論調にも変化があり、とりわけ最晩年には激越な形の伝統批判が出現し、こうして、それは、きわめて多様な側面を内蔵した複雑かつ尋常ならざる思想だからである。

しかし、いったい、「ニーチェ——生か死か」と問うた場合、この問いは何を求めているのであろうか。それは、けっして、ただたんに一般的に、没後一〇〇年の現代において、ニーチェの思想が「生きているのか、死んでいるのか、いずれなのか」と興味本位に問い、またそれに対して傍観者的に答えることを求める問いではないと思う。むしろ、この問いを問うときには、ニーチェその人の、「生と死」を賭けた、峻厳かつ悲劇的な「人生」そのものが見定められていなければならない。また、「死」をも打ち破る、真に「生き生きとした人生」とは、いかなるものであるとニーチェは考えたのかという、そのニーチェの思索の究極の問題意識である「人間の生き方」に関わる真摯な「思想」的諸問題が、視野のなかに収められていなければならない。そして、そのようにして、それらの全体が、論ずる人自身の生き方に深く関わり、ニーチェのその人の「生と死」を支える思想的根拠ともなっていなければならない。つまり、ニーチェの

「人生と思想」が、論者の「人生と思想」と切り結ぶその交差点に、「生と死」を賭けた、「生きるか死ぬか」の瀬戸際に立つ、人生への構え方とその態度決定いかんに関わる大切な思想的問題群が、見据えられていなければならないと思う。「ニーチェ」という問題現象そのものが、こうした仕方の問題考察を要求するのであり、それ以外にニーチェを論ずることは、結局のところ、ほとんど意味をなさないと言っても過言ではないと思う。「ニーチェ」とは、「生か死か」の極限的な岐路に立って、人生を見つめる峻厳さそのものの象徴にほかならないとも言ってよいからである。

そうした意味合いにおいて、「ニーチェ――生か死か」と問われた場合、私は最初に、「死」をも越えて、「生きる勇気を与える思想」を贈り届け、また伝達しようとしたところに、ニーチェ思想の根本的意義を見出すというふうに、まず、その問いに対しては答えを与えておきたい。

実際、私自身、さまざまな形でニーチェに関わってきたなかで、ある時期に――ダンテふうの言い方を借りれば、「人生の羇旅半に」立って「とある暗き林」のなかにあったときに――、とりわけ中期から後期にかけてのニーチェが書き残した、寸鉄人を刺すような、ある種の痛烈な箴言によって、ほんとうの意味で、厳しく肩を叩かれ、震撼させられ、我に返ったという体験を所有している。私にとって最も意味を持つニーチェとは、根本的には、そのときのニーチェ以外にはないと言ってもけっして過言ではない。ニーチェとは、私にとって、過去のまた現存の、ほかの誰にも増して、最も鋭く、私自身の心のなかに突き刺さってきて、私自身を覚醒させた人物なのである。少し大げさかもしれないが、私は、ニーチェによって「救われた」と言ってもよい。そのとき以来、私の心のなかには、そのときのニーチェが住み込んでしまっているのである。そして、そのときの体験をもとにして、私はかつてニーチェのアンソロジーを編んだことがある。私は、その書物の冒頭で、ニーチェのそうした痛烈な箴言の数々を列挙しておいたが、私は、それらの言葉によって、少し大仰かもしれないが、ほんとうの意味で「生きる勇気」を与えられたと言っても過言ではないのである。

ただし、ニーチェの思想は、たしかに「生きる勇気」を与えはするが、しかし、生きる勇気を与える甚だ「危険」な思想であることもまた、ここで初めに、どうしても断っておかねばならない。ニーチェ自身、自分の洞察が、それをほんとうに理解しない人にうっかり聞き取られると、場合によっては「犯罪（Verbrechen）」のように響くに相違ないし、だが、また、本来そのように響く「べき（sollen）」なのだ、とまで豪語しているほどである（『善悪』三〇）。『この人を見よ』で告白されているように、ニーチェは、「ダイナマイト（Dynamit）」であり、その説く真理は、たしかに「恐ろしい（furchtbar）」ものである（『この人』「運命」一）。

二　その事例

たとえば、いま、そのほんの一、二の簡単な事例を挙げてみよう。

『偶像の黄昏』でニーチェはこう言っている。「自分の行為に対し卑怯な振る舞いをしないように！　自分の行為をあとになって見殺しにしないように！――良心の呵責は下品なことである（Dass man gegen seine Handlungen keine Feigheit begeht! dass man sie nicht hinterdrein im Stiche lässt!――Der Gewissensbiss ist unanständig.）」、と（『偶像』「箴言と矢」一〇）。『この人を見よ』のなかでも、ニーチェは言っている。「良心の呵責（Gewissensbiss）」など「尊敬すべきものではなく（nichts Achtbares）」、「自分は、ある行為をあとになって見殺しにするようなことをしたくない（Ich möchte nicht eine Handlung hinterdrein in Stich lassen）」、と（『この人』「利口」一）。この問題は、もちろん、ニーチェの生涯を通じた根本問題とも繋がっており、また、晩年の『道徳の系譜』第二論文の主題でもあることは周知のとおりである。しかし、いま、その点の詳細は措いても、こうした箴言の一句を通じて、いかにニーチェが、うじうじと後悔ばかりして自虐的に自分を責める内攻的人間の苦しみを、愚かと諫めて、むしろ自分の行為を大胆に肯定して生きる強さの道を発見するように要求していることは、誰の眼にも明らかである。

そのかぎりで、その言葉は、過去に悩む人間にとって、「生きる勇気を与える思想」だと言える。

けれども、それならば、そのニーチェの一句を盾にとって、自分のなした冷酷無残な行為に対しても、およそいっさい、その非を認めずに、傲然と悪行に居直る暴虐な犯罪者が出現してきたとしたならば、どうであろうか。一片の良心をも持たないそうした無情苛酷な人非人の擁護にも繋がりかねない「危険」な要素を、その一句が、その一句のかぎりにおいて、果たして、孕んでいないと断言することができるかどうか、これは微妙な問題であろう。

あるいは、ニーチェは、『ツァラトゥストラ』のなかで、こう言っている。「小さな復讐をすることは、まったく復讐しないことよりも、いっそう人間的である（Eine kleine Rache ist menschlicher, als gar keine Rache.）」、と（『ツァラ』I「まむしのかみ傷」）。これとほぼ同様の言い方は遺稿にも見出される。すなわち、「小さな復讐は、たいていの場合、まったく復讐しないことよりも、なにかいっそう人間的なものである（Eine kleine Rache ist zumeist etwas Menschlicheres als gar keine Rache.）」（VII, 3〔1〕230）、と。この主張の意味は、きわめて明瞭であろう。ほんとうは我慢できないのに、じっと不正に耐えて我慢している人間を見るのは、「ぞっとするような嫌な（grässlich）」ことであるばかりではない（『ツァラ』同上）。すぐに仕返しができず、「目的に適った、小さな防御や復讐（die kleine zweckentsprechende Vertheidigung oder Rache）」

をすることができない人は、やがて鬱積した不満や憎悪を爆発させて、「絶滅（Vernichtung）」を欲する「殺害者（Todtschläger）」になりかねないからである（『曙光』四一〇）。「癪にさわったり、腹立たしくなったり、不機嫌になること（Verdruss）」は、「ひとつの肉体的病気」であって、その種がその後除去されたからといって、「それでもう癒されるというわけには断じてゆかないものだ」とニーチェは言っている（『人間的』I 五〇五）。したがって、その都度適宜「小さな復讐」や仕返しをすることのほうが、はるかに衛生的であり、また人間的だというわけである。所詮、人間は、絶対的な公平さなどを実現できず、善きにつけ悪しきにつけ、他者に対して「自分なりのもの（das Meine）」を与え返す以外にはないからである（『ツァラ』同上）。もしもそうしないならば、やがて怨恨感情の恐ろしい爆発が必至のものとなる。ここには、人間の深層心理を穿つニーチェの鋭い眼光が凝縮している。ふだん周囲から大人しいと思われていた人が、ある日突然、驚天動地の殺害者になるという、しばしば見受けられる異常な社会的事件の病理が、ここには見事に指摘されているとも見ることができる。逆に言えば、人間の健康とは何であるかを考えさせる英知が、ここには煌めいていると言ってもよい。

けれども、それならば、たえず復讐と仕返しを実行していれば人間は健全だということになるであろうか。いったい、「小さな」とか、「目的に適った」防御や復讐とかは、どの程度までのことを指しているのであろうか。かりに、その点についての思慮に未熟な人があった場合、その人にとっては、もしかしたら、ニーチェのこの言葉は、「生きる勇気を与える思想」である以上に出て、復讐者や殺害者を動機づける「危険」な暗示になりかねない恐れがないかどうか、これは、やはり微妙な問題点をなすであろう。

もうひとつ、『悦ばしい知識』におけるニーチェのもっと恐ろしい言葉を掲げよう。「生きる(Leben)」とは、何かと言えば、それは、「死のうとする何ものかをたえず自分から突き放すこと(fortwährend Etwas von sich abstossen, das sterben will)」である。したがって、「われわれの持つ、否われわれだけが持つばかりではない、あらゆる弱化するもの、老化するものに対して、残酷で仮借ない態度を取ること(grausam und unerbitterlich gegen Alles sein, was schwach und alt an uns, und nicht nur an uns, wird)」である。それゆえ、「生きる」とは、「死んでゆく者たち、哀れな者たち、年老いた者たちに対して、敬虔の念を持たないこと(ohne Pietät gegen Sterbende, Elende und Greise sein)」ではないのか、それなのに、老いたモーセは、「汝、殺すなかれ!」と言ったが、それは矛盾ではないのか、と、ここでニーチェは仮借なく鋭鋒を振りかざして、しかも、問題の矛盾点を指摘したまま、ぷっつりと断想を打ち切ってしまうのである(『知識』二六)。それに続くべき理性的熟慮などは、平板で陳腐なものとして、ニーチェには興味がなかったのであろう。「生きる」とは、「成長のための、持続のための、諸力の蓄積のための、力のための本能(Instinkt für Wachstum, für Dauer, für Häufung von Kräften, für Macht)」にほかならないのだから、「弱者たちと出来損ないの者たち（die Schwachen und Missrathnen）」は「亡びるべし（zu Grunde gehn sollen）」と主張する過激な『反キリスト者』の主張が、すでにここにほの見えていることは明らかである（『反キリスト者』二、六）。

たしかに、私たちは、たとえば、自分たちの生命を脅かす細菌や病気、伝染病や災害、危険や破壊に対しては、それらを絶対に寄せつけず、「突き放し」、生命を守ろうとする。そのかぎりでは、ニーチェのこの言葉は正しい。否、それどころか、現代の脳死と臓器移植を考えれば、それはまさに、ここでニーチェが言っているような、恐ろしいまでの生への欲望の医療現場での現われ、すなわち、もはや生への復帰の見込みのない脳死者などは、その肉体を切り裂いて、その臓器を、生きようとする者のために役立てるべきだとする、徹頭徹尾、生に固執した欲望の医学的形態だと見られなくもない。たしかに、生きようとするとき、私たちは、死への傾向を孕むあらゆる要素と戦い、なんとしてでも生きようとし、肉体的にも、精神的にも、死の影を宿したいっさいのものを忌み嫌い、それを克服して、生を充実させ、実現しようとしている。

しかしながら、だからといって、「老」いて「病死」してゆく者を切り捨てても構わないと言い切るこのニーチェの「生」の立場、もしくはその言い方、あるいはたんに「生」と「老病死」とを二元論的に対立させたままにとどまるその極端な問題提起に、いささか抵抗を覚える人が少なくないのが、実情だろうと推定される。少なくとも、生の現象と死の現象とをこのように単純に対極化して位置づけ、後者を切り捨てようとするニーチェのうちに、一種の異常さを看取しないわけにはゆかないのが、人情というものであろう。なぜなら、私たちの生には深く死が食い入っており、両者を単純に区分けして、一方の極としての生にのみ固執することは、偏頗さを免れ難いからである。たとえ、いかに、人間の現実が、「姥捨山」の要素を宿すにはしても、そして、自分が姥捨ての運命に逢着したときそれに耐えうる覚悟を持った人といえども、その運命を、弱い他者に押しつけることにはいささか躊躇を覚えるというのが、包容力のある、人間性豊かな、ニーチェの好む「高貴（vornehm）」な人間のあり方ではないであろうか。「高貴な魂（die vornehme Seele）」とは、「自分に対して畏敬の念（Ehrfurcht vor sich）」を持つだけでなく、自分と「同等な者や同等の権利を持つ者」の存在を承認し、自分に対するのと同じ「羞恥（Scham）や畏敬の念（Ehrfurcht）」をもって彼らと「交わる（Verkehr）」者のことであり、交わりにおけるこうした「繊細さと自己制御（Feinheit und Selbstbeschränkung）」こそが大切であるとニーチェは考えていたからである（『善悪』二八七、二六五）。「誰にも恥かしい思いをさせないこと（jemandem Scham ersparen）」こそは、「最も人間的なこと（das Menschlichste）」だとニーチェは考えていたのである（『知識』二七四）。しかしながら、他方において、ニーチェには、上記のアフォリズムに示されるような、異常に激しい生への極度の固執を表わす文言も存在する。こうしたニーチェの文言は、現代の高齢化社会や介護と福祉の現実を考えるとき、少なくとも、それだけを切り離して、そのまま引用するのが躊躇されるような問題性を孕むことは、やはり否定できないであろう。ニーチェの思想は、たしかに「生きる勇気を与える」が、それは同時に、場合によっては、あまりにも「危険」で過激な要素を孕むことも否定できないように思われる。

では、なぜ、ニーチェは、このようにまで過激な形で、生の思想を提起したのであろうか。私の予感では、それは、ニーチェが、みずからの人生における、あらゆる意味での、死ぬほどの苦悩と直面して、それと「勇気」をもって戦い、それを必死に乗り越えようとした内面的葛藤の過剰な激しさに淵源しているように思われる。ニーチェの苦悩の激しさが、こうした激越な形での、「死」をも乗り越える強烈な「生」への主張を吐露せしめたゆえんのものであったと考えられるのである。

ニーチェという人は、実際、苦悩のあまり、自殺すらをも考えた人だったように思う。なぜなら、ニーチェは、こう書き残しているからである。「自殺を思うことは、強力な慰めの手段である。それによって人は、少なからぬ辛い夜をどうやら乗り越えたのだ（Der Gedanke an den Selbstmord ist ein starkes Trostmittel: mit ihm kommt man gut über manche böse Nacht hinweg.)」、と（『善悪』一五七）。むろん、ニーチェは、自殺を勧めているわけではない。むしろ、反対に、「最も精神的な人間たち」は、彼らが「最も勇気ある人間たち」であるならば、

「最も苦痛にみちた悲劇」を体験することは確実なのだが、「しかし、まさにそのように、人生が彼らにその最大の敵意を向けるからこそ、彼らは、生を尊敬するのだ（aber eben deshalb ehren sie das Leben, weil es ihnen seine grösste Gegnerschaft entgegenstellt.）」、とニーチェは書いている（『偶像』「反時代人」一七）。ニーチェにとって終生問題であった「ディオニュソス的」ということも、まさに、「生の最も異様で苛酷な諸問題のなかにあって、なおも生そのものに向かって然りと肯定すること（das Jasagen zum Leben selbst noch in seinen fremdesten und härtesten Problemen）」を意味していた（『この人』「悲劇」三、『偶像』「古代人」五）。いずれにしても、「人間たちがいかに深く苦悩しうるか（wie tief Menschen leiden können）」によって、その人の「位階（die Rangordnung）」が決定されるとニーチェは見ていたのである（『善悪』二七〇）。

したがって、ニーチェの激しい生への意志の背後に、あらゆる意味でのこうした苦悩の体験およびそれと戦おうとする必死の思いが充満していたことを見失うならば、ニーチェを正しく理解することにはならない旨を、私としては、なんとしても強く主張したいと思う。言い換えれば、ニーチェを読む資格のある人は、もともと野獣のような本能のみによって生きている人ではない。そうした人はおよそニーチェを読まないだろうし、また読む必要もないだろうし、読めば、必ずニーチェを誤解し、悪用するであろう。これに反して、ニーチェを読む資格のある人、あるいはニーチェを読んで面白いと思う人は、必ずや、なんらかの過去を持った人、あるいは、ニーチェが『この人を見よ』のなかで繰り返し言及したように、あまりにも、「あらゆる種類の反自然（jede Art Widernatur）」的な生き方である（『この人』「良い本」五）理想主義を採ったがために、やがて現実に仕返しをされて、辛酸を嘗め、苦悩を味わい、やがて自己の現実に目覚めるに至った人であるように思う。そうした人にとっては、ニーチェは、「生きる勇気」を与え、苦悩からの解放の道を示唆する、興味深い先駆者と映ずるはずである。

そのことは、「生きる勇気」と言われるときの、その「勇気」の問題に、もう少し詳しく立ち入ることによって、いっそう判然となる。

三　勇気の問題性

「生きる勇気」と言ったときの「勇気（Muth）」とは、ここでは、とりわけニーチェが、『ツァラトゥストラ』第三部の「幻影と謎」の章で与えた意味において、用いている。

その章の前半で語られる幻影のなかで、ツァラトゥストラは、暗澹たる気持ちで、黄昏のなかを、小石を踏みしめながら、山の小道を上方へと登ってゆく。しかし、それを遮るように、重力の精である「小びと（Zwerg）」が、耳元で囁いて、どんなにお前が知恵の石を高く投げても、それは落下して、お前自身を打ち砕くと嘲る。ツァラトゥストラは、そうした嘲笑を聞きながら、徒労のような登高の努力に疲れ、「病人（ein Kranker）」のようになってしまう。しかし、そのとき、ツァラトゥストラのなかに「勇気」が目覚めてきて、あらゆる「困却（Unmuth）」と「死（Tod）」をも打ち砕くべく、その「勇気」はこう叫ぶ。「これが、生きるということだったのか。よし、それならば、もう一度（War das das Leben? Wohlan! Noch Ein Mal!）」、と。

私の考えでは、ニーチェにおける「生きる勇気」の核心は、この表現のなかに、最も結晶化された形で示されていると思う。そして、この点を掘り下げることによって、ニーチェ思想の中枢を形作る基本的諸観念の根本的意味を解明しうる広野へと通ずる道が開かれるように思われる。なお、ちなみに、この「勇気」の表現は、『ツァラトゥストラ』第四部の終わりにも、似たような形で出てくるが、根本の意義は、「幻影と謎」の章で与えられる。

さて、この表現の前半部分は、「これが、生きるということだったのか」というように、過去形の疑問文の形式を取っている。この過去形という表現形式に、人はよく注意を向けなければならないことを、私としては、まずなんとしても強調したいと思う。ということは、すでになんらかの「過去」の経験を持った人間にとって初めて、「生きる勇気」の問題は、生じうるということにほかならない。しかも、そのとき、その人には、当初の思い込みとは違った形で、おのれの人生の厳しい現実が、改めて、骨身に徹して痛感されているのである。だからこそ、

「これが、生きるということだったのか」という、驚きと無念、憤懣と苦痛、懊悩と葛藤の坩堝のなかで、自己の来し方が見つめられているのである。この点は、後述のように、グロイター版全集で新たに指示された、この「勇気」の箇所と関連する当時の諸遺稿を見ることによって、さらにいっそう確証されうる。

それればかりではない。「これが、生きるということだったのか（War das das Leben?）」という表現は、一般化すれば、「かくあった（es war）」という、取り返せない過去の苦い経験の問題と、明らかに繋がっている。「これが、生きるということだったのか」と問い直す「勇気」の問題は、そのように、「かくあった（es war）」という辛い「過去」の体験と結びつけられることによってのみ初めて正しく解釈されうるということを、私としては、ぜひとも強く主張したい。周知のように、「かくあった（es war）」の問題は、『ツァラトゥストラ』第二部の「救済について」という重要な章の主題をなしている。しかも、その問題意識はすでに、第二の『反時代的考察』である「生にとっての歴史の利害」の論文や、グロイター版全集で公開されたそれへの準備稿のなかに、過去の「記憶」と「忘却」の問題として明瞭に提起されている。さらに、その過去の「記憶」と「忘却」の問題は、晩年の『道徳の系譜』第二論文の基本の出発点をなす問題意識とも深く繋がっている。また、ニーチェ自身、『この人を見よ』のなかで、みずからの苦悩の体験を縷々告白している。このように、大きく言えば、過去や時間や怨恨感情との、ひいてはペシミズムやニヒリズムとの、したがってまた、神の死の経験とともに生じた無意味の意識との問題連関を抜きにしては、ニーチェにおける「生きる勇気」の否定面の問題は、正しく見つめられることはできないのである。

しかし、第二に、「生きる勇気」の問題は、そうした否定的な経験にのみ関係するわけではない。むしろ、「勇気」の語る言葉の後半は、一転して、人生への積極的、肯定的な態度へと転換する境涯を示唆している。それは、まず、「よし、それならば（Wohlan）」という一句によって導入されてくる。この一句は、苦い過去の経験からの脱却と、そこからの転換を促し、その心機一転の瞬間における再度の積極的生き方への決断を呼びかける表現である。ドイツ語の「wohlan」という語は、今日では、「廃れかかった（veraltend）」「雅語（gehoben）」であるが、平たく言えば、「よし（gut）」とか「さあ（los）」とか「さあそれでは（nun denn）」といった形での、特定の行為への「促し（Aufforderung）」や「励まし（Ermunterung）」を表わす語だとされている（Duden や Wahrig などのドイツ語辞典を参照）。

その結果、ついに、「もう一度（noch einmal）」という形で、積極的、肯定的に、自分の過去を引き受けながら、あったままの自分と、あるべき自分との統合を目指して、現在の瞬間において、「自己自身と成ってゆく」ことへの覚悟と決断、そうした生成する自己の充実し切った完熟に、おのれを賭ける実践と行為の自己表明が出現してくる。こうした「生きる勇気」にもとづく「生」の実践の問題に、力への意志において生き、永遠回帰を肯定する、超人のあり方が重なってくることは言うまでもない。しかし、「もう一度」とはどういうことなのか。「最大の重し（das grösste Schwergewicht）」（『知識』三四一）に耐え、「瞬間」の「門道」に立って、「黒く重い蛇」を嚙み切り、永遠回帰の「嘔吐」を乗り越えてそれを肯定する境涯が何を意味するのかは、比喩の形象に充ちており、謎が多い（『ツァラ』「幻影と謎」と「快癒しつつある人」などの章を参照）。私は、ここでは、普通あまり行われてはいないが、特に『ツァラトゥストラ』第二部の「墓の歌」を考慮に入れることによって、その点に関する私なりの簡略な示唆を試みてみたいと思う。

以下に、少しく、これらの点について解明を加えてゆこう。

四　浪費と墓場の意識

まず初めに、グロイター版全集（VI4, S. 899）で新たに指示された、『ツァラトゥストラ』「幻影と謎」の章の特に「勇気」の箇所と関連する当時の諸遺稿（VII1）のなかから、幾つかの断片を取り上げてみよう。そこには、人生の否定面を見つめ、肯定へと転じようとする境涯が、よく示唆されているからである。むろん、それらは、直接「勇気」の箇所だけに関係するのではない。しかし、それらの断片は、とりわけ「生きる勇気」の背後に潜む「苦悩の問題」一般を暗示する点で、重要である。

たとえば、ある断片では、「ツァラトゥストラ」が、みずからの営為を、「永遠に繰り返される（ewig wiederholt）」「無駄な浪費（die nutzlose Vergeudung）」と感受していることが記され、この点に彼の「最大の苦しみ（der grösste Schmerz）」のあることが、はっきりと表白されている（Ⅷ1, 15［31］）。言い換えれば、人生行路の「これまでが無駄（Umsonst bisher）」であり、「人生の半ば以上が、取り返しようもなく犠牲にされてしまった（das Leben über die Mitte unwiederbringlich geopfert）」という無念さが告白され、「浪費の永遠回帰という最も恐るべき思想（der furchtbarste Gedanke einer ewigen Wiederkehr der Vergeudung）」が、ニーチェの脳裡をかすめ、苦しめているわけである（Ⅷ1, 20［2］）。つまり、「人間（Menschheit）」の営みは「浪費（vergeudet）」の一語に尽き、「あらゆる努力や偉大なもの（alles Ringen und Grosse）」が、「永遠に空しい戯れ（ein ewig zielloses Spiel）」にすぎぬのではないのかという懐疑が、ニーチェの胸を圧迫しているのである（それを表わす比喩が、『ツァラトゥストラ』の「蛇や牧人」であることも暗示されている）（Ⅷ1, 20［2］）。別の断片では、「浪費、無駄（Vergeudet! Nutzlos!）」の意識こそ、「内側から沸き上がる悲惨さ（Elend, das von innen kommt）」であり、「もしもお前がこの事実を永遠に再び体験するとしたならば、どうであろうか（Wie, wenn du dies ewig wieder erlebtest!)」とニーチェは自問し、ニヒリズムの苦悩に打ちひしがれる心境を告白している（Ⅶ1, 20［3］）。

これらの遺稿において、「浪費（Vergeudung）」という言葉の多発することが、きわめて印象的である。それどころか、こうした浪費の無念さの意識と結びついて、ニーチェは、他の断片では、「墓」という言葉さえも口にする。無駄な労苦の思いとともに、そのとき、「私の墓たちが口を開いたのだ。生きながらにして埋められていた私の苦しみが、再び起き上がってきたのだ――その私の苦しみは、経帷子に覆われてぐっすり眠っていたのに、いままた眼を覚ましたのだ（Meine Gräber öffneten sich: mein lebendig begrabener Schmerz stand wieder auf―unter Leichengewändern hatte er sich ausgeschlafen, um sich nun auszuwachen.)」（Ⅶ1, 17［56］）と、ニーチェは書いている。こうした表現を見ると、後述するように、ニーチェにとって、苦悩は、墓場という概念と直結していたことが分かる。したがって、ニーチェにおいて、苦しみや勇気の問題が、『ツァラトゥストラ』の「墓の歌（das Grablied）」の内容と深い連関を持つことが、ここで明示されていると言ってよい。ニーチェが、「墓の歌」で示された悲願の「満たされる（sich erfüllen）」ことを念じていた点が、さらに他の断片でも暗示されている（Vgl. Ⅶ1, 15［7］）。

けれども、言うまでもないことだが、こうした否定的経験が、ニーチェのすべてではない。むしろ、ニーチェにとっては、問題の「解決（Lösung）」は、あくまでも、よし、それならば、

「もう一度（noch einmal）」と、「新たに（von neuem）」、生きる試みを敢行する点にあったのであり、だからニーチェは、そうした「もう一度」という語句を、何遍も繰り返し、遺稿のなかに書き留めている（Ⅶ1, 15［7］［31］, 16［56］, 17［54］［56］, 20［2］［3］, 21［3］, 22［8］, 23［10］)。「もう一度」と勇気を奮い起こすときには、「最高の責任（die höchste Verantwortlichkeit）」（16［56］）の意識が生じるとともに、「忘却（Vergessen）」と「新しい開始（Neubeginn）」（20［2］）において、「運命としての私（Ich als fatum）」（Ⅶ1, 20［3］）を引き受けて、「完成・完熟した者（Vollender）」（Ⅶ1, 5［31］）として、自己を樹立するということが、考えられている。ニーチェは、明らかに、本来の自己自身になろうと意志していたと言ってよい。

五　動物と違う憂い多き人間

こうした過去の人生の苦しい記憶という問題は、実は、ニーチェに、その最初期から胚胎していた。それを明示するのが、『反時代的考察』第二論文「生にとっての歴史の利害」の有名な冒頭箇所であることは、すでに示唆したとおりである。

そこでは、昨日も今日も知らずに、ただ現在だけに生きて幸福な、牧場の牛や馬などの「動物（Thier）」と違って、人間が、さまざまな思い煩いに悩まされ、憂いにみちた人生を送らなければならない不幸が告白されている。というのも人間は、「過去の重荷（Last des Vergangenen）」を背負い、過ぎ去ったことを「忘却（vergessen）」できずに「記憶（sich erinnern）」し、自分の生存が「けっして完結されえない未完了（ein nie zu vollendendes Imperfectum）」であることを心得て、取り返しえない「かくあった（es war）」を、断ち切りえない「連綿たる既在（ein ununterbrochenes Gewesensein）」として抱え込んでいるからである（「歴史の利害」一）。こうした苦悩に対して、ニーチェが、過去を「忘却」して「非歴史的（unhistorisch）」（同上、一）に、さらには「超歴史的（überhistorisch）」（同上、一〇）に生きることを提案し、そこから、当代の誤った歴史主義の病弊を批判したことは、あまりにも有名であろう。ただし、むろんニーチェは、過去の記憶をまったく放棄せよと言っているのではなく、生を蝕む過剰な記憶を制御しようとしただけであったことは、見逃されてはならない。だから、ニーチェは実は、「過去（Verfangenes）」や「異質（Fremdes）」のものを自分と「一体化（einverleiben）」させて、ほんとうの意味で正しく「記憶」しかつ「忘却」しうる、人間の生きた「彫塑的な形成力（die plastische Kraft）」を見極めようとしていたのである（同上、一）。ちなみに、「かくあった（es war）」という表現は、「かつてはかくあった（es war einmal）」という形で、同論文の他の二箇所（同上、五と八）にも出てくるが、冒頭の一節が最も代表的なものである。

ところで、グロイター版全集の刊行によって、その注釈（III5/2, S. 1459）および遺稿公刊から、上記の「生にとっての歴史の利害」の冒頭部分に関連する、三つの準備草稿（Ⅲ4 所収）の存在することが明らかとなった。それらと現行本文とを比較すると、いっそうよくニーチェの熟慮や思索の過程が、髣髴としてくる。その三つの準備草稿（かりにABCと呼ぶ）のうち、まず初めの一つ、すなわちA（Ⅲ4, 29［97］）は、簡単なメモだが、あとの二つ、すなわちBとC（Ⅲ4, 29［98］, 30［2］）は、現行の冒頭部分にほぼ見合う長文の下書きである。しかし、それらは、現行本文とは若干違っている。これらに関して、いま、大事なことだけを幾つか指摘しておこう。

（1）まず、動物と違って過去に悩まされる人間という考え方は、これらの準備草稿からして、一九世紀前半のイタリアの厭世詩人ジャコモ・レオパルディ（Giacomo Leopardi）の詩句から汲み取られたものであることが判明する。Aの冒頭には、「過去を少しも省みない。これが動物なのだ――レオパルディ（Keine Betrachtung des Vergangenen. Thier ―― Leopardi）」とある。そして、BとCでは、わざわざ、そのレオパルディの詩句が引用されているが、この詩句は、現行本文では削除された。その詩句では、動物が、あらゆる「悩み（Leiden）」、「労苦（Mühsal）」、「喪失（Verlust）」、「不安（Beängstigung）」、「倦怠（Überdruss）」などを瞬時に忘却して生きるさまを、「牧人（Hirt）」が羨むという事態が歌われている。

（2）しかし、こうした動物と人間との相違点は、すでにショーペンハウアーの指摘するところでもあった。『意志と表象としての世界』第五五節には、「現在のみに生き、したがって羨ましいほど憂いなく生きる動物」は、人間の持つ「抽象的諸概念」や「懊悩をもたらす想念」からは、「まったく解放されている」ことが記述されている（Schopenhauer, Sämtliche Werke, Bd. I, Suhrkamp Taschenbuch Wissenschaft, 1986, S. 410）。グロイター版全集はその注釈で、『パレルガII』第一五四節の参照を促しているが、そこでも同様に、「認識」を持つ人間には、動物よりも「苦悩」が多いことが述べられている（op. cit. Bd. V, S. 350ff.）。ニーチェは、ショーペンハウアーのこうした思想を熟知していたに違いない。

（3）けれども、そうした思想をニーチェなりの仕方で開陳するときに、準備草稿のBCと現行本文とでは、微妙な差異がある。まず、BおよびCでは、「私たち」人間が、「過去から離れられず（das Vergangene nicht los werden können）」、「既在の暗く解消できない残余に悩んで（an dem dunklen und unauflöslichen Reste des Gewesenen leiden）」、深く「溜息をつく（seufzen）」事実が、率直に告白されている。これに対して、現行本文では、「忘却」できずに、「過去に拘泥する（am Vergangenen hängen）」自分の有り様に、「人間」自身が、「いぶかしく思い、驚く（sich wundern）」というように、客観的な表現に変えられている。明らかに、準備草稿におけるニーチェには、「長嘆息」とともに、私たち人間が「過去」の「残余」に苦しむ事実が、いっそう痛切に銘記されていたように思われる。

（4）そのような苦しみがあるために、準備草稿のBとCでは、私たちは、見かけと実際とが「別もの（anderes）」であり、表面上は一見幸福そうであっても、内心は苦悩を抱えている事実が、暗示されている。ところが、現行本文では、そのような「重荷（Bürde）」を抱えるために、人間は、ときにそれに「逆らって（sich stemmen gegen）」、「見かけ上は（zum Scheine）」そんな重荷などないかのように、虚勢を張ってこれを「否定し（verläugnen）」、仲間たちの「羨望（Neid）」を掻き立てようとまでする、ということが書かれている。ここには明らかに、無理をしてでも苦悩の現実を取り繕おうとする人間のいじましい努力に眼を向けた、意識過剰のニーチェがいる。そうした現行本文よりも、準備草稿のほうが、苦悩を抱えた人間の実態への理解を示すニーチェを反映している。

（5）このことは、さらにいっそう、「子供・小児（Kind）」の位置づけにも響いてくる。すなわち、準備草稿のBとCでは、そのように、私たちは、内心に苦しみを抱えているために、そうしたものを知らない無邪気な「牧畜の群（Heerde）」や、とりわけ、近くの「子供」を見ると、その「戯れ（Spiel）」を「妨げたり（stören）」、その「忘我・忘却のさま（Vergessenheit）」を「覚醒したり（wecken）」する気持ちにはなれないと記されている。なぜなら、「かくあった（es war）」を知れば、それとともに「悩み（Leiden）」と「闘争（Kampf）」に明け暮れる「人生」が始まり、最後には、「死（Tod）」が襲来して、不完全のまま人生の幕が閉じられる悲劇を知らねばならないからである。準備草稿のうちには、そうした現実から子供をそっとしておいてやりたいというニーチェの平凡かつ素朴な気持ちが溢れている。ところが、現行本文では、ニーチェは、反対に、そうした無垢な「子供」の「戯れ」は「妨げられ」、子供は「忘却」から覚醒させられ、「かくあった」の厳しい現実を理解するよう「学んで」ゆかねばならないことが強調されている。ここには、自己矛盾する生存の現実の不可避性が直視されている。現行本文とCには、「子供」を「一つの失われた楽園（ein verlorenes Paradies）」と見る言い方が出てくるが、それに即して言えば、ニーチェには、無垢な子供の楽園の至福と、その喪失の運命と、その楽園への回帰の想念とが、入り交じっていたように思われる。

（6）その結果やがて、『ツァラトゥストラ』の「三つの変化」に示されるように、「無垢（Unschuld）」、「忘却（Vergessen）」、「新しい開始（Neubeginnen）」、「戯れ（Spiel）」としての小児と、「おのずと回り出す車輪（ein aus sich rollendes Rad）」、「最初の運動（eine erste Bewegung）」としての小児と、「聖なる肯定を言う（ein heiliges Ja-sagen）」ものとしての小児とが、すべて入り交じった境涯が理想として夢想されているように思われる。ニーチェによれば、「創造」の活動を通じて、「世界を喪失した者（der Weltverlorene）」は、やがて「おのれの世界」を、みずからに獲得してゆき」（同上）、本来それであった自分へとなってゆくべきものと考えられていたのである。

六　過去の救済

以上のように、かなり早くから伏在していた、過去の苦悩とそれからの救済とに関するニーチェの思索は、やがて『ツァラトゥストラ』第二部のなかの「救済について」という有名な章において、「かくあった（Es war）」の超克への呼びかけとなって結晶したと言ってよい。この周知の章については、ごく基本的な点のみを指摘するにとどめたい。

まず、それに先立つ「至福の島々で」という章において、「苦悩（Leiden）」から私たちを「救済（Erlösung）」するものは、「創造的意志（schaffender Wille）」であり、そうした意志をもって、「子供」のような「創造者」となって生きる「運命（Schicksal）」を自分は担おうとする旨を、ツァラトゥストラは告白する。むろん、そのためには、多くの苦い死ぬほどの経験をしなければならず、だからこそ自分は、「百の魂」を潜り抜け、「百の揺籃と陣痛」を味わい、「胸張り裂ける（herzbrechend）」別離の苦悩を幾つも体験したと、ツァラトゥストラは言う。けれども、「意欲（Wollen）」こそが、「解放する者、喜びをもたらす者（Befreier und Freudebringer）」であることに変わりはない旨を、彼は宣言する。

ところが、「救済について」の章では、かつて自分がそのように教えたことを否定して、意志は、それだけではまだ、「囚われ人 (ein Gefangener)」だと糾弾される。なぜなら、意志は、「かくあった (Es war)」という、「なされた事柄 (das, was gethan ist)」に対しては「無力 (ohnmächtig)」であり、意志は、「逆流することのない (nicht zurücklaufen)」「時間を打ち破る (die Zeit brechen)」ことができず、したがって、意志は、「戻って意欲することができず (nicht zurück wollen können)」、それゆえに、意志のうちには、「歯ぎしり (Zähneknirschen)」と「孤独この上ない憂悶 (einsamste Trübsal)」と「憤懣 (Ingrimm)」と「不機嫌 (Unmuth)」とが生じてくるからである。

その結果、「時間と、それの〈かくあった〉とに対する意志の敵意 (des Willens Widerwille gegen die Zeit und ihr "Es war")」、すなわち、「復讐 (Rache)」が生じてくる。その「復讐の精神 (der Geist der Rache)」によれば、「いっさいは過ぎゆき (Alles vergeht)」、「かくあった (Es war)」は「転がしえず (unwälzbar)」、「意欲」と「人生」と「生存 (Dasein)」は、「永遠に繰り返し (ewig wieder)」その「所業 (That)」と「罪責 (Schuld)」とにおいて、「罰 (Strafe)」であると説かれる。その果てには、もはや「意欲しない (Nicht-Wollen)」ことのほうがよいとする考え方すら説諭される旨が、暗示される。

これに対して、ツァラトゥストラは、こうしたいわばペシミズムないしニヒリズムの「復讐の精神」を忘れ、「かくあった (Es war)」という「断片 (Bruchstück)」・謎 (Räthsel)・恐ろしい偶然（grausamer Zufall）」を超克して、かくあることを自分は「かつて欲し（ich wollte）」、「いまも欲し（ich will）」、「将来も欲するであろう（ich werde wollen）」という形で、「過去を救済し（die Vergangenen zu erlösen）」、こうして「時間との和解（Versöhnung mit der Zeit）」を達成し、否、それどころか、時間との「いっさいの和解以上の高次のもの（Höheres als alle Versöhnung）」を成就しようとする旨を、示唆する。そこには、過ぎゆく時間を越えた、永遠的必然性へのニーチェの憧憬が垣間見えている。

ニーチェにとっては、『ツァラトゥストラ』のなかで繰り返し語られるように、あらゆる「困苦（Noth）」を「転換（Wende）」してこそ初めて、そこに自己の「必然性（Nothwendigkeit）」と「運命（Schicksal）」が成立するのであった（「贈り与える徳」一、「旧新の板」三〇、「大いなる憧憬」）。困苦の転換のうちにこそ、「時間の臍の緒（Nabelschnurr）」（「大いなる憧憬」）があり、そこにこそ、「運命愛（amor fati）」が成り立ち、したがってまた、そこにこそ、時間と、その「かくあった」とを乗り越えて、時間との和解以上の永遠的必然性を達成しうる境涯が望見されていた。

ただし、むろん、「至福の島々で」の章で述べられるように、「時間と生成」については、「最良の比喩（die besten Gleichnisse）」によって語るべきだとする思想が、ニーチェにはあった。したがって、ニーチェにおけるその問題群を、理論的に究明することは、きわめて困難である。

そこには謎めいた比喩的形象が非常に多いからである。しかし、それにしても、「時間」の「去りゆく（hinweg）」「空しさ（das Vegängliche）」が「嘘（Lüge）」であってはならず、「あらゆる過ぎゆくものの正当化（Rechtfertigung aller Vertgänglichkeit）」がなされねばならないとニーチェが考えていたことだけは（「至福の島々で」）、疑いようがない。しかも、その際、とりわけては、たんなる「時間」ではなく、それの「かくあった」という過去の取り返せぬ悔恨と苦悩からの救済こそが、ニーチェの心中の最も奥深くに伏在する、この点に関する問題意識であったことを、私としては、ぜひとも強調しておきたい。なぜなら、実際、この点に関する周知の重要な幾つかの箇所が、そのことを示唆しているからであるし、また、その点を見失うならば、ニーチェの「生きる勇気」の思想は、正しく理解されなくなる恐れがあるからである。

七　時間に関する人間的経験

たとえば、「幻影と謎」の章の後半で、ツァラトゥストラは、瞬間の門道の下に立って、その瞬間の背後と前方に、「誰も終わりまで行ったことがない（niemand gieng zu Ende）」、いわば果てしない、無限の、「永遠の（ewig）」時間の流れが続いており、それらが、矛盾せずに連関する、と想定されうる可能性を示唆する。すると、かたわらにいた「小びと」が、だから「時間」は「円環（Kreis）」なのだと、したり顔に言うと、ツァラトゥストラは、あまりに軽々しいことを言うなと語って、小びとを叱りつける。また、「快癒しつつある人」の章でも、「すべてのものは行き、すべてのものは帰り来る」と歌って、「永遠の小道」は「曲線（krumm）」だと言う動物たちを、ツァラトゥストラは、「手廻し風琴（Drehorgeln）」と呼んで、たしなめている。こうしたことからも暗示されるように、ニーチェは、時間が永遠に、果てしなく、無限に、いわば円環的に終わりのない流れを構成していること自体を、それとして認めているようでありながら、しかし、それだけではまだ、自分が真剣に悩む問題が提示されてもいず、また理解されてもいないことを、同時に示唆するのである。

問題は、もしもそのように時間が無限だとしたら、すべてのことは、「かつて一度（einmal）」ありえたはずであり、したがってまた、すべてのことは「固く結び合わされた（fest verknotet）」ありさまで、「もう一度（noch einmal）」「永遠に（ewig）」「戻ってき・回帰して（wiederkommen）」こねばならないのではないのか、と想定したときに生ずる（「幻影と謎」）。この想定において大事なのは、そのことの理論的証明ではなく、むしろ、そこに籠められた、特有に人間的な経験を理解することであると考えられる。つまり、そうした想定は、時間に関する、ニーチェにとっての「最良の比喩」と受け取られるべきであるように思われる。

では、そこには、どんな人間的経験が籠められているのであろうか。

まず第一に、「予言者」の章で語られるように、すべてのことが、永遠の繰り返しであるのならば、「すべては空しい、すべては等しい、すべてはかつてあったのだ（Alles ist leer, Alles ist gleich, Alles war!）」ということになる。ちなみに、「等しい（gleich）」とは、少しずつ差異があっても、結局、似たようなもの、同様なもの、同然なもの、大差ないもの、どうでもいいもの、という意味である。この「何をしても無駄だ（es lohnt sich Nichts）」という「予言者」の説くニヒリズムの意識が、ツァラトゥストラの首を締めつけ、そしてそれが、「幻影と謎」の後半に出てくる、「重く黒い蛇（eine schwarze schwere Schlange）」を喉に詰まらせて苦しむ「牧人」という比喩の意味の一つであったことが、実際、「快癒しつつある人」の章で打ち明けられている。

しかし第二に、たんなる空しさの意識だけでなく、さらに、「黒く重い蛇」のうちには、「嘔吐（Ekel）」を催すような、とりわけ過去の人間的体験の追憶が含まれていることが、「快癒しつつある人」の章で指示されている点が大事である。つまり、人間の営為が、「かくもまったくちっぽけ（so gar klein）」であり、そうした「ちっぽけな人間（der kleine Mensch）」が「永遠に回帰する（ewig wiederkehren）」ことへの嫌悪、「人間に対する大きな嫌悪（der grosse Überdruss am Menschen）」が、「生存（Dasein）」への嫌悪となり、ツァラトゥストラに「嘔吐」をもたらしたことが、そこでは告白されている。

しかも、さらに第三に、このおぞましい過去の永遠回帰のうちには、まさに「救済」の章で示されていたように、当の自己自身の「かくあった」という苦い体験の取り返せぬ悔恨の思いが染み通っていたことが看過されてはならない。取り返せぬ過去の自分の体験が永遠に回帰してきたならば、それこそは、最も深く人間にのしかかる苦悩の重荷となるであろう。だから、ツァラトゥストラは、「快癒しつつある人」の章で、「自分の病気」を思い出して悩むのである。もちろん、「幻影と謎」の章で示唆されるように、「黒く重い蛇」の頭を噛み切り、吐き出し、こうして、出来事の空しさの意識や、人間への嫌悪感や、自己の「かくあった」過去への悔恨の思いなどの、いっさいの「嘔吐感」を吐き出して、高らかに笑い、人生を肯定する態度へと転じなければならないことは言うまでもない。しかし、ツァラトゥストラは、その「噛み切り、吐き出す (Beissen und Wegspein)」という「自分自身の救済」の努力で、そのとき「疲れ (müde)」、「病気 (krank)」にさえなっているのである (「快癒しつつある人」)。

したがって、たんに果てしなく永遠に回帰する時間の構造そのものが、人間にとって苦悩の源泉なのではない。むしろ、そうした回帰する時間とともに、その内実をなす、無駄と嫌悪と悔恨の種である、取り返せぬ、愚かしい出来事そのものの、消しがたい再来と反復と重圧が、問題なのである。そこからする、この自己の生存そのものに対する、怨恨と憤懣の嘔吐の体験が、永遠回帰の否定面を成している点が重要である。

八　自己自身への生成

実際、だからこそ、そうした嘔吐の思いを籠めて、周知の「最大の重し（das grösste Schwergewicht）」（『知識』三四一）において、この人生を「もう一度（noch einmal）」、否、「無数回（unzählige Male）」、「生存の永遠の砂時計（die ewige Sanduhr des Daseins）」とともに生きねばならないとしたときの呪詛の思いが打ち明けられる。もちろん、それだからこそ、まさに一転して、何をするのにも、そのことを、「もう一度、そして、なおも無数回」意志するかどうかが、大切となり、「自分自身」と「人生」とに対して愛惜の思いを持たねばならないことが説かれる（同上）。

したがって、ニーチェにとっては、この否定的な永遠回帰を跳ね返して、一転して、「よし、それならば、もう一度」と、悔いのない仕方で生きることが、肝要なのであった。遺稿にあるように、何をなそうとするにつけても、「自分はそれを無数回なすことを意志するのか（ist es so, dass ich es unzählige Male thun will?）」どうかが、「最大の重し」なのであった（V_2, 11 [143]）。「私の教えは、君が、再び生きることを望まずにはおれないような仕方で生きることこそが、課題だということを言っているのだ（Meine Lehre sagt : so leben, dass du wünschen musst, wieder zu leben ist die Aufgabe)」（V_2, 11 [163]）と、ニーチェは言う。「私たちが、もう一度生きようと欲し、しかも永遠にかく生きようと欲するような仕方で生きること（so leben, dass wir nochmals leben wollen und in Ewigkeit so leben wollen)」（V_2, 11 [161]）が、重要なのであった。

ニーチェにとって、「あるがままの生存は、意味も目標もなく、それでいて不可避的に回帰しつつ、無に終わることもない、すなわち、〈永遠回帰〉（das Dasein, so wie es ist, ohne Sinn und Ziel, aber unvermeidlich wiederkehrend, ohne ein Finale ins Nichts: “die ewige Wiederkunft”)」と感受され、「これが、ニヒリズムの極限的形式なのだ、すなわち、無が（無意味なものが）永遠に（das ist die extremste Form des Nihilismus: das Nichts (das “Sinnlose”) ewig!)」と記されたときには（$Ⅷ_1$, 5 [71] の6）、以上のような、無駄、嘔吐、悔恨のすべての否定的経験を籠めて言われていたと考えねばならない。

そこには、むろん、あらゆる出来事のうちに、「意味（Sinn)」を求めても、また、統一的「全体性（Ganzheit)」を求めても、それらは得られず、かといって「生成の全世界（die ganze Welt des Werdens)」の「彼岸（jenseits)」に形而上学的な「真なる世界」を求めても、それは虚妄であることが暴露され、こうして、「最高の諸価値が無価値になること（dass die obersten Werthe sich entwerten)」としての、換言すれば、「〈なぜ〉への答え（die Antwort auf das “Warum?”)」が欠如した、「ニヒリズムの最後の形式」が生ずることは言うまでもない（$Ⅷ_2$, 11

[99], 9 [35])。否、『道徳の系譜』や『反キリスト者』を考慮に入れれば、彼岸に真なる世界を想定すること自身が、すでに、「無への意志」であり、「ニヒリズム」にほかならないのであった。したがって、ニーチェの目指したものが、激浪の逆巻くこの生成のただなかに立って、いまや、そこでの無駄、嘔吐、悔恨のすべてをも含め、「よし、それならば、もう一度」と、過去を救済しつつ、創造的意志におのれを賭けて、「自己自身となってゆく」ことの実践にあったことは、疑いようがない。

「汝があるところのものとなれ (genoi hoios essi)」というピンダロスの詩句を、若年の頃自分の文献学的研究論文のモットーに掲げたと伝えられるニーチェは（一八六八年二月一―三日付ローデ宛書簡参照）、『悦ばしい知識』のなかの「花崗岩のような命題」とみずから自伝中で語るその断片の一つで、「お前の良心は何と言うか」に対して、「お前は、お前である者になってゆくべきである (Du sollst der werden, der du bist)」と答えている（『知識』二七〇）。『ツァラトゥストラ』でも、「お前である者になれ (Werde, der du bist!)」と語られていた（『ツァラ』「蜂蜜の供物」）。自伝『この人を見よ』は、その副題に、「いかにして、人は、そのあるところのものになるか (Wie man wird, was man ist)」という問いを掲げていた。ニーチェの根本問題は、この自己自身への生成にあったと見てよい。

九　怨恨感情からの脱却

しかしながら、その自己自身への生成に、その裏側で、つねに、「かくあった」という過去の「記憶」とそれに伴う苦痛の体験が控えていることを、重ねて忘れてはならない。

かつて若年の折にニーチェは、『反時代的考察』第二論文「生にとっての歴史の利害」において、過去を「忘却」して、創造的に生きることを主題化した。ところが、晩年のニーチェは、逆に、『道徳の系譜』第二論文の出発点において、いかにして人間に、「記憶」が生じるうるかを、主題化した。

もちろん、そこでも、「健忘（Vergesslichkeit）」が「強靱な健康（starke Gesundheit）」の証しであることとは、同じく認められている（同論、一）。しかし、健忘とは逆に、いかにして、それとは反対の「記憶（Gedächtnis）」が、人間に生じ、その結果、人間が「約束する資格のある動物（ein Thier, das versprechen darf）」になりえたのか（同論、一）、ということが、そこでの問題意識であった。なぜなら、「記憶」を持ち、「約束」することのできる動物であってこそ、「責任（Verantwortlichkeit）」を持ち、「力と自由の意識（Macht- und Freiheits-Bewusstsein）」において、「自律的な（autonom）」「主権者的個体（das souveraine Individuum）」として生きる人間が、

成り立つからである（同論、二）。「良心（Gerwissen）」をそなえ、自分自身に対して「然りと肯定する（Ja sagen）」ことのできる人間は、「真面目（Ernst）」で「理性（Vernunft）」をもった人間にほかならないが、そうした人間が出現しうるためには、「記憶」を持ち、「約束」を守ることができねばならないからである（同論、三）。ニーチェは、このことの「歴史以前的（vorhistorisch）」な心理学的深層を掘り下げて（同論、二）、周知のように、独自の系譜学的考察を行った。

その結果、当面の限りで言えば、「苦痛を与えてやまないものだけが、記憶に残る（nur was nicht aufhört, weh zu thun, bleibt im Gedachtnis）」とされ、したがって、そのために、人は、「焼きを入れる（einbrennen）」のであり、このようにして、苦痛とともに刻印されたもののみが、ほんとうの意味で忘れられない「記憶」になると見なされた（同論、三）。これこそが、地上の最古の心理学の主要命題であり、「苦痛（Schmerz）」こそが、「記憶術の最も強力な補助手段（das mächtigste Hüflsmittel der Mnemonik）」だとニーチェは言う（同論、三）。要するに、「苦痛」とともに経験されたことのみが、人間には、ほんとうの意味で忘れ難く「記憶」され、また、それによって初めて人間は、「理性」に到達しえたのだとニーチェは考えているのである（同論、三）。ここには、「苦悩をとおして学ぶ（pathei mathos, durch Leiden lernen）」というアイスキュロスの言葉に通ずるものがある。

ニーチェは、ここからして、苦痛と記憶という問題の背後に、血の滲むような、「暗鬱な(düster)」(同論、三)、恐ろしい歴史以前的な出来事が潜み、それが、人間社会の慣習と道徳の原初的な成立根拠となっていることを、究明した。たとえば、刑罰がそうである。債務者がその義務を果たさなかったとき、古い時代においては、債権者は、怒り心頭に発して、その仕返しとして、残虐な苦痛を与え、そうした残酷な加虐を、古代人は、悦楽の対象にさえして祝った。こうして初めて、人間に記憶が植えつけられ、約束を守る人間が成立しえたとニーチェは見る。あるいはまた、やがて共同体や国家が成立したとき、それまで外へ向かって発散した自由な本能が、「内へと向かい(sich nach Innen wenden)」、「人間が人間自身に、すなわち自分自身に悩む(das Leiden des Menschen am Menschen, an sich)」に至ったとき、そこに「やましい良心(das schlechte Gewissen)」という深い「病気」が成立したとされる(同論、一六)。そこには、「自由の本能」である「力への意志」(同論、一八)を存分に発揮できない、「ルサンチマン(怨恨感情)の人間(der Mensch des Ressentiment)」(同論、一一)の、内攻する自虐的な苦痛と記憶が、当人自身を責め苛んでいる。その結果、ついには、人間は、自己の無価値を知り、「聖なる神」を立てさえする(同論、二二)。ニーチェが、こうした「不自然な性向(die unnatürlichen Hänge)」に逆らい、「大いなる健康(grosse Gesundheit)」を要求したことは、付言するまでもない(同論、二四)。

こうした論調を見るとき、以上のような内外あわせた苦痛と記憶、それに伴う深い怨恨感情の問題が、「かくあった」という過去の経験のうちに潜むことは明らかである。そして、ニーチェ自身においてさえ、このことが一生を通じた問題意識であったことは、『この人を見よ』という自伝が、それを立証している。

とりわけ、最近のグロイター版全集は、発狂寸前にニーチェが書き換えようとしたが行方不明になった訂正草稿の一部が再発見されたことに伴い、それを、『この人を見よ』の第一章「なぜ私はかくも賢明なのか」の第三節として、従前の文章に替えて公刊したが、そこには、従来のものとは違い、自分の「母と妹」を、自分と「最も深く対立する」、「本能の測りがたい俗悪さ」の見本として、嫌悪し憎悪するニーチェの個人的感情が露出している。善いか悪いかは別として、これもニーチェのうちに潜む怨恨感情の一つであったことは確かであろう。

ニーチェの語るところによれば、自分は、「およそ少年時代（Kindheit）と青年時代（Jugend）の全部について歓迎すべき記憶（willkommene Erinnerung）をまったく持っておらず」、また、「自分のバーゼル時代（meine Basler Zeit）」の暮らし方もすべて失策だったという（『この人』「利口」二）。ニーチェの眼には、自分の人生の大半が「浪費」のように映じたのである。だから、バーゼル教授職辞任の頃には自分は「影（Schatten）」のように生きたという（『この人』「賢明」一）。しかし、ヴァーグナーとの決裂とか、教授職辞任とかは問題ではなく、「自分の本能の全般的混迷(eine Gesammt-Abirrung meines Instinkts)」が問題だった(『この人』「人間的」三)。その結果、病気となり、病気が自分を徐々に「解放し(herauslösen)」(『この人』「人間的」四)、「理性」を取り戻させてくれた(『この人』「利口」二)。なぜなら、病気になって初めて、「自分に立ち返って熟慮する(mich auf mich zurückbesinnen)」ことができ、こうして「自己への還帰(Rückkehr zu mir)」が「快癒」であることが分かったからである(『この人』「人間的」三と四)と、ニーチェは言う。

それゆえ、ニーチェにおいては、「自己喪失」が、ほんとうの「病気」であり、その結果が、いわゆる通常の病気であり、「病気」からの快癒ないし健康とは、「自己への還帰」、「自己の取り戻し」であり、ほんとうの意味での「自己への生成」のことにほかならないことが分かる。しかも、その「自分の永い病気」から、ニーチェは、「ルサンチマン(怨恨感情)」について知り尽くし、「病気である(Kranksein)」ことは、すなわち「一種のルサンチマン(怨恨感情)そのもの」のことにほかならないと言う(『この人』「賢明」六)。そのとき人は、「なにひとつ振り切れず、なにひとつ片付けられず、なにひとつ突き放せず、――すべてに傷つく(Man weiss von Nichts loszukommen, man weiss mit Nichts fertig zu werden, man weiss Nichts zurückzustossen ――Alles verletzt.)」(『この人』「賢明」六)。そのときのニーチェには、清潔さの本能のために、さらに「人との交際(Verkehr mit Menschen)」が試練となる(同、八)。こうして、病気と健康、下降と上昇とのすべてについて弁えながら、二重、三重あるいは多重な人格者として、ついにはルサンチマンを超え出て、健康な生への意志の哲学を樹立し、それを生きることが、ニーチェにとっての終生の課題であったことが明らかである。

ただし、むろんニーチェ自身は、ルサンチマンに駆られてみずからの哲学を創り上げたのではない。むしろ、その病理に通じた知見をもって、「批判的（kritisch）」に、精神の病気と健康を位置づけたと見るべきである。かつて「生にとっての歴史の利害」の論文で言われていた言い方を用いれば、ニーチェの哲学は、「生きうるために、過去を打ち壊し、解体させ（eine Vergangenheit zu zerbrechen und aufzulösen, um leben zu können）」、「現在の窮状に胸を痛め、なんとしてでも重荷を取り払おうとする者（der, dem eine gegenwärtige Noth die Brust beklemmt und der um jeden Preis die Last von sich abwerfen will）」がなす、「批判的」な哲学とその記述だったと理解しなければならない（同論、二、三）。

ちなみに、「ルサンチマン（怨恨感情）」とは、『道徳の系譜』第一論文の規定によれば、誰かになにかをされた場合、すぐそれに対して反作用や、場合によっては仕返しをすることができず、したがって、「本来的な反作用、つまり行為による反作用が拒まれていて、だから、ただ想像上の復讐によってのみ埋め合わせをするような人たち（solche Wesen, denen die eigentliche Reaktion, die der That versagt ist, die sich nur durch eine imaginäre Rache schadlos halten）」に生じる感情だとされている（同論、一〇）。したがって、そうした人は、自分の外部の、他なるものによって引きずり回され、それに否を言いながら、しかしそれでいて、それに正面切って刃向かうことができず、こうして恨み辛みを自分のうちに鬱積させるのである。ルサンチマンの人は、本質的に他律的なのである。だから、それは、なにかに対する、うじうじとした遺恨にみちた反動と抵抗と妄想に駆られた、奴隷根性の道徳しか生まないのである。ニーチェが、これに対置する高貴な人間の道徳とは、それとは違って、行為を「自分のうちから（von sich aus）」「自発的（spontan）」に形成する自律的な人間の生き方のことにほかならない（同論、一〇、一一）。この点を見失うならば、『道徳の系譜』は、その徹底した主張と過激な表現によって、ニーチェへの誤解を生むだけのことになろう。したがって、第二論文で話題にされた「やましい良心」についても、それによって、内攻的に自虐的となるルサンチマンの人間に対して、ただたんにニーチェは、「外部」に向かえと言ったのではなく、その内攻的人間の生み出した宗教的道徳的妄想を戒め、世界を誹謗したり、それに嘔吐を催す不自然な傾向を批判して、真に自立した自己として生きる態度を提唱したと考えるべきである。第三論文の禁欲主義的理想についても、同様である。そうした理想を掲げる哲学者や僧侶のうちに、この世に対する「ルサンチマン」を暴いて（同論、一一、一四、一五）、彼岸的な真なる世界に固執するその「無への意志」を、ニーチェは糾弾したのである。

一〇「よし、それならば、もう一度」

しかし、それにしても、そうした過去の苦悩に耐えて、「よし、それならば、もう一度」と、一転して積極的な生き方へと立ち向かうとき、その「もう一度 (noch einmal)」とは、何を意味するのであろうか。

「もう一度」とは、たんなる機械的な繰り返しや反復のことではないであろう。それならば、自動人形と同じことになってしまうし、また、それでは、たんなる果てしない悪循環に陥ることになろう。

なるほど、ニーチェにおいて、過去の悔恨にみちた出来事は、繰り返し回帰してきて、自分を嘔吐に陥れると考えられている。そこには、もはや動かすべからざる決定的な事実の、無情苛酷な永遠の反復があるように思われる。だからこそ、既述のように、それが、「最大の重し」として、なおも「もう一度」欲するかという形で、人の上にのしかかり、人を試練にかけるのであった。

しかし、だからといって、現在の瞬間における行為が、過去の決定性から自動的に導出されるのではない。ニーチェにおいては、既述の『道徳の系譜』の表現を使えば、「力への意志」

とは、「自由の本能」のことにほかならない（第二論文、一八）。人間は、過去の重荷を背負いつつも、現在の瞬間において、自由をもって、本来の自己自身へとなってゆくべく、将来に向けて、決断しうるものと考えられている。過去の決定性は、現在と将来における行為の自由を覆すものではないのである。

しかし、それならば、人間は、現在の瞬間において、なにものにも拘束されずに、まったく自由に、任意の行為に踏み出せばよいのであろうか。そうだとすれば、そのときの決断は、これまでとは違った、まったく新しい事柄への企てとなり、自由奔放の教えのみが説かれることになるはずである。ところが、ニーチェにおいては、そうではなくて、「よし、それならば、もう一度」ということが力説されるのである。

その場合、むろん、たしかに、ニーチェは、既述のように、「もう一度」とは、「新たに（von neuem）」ということだと言い換え、「小児」のように「新たな開始（Neubeginnen）」（『ツァラ』「三つの変化」）に挑戦することを重視し、そうした「新たに生まれる（neu geboren）小児」のような「創造者」（『ツァラ』「至福の島々」）にならねばならないことを、強調している。そして、実際、それは、たしかに、新たな出発なのであり、しかも、「黒く重い蛇」のような「嘔吐」を吐き出した、心機一転の取り組み直しなのである。

けれども、その新生は、たえず、再出発ないし再生として、繰り返し、確認し直されて、生き直されねばならない。しかも、それは、たんにそうした覚悟の上においてばかりではない。むしろ、それは、既述のように、その選び取られた決断の内容の上においても、そのことを、もう一度、否、「無数回」、繰り返してもよいと考え、こうして、「再び生きることを望み」、「永遠に生きることを欲する」ような仕方で、その出来事と関わる自己の人生のすべての永遠回帰を欲する形で、決断され、引き受けられねばならない（V2, 11［143］［161］［163］）。

したがって、そのことが成就されたあかつきには、『ツァラトゥストラ』の「快癒しつつある人」の最後のほうで、ニーチェが動物たちに言わせているように、「たえず繰り返し新たに（immer wieder von Neuem）」、「砂時計（Sanduhr）」のように巻き戻される「生成の大きな年月（ein grosses Jahr des Werdens）」があり、それらの年月は「自分自身に等しく（sich selber gleich）」、したがって、私たちも「私たち自身に等しく（uns selber gleich）」、こうして、ツァラトゥストラ自身、換言すれば、ニーチェ自身、否、あらゆる人々が、「この等しく、そして同一の人生へと（zu diesem gleichen und selbigen Leben）」、「永遠に回帰する（ewig wieder kommen）」のであり、それゆえに、そうした「万物の永遠回帰（aller Dinge ewige Wiederkunft）」をツァラトゥストラ自身も繰り返し説くことになるわけである。ここには、自己の存在の永遠化への思想さえ看取される。

しかし、ここでぜひとも注意すべきなのは、このように、「よし、それならば、もう一度」

という形で、ほんとうの自己が引き受けられたあかつきには、「この等しく、そして同一の人生へと（zu diesem gleichen und selbigen Leben）」永遠に回帰すると言われている点である。既述したように、「等しい（gleich）」とは、もともと少しずつ違っていながら、しかしそれでいて、同様で同然なもののことを表わす言葉である。実際、生成の大きな年月が、砂時計のように巻き戻されたときには、そこに巻き込まれている私たち自身をも含めて、そこで反復される個々の出来事はすべて、もう一度反復されている限りにおいて、少なくとも、その時間的位置の点で、すでに、相互に違っていながら、それでいて、同様な内容の事柄の反復なのである。だから、そのとき、それぞれの「年月」も、また「私たち」も、それら自身に「等しい（gleich）」と言われる。永遠回帰とは、こうして、「等しいこと」の永遠回帰なのである。それゆえ、永遠回帰は、まったく異なった事柄の、つまり差異の反復（ドゥルーズ）ではありえず、また、まったく同一の事柄の反復でもありえない。

さりながら、ニーチェは、ここで、「この等しい、そして同じ人生」への永遠回帰を語っている。それは、どういうことなのであろうか。実は、そこにこそ、「もう一度」と言って、自己の人生を生き直すことの秘密が隠されているように思われる。結論から先に言ってしまえば、そこには、「この同じ（selbig）」自己自身の、つまり、そうであるほかにはない、当の「同じ」自分自身の、一貫した「運命」を、たえず新たに、取り返し、生き直す覚悟が秘められている。

そこには、いわば初志貫徹して、自分自身となってゆき、自分を完熟させようとする意志が働いている。そして、その意志は、そのたびごとに、「少しずつ違いながらも同様な、すなわち、等しい（gleich）」自己の生起のもろもろの出来事のなかを、自己への生成を目指して、繰り返し、それらを反復しながら、生き抜くのである。その果てには、自己の必然的運命への強い自己肯定が生まれ、「快癒しつつある人」で言われるように、ツァラトゥストラも、死と没落を引き受けるのである。「もう一度」とは、自己のたえざる取り返し、否、自己自身となってゆく一貫した歩みへの覚悟にほかならない。

そのことを明示するのが、『ツァラトゥストラ』の「墓の歌」である。そこで、ニーチェは、失われた青春とその理想を偲び、それが葬られた墓の前に立って、多くの痛手で傷ついた自分の過去を想起する。しかし、自分は、それらの傷を乗り越え、多くの墓のなかから蘇って生き抜いてきたと、ニーチェは語る、それは、どうしてなのかと言えば、自分のうちには、「傷つけられず、葬り去られもせず、岩をも砕く」ような「私の意志（mein Wille）」があり、これが、「黙々として（schweigsam）」、「幾年月をも貫いて、変わることなく（unverändert durch die Jahre）」歩んでゆくからなのだと、ニーチェは語る。「最も忍耐強いもの（Geduldigster）」である私の意志は、すべての墓を突き破って出てきたのだという。自分の過去、その青春の「救済されなかったもの（das Unerlöste）」が、私の意志のなかにはなおも生き続けており、「生と青春」として、その私の意志は、「希望」をもって、墓を突き破り、蘇ろうとしているとニーチェは言う。ここには、一筋に生きようとするニーチェの率直な姿が露呈されている。

ここに、「これが、生きるということだったのか、よし、それならば、もう一度」というニーチェの「生きる勇気」の本質が、告白されているように思う。ニーチェは、その意味で、「生きる」ことこそが「存在」であると考えて（VIII$_1$, 2〔172〕）、その自己の「存在」の充実と達成を願った、「存在の思索者」であったように思われる。ニーチェにおいて、「存在は無にされている」（ハイデッガー）のではなく、むしろ、そこでは、「生きる」という「存在」の根底が見据えられ、その「存在の真実」が、「思索」されていたと言ってよいのである。

付記。本補論は、平成一二（二〇〇〇）年六月二四日（土）に、成蹊大学で行われた、実存思想協会の第一六回大会における公開講演の機会に、成立したものである。なお、ニーチェのドイツ語原文は、グロイター版全集の表記法に従って引用した。出典箇所に関しては、グロイター版全集所収の遺稿についてはその全集の該当箇所を括弧内に明示し、その他の周知のニーチェの著作については、その書名と章名と節番号などを括弧内に明示した。

平凡社ライブラリー版あとがき

本書『ニーチェ・セレクション』は、アンソロジー形式による「世界の思想家」叢書の一冊として、かつて一九七六年に平凡社から刊行されたことがある。このたび、それが、平凡社ライブラリーのなかの一冊として復刊されるにあたり、著者としては、全体を見直して、若干見出された誤記や不備の箇所はこれを改めたが、本質的な変化を加えるべき箇所はどこにも見当たらなかった。

本書は、ニーチェ・アンソロジーであり、ニーチェのもろもろの文章を、私なりの視点から選び出して、それをできるだけ平明な日本語に移し換え、ひとつの纏まったニーチェ像が浮かび上がるように工夫した書物である。そこには、もしかしたら、かなり濃厚に、私なりのニーチェ像が反映しているかもしれない。けれども、ニーチェにおいて私が最も大切と思い、愛してやまないものは、すべてここにあるのである。そしてまた、ここに集められた文言のなかにこそ、ニーチェ自身の最も濃密な血が滲んでいることを信じたい。なにしろニーチェは、血でもって書くことを実践した著作家だったからである。

本書において、私は最初、ニーチェの「思想と生涯」を展望し、「運命愛の思想家ニーチェ」の秘密に迫ろうとして、小さな素描を試みた。自己喪失という本当の病気に陥り、その結果としての身体心理上のいわゆる派生的な病気に罹って、静かに思索し、耐え抜いてこそ、本当に自己還帰して、生き返り、「これが、生きるということだったのか。よし、それならば、もう一度」と実存的に決意して生き直すことが可能になる。『ツァラトゥストラ』の「墓の歌」が示すように、初志貫徹して真の意味で自己自身になろうとするニーチェのうちにこそ、ニーチェ思想の根本概念である「力への意志」も「超人」も「永遠回帰」も、ことごとく基礎づけられうると私は思う。

そうしたニーチェへの見方は、私においては、かつても、いまも、少しも変わってはいない。その見方をさらにいっそう明瞭にする意味をもこめて、このたびの復刊に際しては、私は、二〇〇〇年にニーチェ死後一〇〇年を記念して開かれた実存思想協会の大会でなした私の講演原稿「ニーチェ――生きる勇気を与える思想」を、新たに「補論」として採録しておいた。それを読んでくだされば、私がニーチェにおいて見出し、また強調しようとする思想が何であるのかは、さらにいっそう鮮明に読者に浮かび上がり、また共感していただけるのではないかと期待している。みずからの苦悩を乗り越えるべく、激しくまた危険な言葉で、生の肯定の境涯を切り開こうとしたニーチェの深部に、私は測深器をあてがい、その脈動を探り当てようとしたのである。そこに見えてきたニーチェ像こそが、本当のニーチェ像であると私は信じたい。あるいは、もしかしたら、それは、実像ニーチェを通り越えて、私自身であるのかもしれない。しかし、いかなる解釈も、最終的には、そうした彼我の境の消え失せる圏域に溶け込んでゆくものであろう。

本書本文のアンソロジーにおいては、その四つの部分、すなわち、「人生と思索」、「神の死とニヒリズム」、「力への意志と超人」、「運命愛と永遠回帰」のいずれにおいても、それへのコメント箇所での解説をも含めて、それぞれの問題の核心となるニーチェの文言と思想を、その痕跡が集約的に示されるような表現と配列とにおいて、私は提示したつもりである。たとえば、最初の「人生と思索」の箇所においては、ニーチェの簡潔な、また急所を深く抉った箴言を集めて、人間の心理の機微に対するニーチェのきわめて鋭い観察眼を鮮烈に提示するように、編者としての私は努力したつもりである。ニーチェに関するこうした種類の箴言集は、ほかには存在しないのではないかとさえ私は密かに自負している。また、そのあとの「神の死とニヒリズム」、「力への意志と超人」、「運命愛と永遠回帰」の諸章においては、私は、ニーチェと言えばすぐに引き合いに出されるこうしたきわめて重要な思想上の核心部分に関する、最も基本的なニーチェの文言を、選り抜いて、提供するように努めたつもりである。本来ならば、それらの文言を元にして、私なりのニーチェ解釈が、もっと詳述されるべきであったのかもしれない。しかし、それはアンソロジーとしての本書の限界を越える課題である。当座は、補論として加えた小さな拙論でもって満足するよりほかにはないと考えている。

ニーチェの文言の訳出に際しては、その出典略号を示すために、本書には元来、ニーチェの全集と主要著作に関する簡単な説明が付加されていた。しかし、このたび、その「文献案内」の箇所はこれを全面的に書き改めた。というのも、ニーチェの遺稿に関する出版形態に、この間に大きな変化が生じたためである。したがって、その新しい文献案内の箇所で言及したように、本書本文のアンソロジーにおいても、また、本書冒頭の解説部分や巻末の補論においても、とくにいわゆる『力への意志』を中心とするニーチェの遺稿に関しては、旧来の『クレーナー版ニーチェ全集』での断片番号に加えて、今日の決定版『グロイター版ニーチェ全集』での出典箇所をも、私は同時に追記するようにした。これによって、読者が、両版での文言の相違を、さらに各自、確認し直すことが可能になると思われる。両版でのニーチェの文言は、おおよそのところでは一致しているが、厳密に見れば必ずしも一致していないものも種々見出されるからである。

いずれにしても、本書をとおして、ひとりでも多くの読者が、ニーチェに親しむ機会をもちうることを、私としては切望している。

本書復刊にあたり、平凡社編集部の関正則氏には、いろいろとお世話になった。ここに記して感謝の意を表したいと思う。

二〇〇五年六月一九日

渡邊二郎

文献案内

Ⅰ　全集

ニーチェ全集の歴史については、詳しくは拙稿「ニーチェ全集の歴史」(渡邊二郎・西尾幹二編『ニーチェ物語』有斐閣、一九八〇年、七〇 - 八一ページ）を参照。以下にはごく基本的なことだけを摘記しておく。

(1)　初期の不完全な『ガスト版ニーチェ全集』および『ケーゲル版ニーチェ全集』

ニーチェ発狂後、まずガストが、ニーチェの母の許可を得て、一八九二年以降ナウマン書店から、一八九三 - 九四年の間に、数巻の『ガスト版ニーチェ全集』を発刊したのが、ニーチェ全集の始まりである。しかし、永年ニーチェの筆耕係であったガストは、ニーチェの原稿に手を加えたり、またパラグアイから帰国したニーチェの妹が、遺稿集に力点を置くべきだと主張したために、この全集は中絶した。

廃人となったニーチェの病臥するナウムブルクの母の家に、ニーチェ文庫を設立したニーチェの妹は、一八九四年からはケーゲルを編者として、公刊著述（全八巻）のみならず、遺稿の一部（全四巻）をも含む『ケーゲル版ニーチェ全集』を発刊した。しかし、自己流に遺稿編集を行ったケーゲルへの批判から、この全集も一八九七年には途絶した。

(2) 永年規範的となった『グロースオクターフ(大八ツ折)版ニーチェ全集』(ナウマン書店――後にクレーナー書店――刊)

兄の著作権を母から取得したニーチェの妹は、一八九六年に兄とともにニーチェ文庫をワイマールに移し(一九〇八年以降は財団法人となる)、翌一八九七年に母も死去、いまやニーチェ文庫の活動にもとづいて、とりわけ一八九九-一九一二年の間に、初めは全一九巻の、しかし最終的には全二〇巻の『グロースオクターフ(大八ツ折)版ニーチェ全集』が刊行された。この全集は、最初の全八巻が公刊著述、次の全八巻が遺稿、そのあとの全三巻が文献学(フィロロギカ)関係の著述、最後の第二〇巻(一九二六年刊)が索引となっている。ちなみに、フィロロギカと索引を除いた全一六巻のものは、『クラインオクターフ(小八ツ折)版ニーチェ全集』としても流布した。

この全集では、他の多くの編者に混じって、とりわけガストが、再び一八九九-一九〇九年の間は、妹に協力して遺稿編集に参画した。その際、公刊著述の全八巻に続く遺稿の諸巻は、元来一九〇五年までは全七巻であり、その最終第一五巻は『力への意志、草稿と断章』と題され(四八三個の断片を含む)、ガストとホルネッファー兄弟編で一九〇一年に刊行された。ところが、一九〇五年から刊行され始めた『ポケット版ニーチェ全集』(全一一巻、クレーナー書店刊)内で、翌一九〇六年に、その『力への意志』が、妹とガスト編で、倍以上の一〇六七個の断片を含む全二巻本(第九、一〇巻)のかたちで刊行された。その際、断片の選択には妹があたり、校訂の作業はガストが行った。こうして、ニーチェの理論的主著たるべき『力への意志』という著作が新たに造り上げられたわけである。そのために『グロースオクターフ版ニーチェ全集』のほうも、一九一一年からは遺稿の諸巻をもう一巻増やして全八巻とし、その最終第一五、一六巻を、ヴァイス編の『力への意志、あらゆる価値の価値転換の試み』と題して刊行した。したがって、一九一七年以降にはこの全集は、主要著作だけで全一六巻と公示され、全体として二〇巻となった。

(3) 手頃で便利な『クレーナー・ポケット版』叢書内のニーチェ著作集

前記のナウマンないしクレーナー書店刊の基本的なニーチェ全集、もしくはそのクレーナー書店刊『ポケット版ニーチェ全集』(一九〇五年以降ないし一九三〇年以降)が元になって、『クレーナー・ポケット版』叢書内の全一一冊(一九五二-六〇年)の形で、ニーチェの諸著作の袖珍版が、第二次世界大戦後、現在もなお手頃な読みやすい刊本として普及している。その叢書の第七〇-七七巻の全八冊には、ニーチェの主として公刊著述が収められ、第七八巻の一冊には、ガストと妹との編集になる『力への意志』全一〇六七個の断片が収められ、第八二-八三巻の二冊には、そのほかの諸遺稿が『生成の無垢』I、IIとしてボイムラー編で刊行され、さらにその叢書の第一七〇巻には、エーラー編『ニーチェ索引』(一九四三年)も刊行された。

ニーチェ・アンソロジーである本書を編むにあたって、編者である私としては、いわゆる『力への意志』(出典略号『力』)の諸断片は、この『クレーナー・ポケット版』叢書内の第七八巻の『力への意志』——したがってまた、基本的なクレーナー書店刊の、妹とガストによって編集され、ヴァイス編でも刊行された『力への意志』——における全一〇六七個の諸断想の断片番号に従ってその所在箇所を明示して訳出した。しかし、今日では、後出の『グロイター版ニーチェ全集』による覚え書きノート順による断想の所在箇所に従って、その断想の位置を確認し直す作業も肝要であるので、本書で訳出した諸断片のすべてに関しては、『グロイター版ニーチェ全集』におけるその所在箇所をもさらにそれに追記した。また『生成の無垢』Ⅰ（出典略号『生成の無垢』Ⅰ）からの若干の引用についても（本書一〇八―一〇九、二五二ページ）、その断片番号に添えて、『グロイター版ニーチェ全集』におけるその所在箇所をもさらに追記した。したがって、たとえば、出典略号と断片番号に続けて、Ⅷ1, 2［127］と追記されている断想は、それが『グロイター版ニーチェ全集』第Ⅷ部第一巻に収録されている2という覚え書き群の第127番の断想に当たることを意味している。厳密に見ると、『クレーナー・ポケット版』叢書内の遺稿の文言と、『グロイター版ニーチェ全集』におけるそれとは、完全には一致していない。しかし、おおよそのところでは両者は同一である。これらの点については、読者の御寛恕を乞いたい。

(4)　年代順に編集し変えた『ムザリオン版ニーチェ全集』

クレーナー版ニーチェ全集刊行後に、ニーチェの妹の委嘱を受けて、一九二〇―二九年の間に、ミュンヘンのムザリオン書店から、前記の『グロースオクターフ版ニーチェ全集』の公刊著述と遺稿とを年代順に配列し変えて刊行した全集が登場したが、それが『ムザリオン版ニーチェ全集』全二三巻（そのうち索引が三巻）である。しかも、その第一巻には、それまで未公開だった『初期遺稿（Jugendschriften）』（これは単行本としても一九二三年に出版された）が収録された。この『初期遺稿』（出典略号『初期遺稿』）を用いてニーチェの文章を訳出した場合（本書二五七―二六一ページ）、その箇所が今日の『グロイター版ニーチェ全集』ではどこに見出されるかを、私は前記と同じ方式で、念のために追記しておいた。

(5) 中途挫折した『ヒストーリッシュ・クリティッシェ版ニーチェ全集』(ベック書店刊)

ところで、「年代順で網羅的な(ヒストーリッシュ)・また精緻な原典校訂にもとづく(クリティッシュ)」ニーチェ全集刊行の必要性が次第に強まってきたなかで、その要望に応えるべく、妹(一九三五年に死去)の発案により、しかも一九〇八年来財団法人となったニーチェ文庫が主体となって、「ドイツ学術緊急助成会」の援助を受けつつ、一九三一年設立の「学術委員会」の監督下に、それとは独立の編者が、各自の責任において、ニーチェの全著述を著作編と書簡編とに分けて、厳密な原典校訂による年代順の網羅的なニーチェ全集を刊行する企図が、一九三四年から開始した。これがミュンヘンのベック書店から発刊され始めた『ヒストーリッシュ・クリティッシェ版ニーチェ全集』である。しかし、この全集は、一九三四-四二年の間に、著作編五巻(一八六九年までの分)と書簡編四巻(一八七七年までの分)を出したところで、戦争激化のため、中絶した。

ちなみに、この全集の編集主幹は、一九三四年以降は、メッテに代わって、シュレヒタが采配を揮い、また「学術委員会」には、一九三五年からは他の委員に混じってハイデッガーが参画した。その際、まずニーチェの草稿の日付確認のために重要となった書簡編刊行の途次で、シュレヒタは、ホッペとともに、妹によるニーチェの書簡の偽造の事実を発見し、一九三七年に学術委員会に報告した。その詳細については、拙稿「ニーチェの妹による書簡偽造の事実」(前掲の渡邊二郎・西尾幹二編『ニーチェ物語』八二-八七ページ)を参照されたい。次にシュレヒタは、この頃から、『力への意志』を「八〇年代の遺稿」という元の草稿状態に還元する構想を次第に抱懐し始めたと推定される。したがって、書簡や遺稿の問題点については、当時「学術委員会」の一委員であったハイデッガーも何らかのかたちで報告を受けていたと察せられる。したがってハイデッガーが、当時の『ニーチェ』講義のなかで折々に旧来の遺稿編集に疑問点のあることに触れるのも当然とうなずける。とはいえ、その当時には『力への意志』という遺稿集しか存在しなかったから、ハイデッガーもその遺稿に関しては、妹とガストとの編に成る『力への意志』における配列とその断片番号によって引用を行っている。ハイデッガーのニーチェ論はきわめて有益であるから、それを見る上でも、いわゆる『力への意志』における遺稿配列とその断片番号による指示や引用は、今日でも無視できない実効性をもっている。

(6)　風雲を巻き起こした『シュレヒタ版ニーチェ三巻選集』（ハンザー書店刊）
第二次世界大戦後、東側のワイマールのニーチェ文庫は、一九五〇年以降、とくに一九五三年夏以来は、ワイマールのゲーテ＝シラー文庫の管理下に置かれた。西側では、前記のようにすでに三〇年代から厳密なニーチェ全集の編集に携わっていたシュレヒタが、一九五四年にミュンヘンのハンザー書店から、全三巻のニーチェ選集を発刊し、大きな波紋を呼び起こした。というのは、何よりもそこでは、いわゆる『力への意志』が、妹とガストとによって捏造された理論的主著と決めつけられて、「八〇年代の遺稿から」という元の断片的遺稿状態へと還元されたからである（ただし、遺稿を完全なかたちで復元した今日の『グロイター版ニーチェ全集』と照合すると、シュレヒタの編集がなお不完全なものであったことは歴然としている）。

『シュレヒタ版ニーチェ三巻選集』は、初期の「自伝集」や、重要な「書簡」や、他の遺稿群などをも多数収録していて便利である。私が本書冒頭の解説部分の「思想と生涯」で触れたニーチェの自伝的回顧録の類は、このシュレヒタ版に準拠している（ただし、念のために、それらの『グロイター版ニーチェ全集』における所在箇所をも、前記と同じ方式で追記しておいた）。また、同様に、書簡についても、私は大部分は、このシュレヒタ版に準拠した（ただし、シュレヒタ版に収録されていない若干の書簡については『グロイター版ニーチェ書簡集』に拠った）。書簡については、その日付だけを指示し、所在箇所のページ数などは省略した。

このシュレヒタの三巻選集は、その最終巻末に、妹によるニーチェ書簡の偽造に関する報告（前記を参照）を含むばかりか、ニーチェの詳細な「年譜」をも収載し、後者はその後シュレヒタ『ニーチェ年代記』と題して増補のうえ単行本としても刊行され、有益である。加えて、この選集は、シュレヒタのニーチェ論も併載しており、後者はのちにシュレヒタの単行論文集『ニーチェの場合』のなかにも収録された。シュレヒタの選集は別巻として『ニーチェ索引』をも刊行している。

(7) 決定版『グロイター版ニーチェ全集』（コリー＝モンチナリー版全集）

ワイマールのゲーテ＝シラー文庫内に保管されたニーチェ資料にもとづいて、かつての『ヒストーリッシュ・クリティッシェ版ニーチェ全集』の精神を継承しながら、一九六七年以来、ベルリンとニューヨークのデ・グロイター書店から、精緻な原典校訂にもとづく年代順の網羅的な決定版『グロイター版ニーチェ全集』が、コリーとモンチナリーとを主要編者として（後年には他の複数の編者の参加によってその編集方針を継承しつつ）刊行され始めた。主要な諸巻はすでに刊行済みだが、発刊以来三八年をへた現時点でも、この全集は未完結で、現在も刊行の途上にある。なお、グロイター書店からは、同じ編者たちによって大規模な『ニーチェ書簡集』も刊行されている。

　さて、ニーチェの全著述を年代順に網羅するこのニーチェ全著作集は、全体で八部構成である。その八部が、ローマ数字のⅠからⅧで表記される。しかも、それぞれの部が複数の巻から成り、それらの諸巻が、部を表わすローマ数字に続けて、下付きの小さなアラビア数字で示されることになっている。だから、たとえば、Ⅰ$_{1}$とは、『グロイター版ニーチェ全集』第一部第一巻を指している。また、それぞれの部の最終巻には、その部のニーチェの諸著述に関する厳密な編集報告が収録されることになっているが、未完結である。

　ところで、この『グロイター版ニーチェ全集』の現在までの刊行状況は、以下のようである。まず、その第Ⅰ部は、少青年期の手記（一八五二 - 六九年）を含み、既刊は四巻（Ⅰ$_{1,2,4,5}$）である。第Ⅱ部は、初期の文献学的著述（一八六七 - 七三年）とバーゼル大学における講義草稿（一八六九 - 七九年）とを含み、既刊は五巻（Ⅱ$_{1\text{-}5}$）である。第Ⅲ部は、バーゼル時代前半のいわゆる初期のニーチェの著述（一八七二 - 七四年）を含み、既刊は著述編四巻（Ⅲ$_{1\text{-}4}$）と編集後記編二巻（Ⅲ$_{5/1\text{-}2}$）とである。第Ⅳ部は、バーゼル時代後半の中期前半のニーチェの著述（一八七五 - 七九年）を含み、既刊は著述編三巻（Ⅳ$_{1\text{-}3}$）と編集後記編一巻（Ⅳ$_{4}$）とである。第Ⅴ部は、バーゼル大学辞職後の中期後半のニーチェの著述（一八八〇 - 八二年）を含み、既刊は著述編二巻（Ⅴ$_{1\text{-}2}$）と編集後記編一巻（Ⅴ$_{3}$）とである。第Ⅵ部は、『ツァラトゥストラ』以降のいわゆる後期ニーチェの公刊著述（一八八三 - 八九年）を含み、既刊は著述編三巻（Ⅵ$_{1\text{-}3}$）と編集後記編一巻（VI_4）とである。第VII部はいわゆる「力への意志」ないしはその副題である「あらゆる価値の価値転換の試み」（最初は「あらゆる生起の新解釈の試み」）を中心とする「八〇年代の遺稿」のうちの前半部分（一八八二‐八五年）を含み、既刊は遺稿編三巻（VII_{1-3}）と編集後記編二巻（$\mathrm{VII}_{4/1-2}$）とである。第VIII部は、同じくそれらの遺稿のうちの後半部分（一八八五‐八九年）を含み、既刊は遺稿編三巻（VIII_{1-3}）である。

この『グロイター版ニーチェ全集』でとくに注目されるのは、シュレヒタによって「八〇年代の遺稿から」というかたちで年代順の草稿に引き戻され始めたいわゆる妹とガストとの捏造に成ると称される『力への意志』およびそれと連関する諸遺稿の全部が、さらに徹底的に、覚え書きの記されたノートの年代順に従って、厳密にまた忠実に復元され、それらが、一八八五年秋を区切りとして、第VII部の全三巻（一八八二‐八五年）と、第VIII部の全三巻（一八八五‐八九年）との、合計全六巻に収録された点である。それらが一八八五年秋で二部に区切られるのは、その頃から「力への意志」やその副題「あらゆる価値の価値転換の試み」（最初は「あらゆる生起の新解釈の試み」）などの著作計画が登場するからである。この遺稿群のさらに立ち入った概略については、拙稿「晩年の遺稿をめぐるテキスト・クリティーク――いわゆる『権力への意志』について」（前掲の渡邊二郎・西尾幹二編『ニーチェ物語』八八‐九三ページ）を参照。

要するに、それらの遺稿は、一部は後期の公刊著述と重なり、それらに利用されたが、一部は、当時『善悪の彼岸』のカヴァーや『道徳の系譜』本文中で予告された「力への意志」という著作計画のための覚え書き群となっている。その著作計画は種々試みられたが、それが四書から成るという著作計画は、たとえば、早くも一八八六年夏に記され（VIII₁, 2 [100]）、また途中の一八八七年三月一七日にも記されてこれが妹とガスト編のいわゆる『力への意志』の基礎にされたが（VIII₁, 7 [64]）、なお最後に一八八八年八月にも四書から成る著作計画が記された（VIII₃, 18 [17]）。それに見合って、その間には、一八八七年春に「五三個の番号付けをした見出し語の分類表」（VIII₁, 5 [50]）が造られたり、一八八七年六月一〇日には「ヨーロッパのニヒリズムについて」の断想が書かれたり（VIII₁, 5 [71]）、一八八七年秋から一八八八年三月までの間には、三七二個の覚え書き群が浄書されてそれに番号付けがなされたりした（VIII₂, 9 [1] - 11 [138]）。しかし、これらは結局腹案にとどまり、一八八八年九月初めには、この著作計画は断念された。その著作計画に取って代わって、最後の時期には、四書から成る「あらゆる価値の価値転換」という著作構想が浮かび上がり（VIII₃, 19 [2], [8]）、その第一書に『反キリスト者』（副題「キリスト教の批判の試み」）が予定されたが、その書の副題がさらに「あらゆる価値の価値転換」から「キリスト教への呪詛」に改められた。そうしたなかでやがてニーチェは発狂した。

(8) 廉価な『グロイター版ニーチェ全集（批判的学習版）』

高価で浩瀚な『グロイター版ニーチェ全集』が一九九九年以来圧縮されて、廉価で手頃なペーパーバック版の「批判的学習版」全一五巻が、同じくデ・グロイター書店から発刊されている。最初の全六巻が公刊著述、それに続く全七巻が遺稿を収め、第一四巻が注釈、最終の第一五巻が、コリーとモンチナリーによる一八六九 - 八九年の間の「ニーチェの生活の年代記」となっている。

(9)　邦訳ニーチェ全集としては以下の二つのものを挙げておく。

1　『ニーチェ全集』（ちくま学芸文庫、全一五巻・別巻四、一九九四年以降）。これは『クレーナー版ニーチェ全集』、『ムザリオン版ニーチェ全集』、『シュレヒタ版ニーチェ三巻選集』などを典拠としている。

2　『ニーチェ全集』（白水社、第I期全一二巻、第II期全一二巻、別巻一、一九七九年以降）。これは『グロイター版ニーチェ全集』を典拠としている。

II　主要著作

ニーチェの著作活動の全体的展望については、拙論「ニーチェ思想の展開過程」、「初期の思想」、「中期の思想」、「後期の思想」（前掲の渡邊二郎・西尾幹二編『ニーチェ物語』五六－七五ページ）を参照。以下では、本書で用いた出典略号と併せて、主要著作のごく簡略な説明にとどめる。

1　初期の主要著作

(1)　『悲劇の誕生』（出典略号『悲劇』）

ニーチェの処女作（一八七二年）で、はじめ「音楽の精神からの」悲劇の誕生という副題がついていたが、一八八六年には「ギリシア精神とペシミズム」と副題は改められ、また「自己批判の試み」という新しい序文が付加された。この書物の成立事情や内容については、私は本書冒頭の解説部分の「思想と生涯」で触れたし、またとくに拙著『芸術の哲学』（ちくま学芸文庫、一九九八年、一〇六‐一七五ページ）においてこの書物の含む諸問題について詳論した。

(2)『反時代的考察』（出典略号『反時代的』）

一八七三‐七六年にわたって刊行されたこの書物は、四つの論文から成っている。第一篇は「ダーヴィト・シュトラウス、告白者と著述家」、第二篇は「生にとっての歴史の利害」、第三篇は「教育者としてのショーペンハウアー」、第四篇は「バイロイトにおけるリヒアルト・ヴァーグナー」である。この書物については、私は、本書冒頭の解説部分（二六ページ）で簡単に触れたが、とくに有名な第二論文「生にとっての歴史の利害」については、拙著『歴史の哲学』（講談社学術文庫、一九九九年、二九九‐三三四ページ）のなかで詳しい考察を加えた。

(3) 初期の諸遺稿

初期ニーチェの主要著作は右の二冊と見てよいが、ほかに多くの重要な遺稿がある。まずプォルタ時代の二論文「運命と歴史」（一八六二年）および「意志の自由と運命」（一八六二年）は後年の萌芽を示していて重要である（本書二五七‐二六一ページ）。バーゼル時代の諸遺稿に関しては、その就任講演「ホメロスと古典文献学」（一八六九年）以下、種々のギリシア研究上の諸論文があるが、それらは『悲劇の誕生』の思想圏のうちへと流れ込む。むろん、学生時代以来からバーゼル時代を通じて、種々の古典文献学上の専門論文や講義録も存在する。それ以外の一般的なものとしては、バーゼルでの連続講演「われわれの教養施設の将来について」（一八七一 - 七二年）が時代批判を含み、重要である。また、当時の諸遺稿のうち、後年の遠近法思想に通ずる諸想を含む理論的覚え書き群は、『クレーナー版ニーチェ全集』や『ムザリオン版ニーチェ全集』などでは、「哲学者の書」（一八七二 - 七三年、一八七五年）と呼ばれ纏められていたが、『グロイター版ニーチェ全集』では遺稿のノート順に解体された。その歴史的部分は「ギリシア人の悲劇時代の哲学」（一八七三年）として纏まったかたちで残されている。コジマ・ヴァーグナー宛ての「五つの書かれざる書物への五つの序言集」（一八七二年）や「道徳外の意味における真理と虚偽」（一八七三年）という小論も看過できない重みをもつ。さらに、第四の「反時代的考察」として当初企てられながら遺稿に終わった「われら文献学者」（一八七四 - 七五年）と従来呼び慣わされてきた遺稿群も、『グロイター版ニーチェ全集』ではノート順に解体された。これらの諸遺稿のうち文化批判的な主要な覚え書き群は、拙訳のニーチェ『哲学者の書』（理想社、一九六四年、ちくま学芸文庫、一九九四年）に収められている。

2 中期の主要著作

(1)『人間的あまりに人間的』（出典略号『人間的』Ⅰ、Ⅱ、Ⅲ）

一八七六年七月バイロイトの祝典劇を逃げ出し、ヴァーグナーと訣別したニーチェが、自分を見つめるべく書き始めたこのアフォリズムの大著は、「自由精神のための書」と副題づけられ、初期の幻想を破壊して、ほんとうにありのままの自己と世界を捉え直そうとする鋭い洞察に充ち溢れている。全体で三部から成り、最初一八七八年に現在の『人間的あまりに人間的』の「第一巻」が出て、翌一八七九年にそれの

「付録」として『さまざまな意見と箴言』が出たあと、さらにその翌一八八〇年に「第二のそして最後の補遺」として『放浪者とその影』が出た。この後者の二つが、一八八六年の第二版の際に合本されて、『人間的あまりに人間的』の「第二巻」となり、そのときに第一巻と第二巻とのそれぞれに、新たに「序」が付加された。第一巻は、九章に分けて断想が配列されており、はじめの五章が、哲学・道徳・宗教・芸術・文化全般の五領域を扱い、後半の四章は、さまざまな人間関係や社会生活のなかにおける自己自身を反省していて、どちらかというと人生論的である。第二巻の二つの部分は章分けをまったく行っていないが、やはり内容的には第一巻の原則に従って配列がなされている。一般にその後のニーチェのアフォリズムの書では、大体どこでも、こうした構成が採られていると見て差し支えない。

(2)『曙光』(出典略号『曙光』)

この書物は一八八一年刊で、「道徳的先入見に関する諸思想」と副題づけられ、全体で五章から成るアフォリズムの書で、一八八六年第二版の際に「序」が付加された。主として道徳批判を盛っているが、やはり先の『人間的』に見られたのと同じような諸分野にわたって、種々の意見がちりばめられている。なお、一八八六年の第二版の頃、ニーチェはドストエフスキーの仏語訳小説に出会った。その点から説き起こしたアメリカの独文学者ミラーによる「ニーチェのドストエフスキー発見」に関しては、拙論「ニーチェのドストエフスキー発見」(『現代思想』青土社、一九七九年九月、一七〇-一八二ページ、一九七九年一〇月、二〇六-二二〇ページ)を参照。

(3) 『悦ばしい知識』（出典略号『知識』）

一八八二年刊のこの書物は中期から後期への移行を示している。巻頭の詩と第一書から第四書までのアフォリズムは、一八八一‐八二年の冬に書かれ、つまり、一八八一年八月の永遠回帰思想の獲得後（本書三四‐三五ページを参照）に記され、したがって肯定の考えが出ている。たとえば第三書末尾（本書八四‐八五ページ）や、第四書末尾の断章（本書二六四‐二六五ページ）を、ニーチェ自身が重要視している（『この人』）。一八八七年に「序」や「付録」（「プリンツフォーゲルフライの歌」）が付加され、また「第五書」も加えられたが、とくに第五書には晩年の遠近法思想が披瀝されていて重要である。

3 後期の主要著作

(1) 『ツァラトゥストラはこう語った』（出典略号『ツァラ』）

この書物は、「万人のための書にして何人のための書にもあらず」という副題をもち、ニーチェの最高傑作であり、永遠回帰思想獲得後の一八ヵ月の懐胎期間を経て――その期間中に右の『知識』初版が上梓された――、成立の緒についた。すなわち、全体で四部から成るうち、はじめの三部はそれぞれ、ニーチェみずからの言う「一〇日間」（『この人』）で、一気に書き上げられた。第一部は、一八八三年一月に執筆、四月に校正、五月に出版された。これに続きがあることは第一部では明示されていなかったが、ニーチェは、第二部を、同じく一八八三年春から夏、とくに六月から七月にかけて執筆、七月から八月にかけて校正、九月に出版した。第三部は、その構想がすでに同じく一八八三年六月から七月にかけて芽生え、翌一八八四年一月に仕上げられ、二月から三月にかけて校正、四月に出版された。当初この三部作で『ツアラ』は完了したとニーチェの見ていた様子が書簡から窺え、また実際一八八七年にはこれらの三部が合本されて一冊の書物として刊行され、加えて自伝『この人を見よ』のなかでもニーチェは第三部までの成立事情のことだけしか述べていない。生前のニーチェにとっては、『ツァラ』は三部からのみ成る書物と考えられていた気配が濃厚である。しかし、ニーチェは、第三部までを仕上げたあとの一八八四年三月から四月にかけて、『ツァラ』という「入り口」に続くべき「本殿」である「自分の哲学」を今後の五年間に完成させたいと書簡で告げ、この書物のための構想や草稿に励んだ。そこには永遠回帰から価値転換へ、そして善悪の彼岸へと向かう方向が垣間見える。けれども、その計画実施の遅延するなかで、ニーチェは一転して一八八四年一一月頃から再び『ツァラ』第四部の計画を立て始め、一八八四‐八五年の冬にこれを執筆した。しかし出版社の見当たらない状況のなかで、ニーチェはその第四部を、公刊ではなく、少部数の私家版で事足りると考えた様子が書簡などから明らかである。その結果一八八五年四月にニーチェはその四〇部ほどを自費出版した。『ツァラ』の第四部が公刊されたのは発狂後の一八九一年ガストによってであり、また『ツァラ』の全四部が纏まってはじめて刊行されたのは、発狂後の一八九二年（発刊年は一八九三年）の『ガスト版ニーチェ全集』においてであった。

(2)　『善悪の彼岸』（出典略号『善悪』）

一八八六年刊のこの書物は、「未来の哲学の序曲」と副題づけられ、『ツァラ』で示された強い肯定的な生き方を、真正面から熾烈な主張のかたちで提起した力作で、ニーチェが到達した境域の激越な積極面を知るのに最適の書物である。ただし、中期はじめの模索し懐疑するニーチェを併せ考えないと、これだけでは誤解を招く惧れなしとしない。

(3)『道徳の系譜』(出典略号『系譜』)

一八八七年刊のこの書物は、『善悪』ですでに示されていた「主人道徳」と「奴隷道徳」の考え方をいわば発生論的に裏づけようとして企てられた、道徳的評価法の転倒の書であり、「ひとつの論駁書」と副題づけられる。『善悪』をも含め、後期のこうした激越な主張の理解のためにも、苦悩するニーチェを根底におく見方が必要であると考えられる。それについては、本書に補論として採録した拙論「ニーチェ——生きる勇気を与える思想」を参照(これの簡略な圧縮版は拙稿「生きる勇気を与える思想——ニーチェ、生か死か」、『実存思想論集』XVI、理想社、二〇〇一年、九-二八ページ)。

(4)『力への意志』(出典略号『力』)

この書物は、既述のニーチェ全集の歴史の箇所で言及したように、一八八二年頃から一八八八年にかけて書きためられたニーチェの理論的主著のための遺稿群(ただしこうした書物の計画案は一八八八年九月には断念された)を元にして、最初は不完全なかたちで四八三個の断想集(一九〇一年)として、のちには妹とガストとによる一〇六七個の断想集(一九〇六年)として、発表されたものである。その第一書が「ヨーロッパのニヒリズム」、第二書が「これまでの最高価値の批判」、第三書が「新しい価値定立の原理」、第四書が「訓育と育成」となっている。第二次世界大戦後のシュレヒタ版において、この著作形態が解体されて、「八〇年代の遺稿から」に改められ、さらに今日の決定版『グロイター版ニーチェ全集』では、その他の遺稿をも含め一八八二－八九年の間の全遺稿が、その第Ⅶ部と第Ⅷ部との総計全六巻に、年代順のノートの覚え書きとして、いっさいの配列原理なしに、手稿どおりの、統一性のない雑然たる草稿群として、忠実に復元されるかたちに改められた。ただし、既述のように、ハイデッガーなどでは依然として旧来の『力への意志』の断片番号による引用が活用されている。本書で『力への意志』から引用した場合、その旧来の断片番号に続けて、『グロイター版ニーチェ全集』におけるその所在箇所をも付記したことは前述した。なお、ニーチェのニヒリズムについては、拙著『ニヒリズム』（東京大学出版会、一九七五年）における「ニーチェのニヒリズム」（一五一－一九〇ページ）をも参照。

(5)　『ヴァーグナーの場合』

精神生活が可能であった最後の一八八八年にニーチェはこの書物をも含めて六つの著作の執筆完成に励んだ。まず『ドイツ・ロマン主義』の著者ブランデスが、同年夏学期にコペンハーゲンでニーチェ講義を行ったことにも刺激されて、ニーチェはドイツ・ロマン主義と戦ってきた自分を印象づけるべく、ヴァーグナー批判を盛った『ヴァーグナーの場合』を書き、九月に出版した。

(6)　『偶像の黄昏』（出典略号『偶像』）

右に続いて夏から九月にかけて仕上げられたのが、この『偶像の黄昏』（「あるいは、いかにして人は鉄槌でもって哲学するか」と副題づけられる）で、ニーチェの到達した世界を簡潔に窺知させる恰好の著作である。一一月に書物は出来上がったが、実際に公刊されたのは、ニーチェ発狂後の一八八九年一月末であった。

(7)『反キリスト者』(出典略号『反キリスト者』)

同じく一八八八年の夏に神学者カフタンと談論風発したニーチェは、九月に「あらゆる価値の価値転換」の第一書として『反キリスト者』(副題「キリスト教の批判の試み」)を仕上げたが、のちにその副題は「あらゆる価値の価値転換」から「キリスト教への呪詛」に変えられた。ニーチェはこの書物の出版を一年後に期待したが、結局この書物がはじめて出版されたのは、ニーチェ発狂後の一八九五年の『ケーゲル版ニーチェ全集』においてであった。

(8)『この人を見よ』(出典略号『この人』)

この書物は「いかにして人はそのあるところのものになるか」と副題づけられるニーチェの自伝で、ニーチェ理解のために必読の書物。一八八八年一〇月一五日の満四四歳の誕生日に起稿され、一一月四日に脱稿ののち印刷所に送られたが、しかしその後、その翌年一月初めのニーチェ発狂に至るまでの間に種々手直しがなされた。結局この書物が広く公刊されたのは、一九一一年の『クレーナー版ニーチェ全集』においてであった。

(9)『ニーチェ対ヴァーグナー』(出典略号『ニーチェ対』)

一八八八年一二月に成立したもので、反ヴァーグナーの問題意識の重要性を示すべく、一八七七年にまでさかのぼる自著からの抜粋によってヴァーグナー批判の道程を跡づけようとした書物で、一八九五年の『ケーゲル版ニーチェ全集』ではじめて公刊された。

(10)『ディオニュソス讃歌』

ニーチェ最晩年の詩作で、一八八八年末には仕上がっており、翌年一月発狂後のニーチェの手許には、見出し語のつけられた『ディオニュソス讃歌』の印刷用原稿の入った封筒があった。しかしこれが公刊されたのは一八九一年にガストによって『ツァラ』の第四部と一緒に併せてであった。なお、ニーチェには初期以来多くの詩作が残されている。

マ行

ヤ行

ラ行

ワ行

タ行

ナ行

ハ行

サ行

索引

平凡社ライブラリー　551

ニーチェ・セレクション

発行日…………2005年9月9日　初版第1刷
2017年3月19日　初版第4刷

著者……………フリードリヒ・W. ニーチェ
編者……………渡邊二郎
発行者…………下中美都
発行所…………株式会社平凡社
〒101-0051 東京都千代田区神田神保町3-29
電話 東京(03)3230-6579[編集]
東京(03)3230-6573[営業]
振替 00180-0-29639

印刷・製本 ……中央精版印刷株式会社
装幀……………中垣信夫

ISBN978-4-582-76551-9
NDC分類番号134.94
B6変型判(16.0cm)　総ページ378

平凡社ホームページ http://www.heibonsha.co.jp/

平凡社ライブラリー　既刊より

【日本史・文化史】

網野善彦……………………………………異形の王権
網野善彦……………………………………増補　無縁・公界・楽――日本中世の自由と平和
網野善彦……………………………………海の国の中世
網野善彦……………………………………里の国の中世
網野善彦……………………………………日本中世の百姓と職能民
網野善彦＋阿部謹也………………………対談　中世の再発見――市・贈与・宴会
笠松宏至……………………………………法と言葉の中世史
佐藤進一＋網野善彦＋笠松宏至…………日本中世史を見直す
佐藤進一……………………………………足利義満――中世王権への挑戦
佐藤進一……………………………………増補　花押を読む
塚本　学……………………………………生類をめぐる政治――元禄のフォークロア
原田信男……………………………………歴史のなかの米と肉――食物と天皇・差別
西郷信綱……………………………………古代人と夢
西郷信綱……………………………………古典の影――学問の危機について
西郷信綱……………………………………源氏物語を読むために

【世界の歴史と文化】

白川　静……………………文字逍遥

白川　静……………………文字遊心

白川　静……………………漢字の世界1・2――中国文化の原点

川勝義雄……………………中国人の歴史意識

竹内照夫……………………四書五経入門――中国思想の形成と展開

アンリ・マスペロ…………道教

マルコ・ポーロ……………完訳 東方見聞録1・2

中村　元……………………釈尊の生涯

姜在彦………………………増補新訂 朝鮮近代史

岡　百合子…………………中・高校生のための朝鮮・韓国の歴史

安宇植 編訳………………増補 アリラン峠の旅人たち――聞き書 朝鮮民衆の世界

川北　稔……………………洒落者たちのイギリス史――騎士の国から紳士の国へ

角山　榮＋川北　稔 編……路地裏の大英帝国――イギリス都市生活史

清水廣一郎…………………中世イタリア商人の世界――ルネサンス前夜の年代記

良知　力……………………青きドナウの乱痴気――ウィーン1848年

中村喜和 編訳……………ロシア英雄物語――語り継がれた《ブィリーナ》の勇士たち

【思想・精神史】

林 達夫……林達夫セレクション1 反語的精神
林 達夫……林達夫セレクション2 文芸復興
林 達夫……林達夫セレクション3 精神史
林 達夫＋久野 収……思想のドラマトゥルギー
藤田省三……精神史的考察
エドワード・W・サイード……オリエンタリズム 上・下
エドワード・W・サイード……知識人とは何か
渡辺京二……逝きし世の面影
野村 修……ベンヤミンの生涯
宮本忠雄……言語と妄想——危機意識の病理
ルイ・アルチュセール……マルクスのために
J・M・ドムナック……構造主義とは何か——そのイデオロギーと方法
C・レヴィ＝ストロース……レヴィ＝ストロース講義——現代世界と人類学
グザヴィエル・ゴーチエ……シュルレアリスムと性
マルティン・ハイデッガー……形而上学入門
マルティン・ハイデッガー……ニーチェI・II

マルティン・ハイデッガー……言葉についての対話——日本人と問う人とのあいだの
マルティン・ハイデッガー ほか……30年代の危機と哲学
ニコラウス・クザーヌス……学識ある無知について
P・ティリッヒ……生きる勇気
C・G・ユング……創造する無意識——ユングの文芸論
C・G・ユング……現在と未来——ユングの文明論
D・P・シュレーバー……シュレーバー回想録——ある神経病者の手記
R・A・ニコルソン……イスラムの神秘主義——スーフィズム入門
市村弘正……増補「名づけ」の精神史
市村弘正……増補 小さなものの諸形態——精神史覚え書
ミハイル・バフチン……小説の言葉——付：「小説の言葉の前史より」
G・W・F・ヘーゲル……精神現象学 上・下
G・W・F・ヘーゲル……キリスト教の精神とその運命
イマヌエル・カント……純粋理性批判 上・中・下
埴谷雄高……影絵の世界
Th・W・アドルノ……不協和音——管理社会における音楽
Th・W・アドルノ……音楽社会学序説

E・パノフスキー……………………イデア――美と芸術の理論のために
ジョルジュ・バタイユ……………内的体験――無神学大全
ジョルジュ・バタイユ……………新訂増補 非-知――閉じざる思考
ポール・ヴァレリー………………ヴァレリー・セレクション 上・下
種村季弘……………………………ザッヘル＝マゾッホの世界
J・バルトルシャイティス………幻想の中世I・II――ゴシック美術における古代と異国趣味
ジル・ドゥルーズ…………………スピノザ――実践の哲学
G・C・スピヴァク………………デリダ論――『グラマトロジーについて』英訳版序文
カール・ヤスパース………………戦争の罪を問う
R・ヴィガースハウス……………アドルノ入門
N・マルコム………………………ウィトゲンシュタイン――天才哲学者の思い出
黒田 亘 編………………………ウィトゲンシュタイン・セレクション
S・トゥールミン ほか…………ウィトゲンシュタインのウィーン
ジョーン・W・スコット…………増補新版 ジェンダーと歴史学
T・イーグルトン…………………イデオロギーとは何か
エメ・セゼール……………………帰郷ノート／植民地主義論
P・シャモワゾー ほか…………クレオールとは何か

廣松　渉……マルクスと歴史の現実
内山　節……哲学の冒険——生きることの意味を探して
伊東俊太郎・広重徹・村上陽一郎……改訂新版　思想史のなかの科学
ポール・ヴィリリオ……戦争と映画——知覚の兵站術
ポール・ヴィリリオ……速度と政治——地政学から時政学へ
ゲオルク・ジンメル……ジンメル・エッセイ集
K・リーゼンフーバー……西洋古代・中世哲学史
K・リーゼンフーバー……中世思想史
J・ハーバマス……イデオロギーとしての技術と科学
M・マクルーハン　ほか編著……マクルーハン理論——電子メディアの可能性
A・グラムシ……グラムシ・セレクション
J・G・フィヒテ……浄福なる生への導き
K・バルト……ローマ書講解　上・下
花崎皋平……増補　アイデンティティと共生の哲学
西川長夫……増補　国境の越え方——国民国家論序説
尹健次……「在日」を考える
金時鐘……「在日」のはざまで